Thomas Böhler · Otto Neumaier · Gottfried Schweiger
Clemens Sedmak

Menschenwürdiges Arbeiten

Thomas Böhler · Otto Neumaier
Gottfried Schweiger
Clemens Sedmak

Menschenwürdiges Arbeiten

Eine Herausforderung
für Gesellschaft, Politik
und Wissenschaft

VS VERLAG FÜR SOZIALWISSENSCHAFTEN

Bibliografische Information der Deutschen Nationalbibliothek
Die Deutsche Nationalbibliothek verzeichnet diese Publikation in der
Deutschen Nationalbibliografie; detaillierte bibliografische Daten sind im Internet über
<http://dnb.d-nb.de> abrufbar.

1. Auflage 2009

Alle Rechte vorbehalten
© VS Verlag für Sozialwissenschaften | GWV Fachverlage GmbH, Wiesbaden 2009

Lektorat: Katrin Emmerich / Marianne Schultheis

VS Verlag für Sozialwissenschaften ist Teil der Fachverlagsgruppe
Springer Science+Business Media.
www.vs-verlag.de

Das Werk einschließlich aller seiner Teile ist urheberrechtlich geschützt. Jede Verwertung außerhalb der engen Grenzen des Urheberrechtsgesetzes ist ohne Zustimmung des Verlags unzulässig und strafbar. Das gilt insbesondere für Vervielfältigungen, Übersetzungen, Mikroverfilmungen und die Einspeicherung und Verarbeitung in elektronischen Systemen.

Die Wiedergabe von Gebrauchsnamen, Handelsnamen, Warenbezeichnungen usw. in diesem Werk berechtigt auch ohne besondere Kennzeichnung nicht zu der Annahme, dass solche Namen im Sinne der Warenzeichen- und Markenschutz-Gesetzgebung als frei zu betrachten wären und daher von jedermann benutzt werden dürften.

Umschlaggestaltung: KünkelLopka Medienentwicklung, Heidelberg
Druck und buchbinderische Verarbeitung: Krips b.v., Meppel
Gedruckt auf säurefreiem und chlorfrei gebleichtem Papier
Printed in the Netherlands

ISBN 978-3-531-16676-6

INHALT

Vorwort   7
Thomas Böhler · Otto Neumaier · Gottfried Schweiger · Clemens Sedmak

I. Was »Arbeit« bedeutet   11
    Otto Neumaier

II. Arbeit im Strukturwandel   39
    Gottfried Schweiger

III. Interessen und Verständnis eines zukünftigen Arbeitsmarktes   73
    Thomas Böhler

IV. Menschenwürdige Arbeitslosigkeit. »Decency« und Arbeitsmarkt   133
    Clemens Sedmak

VORWORT
Thomas Böhler · Otto Neumaier · Gottfried Schweiger · Clemens Sedmak

Das vorliegende Werk ist das Ergebnis einer Zusammenarbeit, die anlässlich der vom Zentrum für Ethik und Armutsforschung der Universität Salzburg und der Salzburg Ethik Initiative veranstalteten Konferenz »Perspectives on Work« im Mai 2007 begonnen wurde. Es stellt den Versuch dar, sich aus unterschiedlichen thematischen aber auch disziplinären Perspektiven dem Phänomen der Arbeit zu nähern und damit auch einen Beitrag zur Entwicklung von Lösungsvorschlägen zu leisten. Auch wenn sich spätestens seit dem Ende des Vollbeschäftigungstraums in den 1970er Jahren eine weitreichende Debatte um den Begriff und die Zukunft der Arbeit, um neue und alternative Arbeitsformen, um die Aufgaben des Staates und der Ökonomie sowie um den Umgang mit Arbeitslosigkeit entwickelt hat, sind nämlich die damit verbundenen Probleme noch lange nicht gelöst. Der herausragende Status von (Erwerbs-)Arbeit in den Arbeitsgesellschaften des 21. Jahrhunderts, seien sie nun fordistisch oder postfordistisch, Wissens- oder Informationsgesellschaften genannt, stellt vielmehr noch immer eine Herausforderung dar, der sich der Einzelne, die Gesellschaft, die Politik und auch die Wissenschaft nicht entziehen kann. Dabei stellen sich die Fragen und Probleme auf unterschiedlicher Ebene, weshalb wir uns auch entschlossen haben, uns einer gewissen Systematik folgend aber in Einzelbeiträgen dem Thema zu nähern.

Arbeit, so lässt sich sagen, ist Teil der conditio humana, gerade auch über die Umbrüche ihres Verständnisses und ihrer Organisation hinweg. Über sie definiert sich der »moderne« Mensch, erhält seinen gesellschaftlichen Status und »finanziert« sein Leben sowie auch das sozialstaatliche Arrangement. Was Arbeit aber »genau« ist, was sie definiert und von anderen Tätigkeiten unterscheidet, ist durchaus fraglich. So ist der Begriff der Arbeit selbst, obwohl oder vielleicht gerade weil so viel über sie diskutiert wird, in den letzten Jahren unterbelichtet geblieben bzw. noch immer problematisch. Gerade die Philosophie hat, nach dem Ablflauen der marxistischen Tradition, sich diesem Begriff nur wenig zugewendet und ihre analytischen Potenziale dahingehend sicher noch nicht ausgeschöpft.

Aus diesem Grund diskutiert *Otto Neumaier* im ersten Beitrag des vorliegenden Bandes zunächst die unterschiedlichen Verwendungsweisen des Ausdrucks ›Arbeit‹, um dann in Anschluss an Überlegungen von Hannah Arendt Facetten eines Arbeitsbegriffes sowie Schwierigkeiten und offene Fragen einer zusammenfassenden Definition eines solchen Begriffes aufzuzeigen, ebenso wie Möglichkeiten der systematischen Differenzierung verschiedener Parameter von Arbeitsbegriffen im Allgemeinen.

Arbeit ist freilich immer auch im Wandel begriffen. In den verschiedenen Epochen der Geschichte wandelt sich nicht nur ihr Verständnis, sondern auch ihre Form und Organisation auf je eigene Weise. Und in den letzten Jahren wurde wieder vielfach von einem radikalen Umbruch gesprochen, gar von einem Ende der Arbeit. Auch wenn ein solches nicht nahe zu sein scheint, sind die Umbrüche in der Arbeitswelt doch gravierend und vielfach zu beobachten. Dieser Strukturwandel der Arbeit lässt sich dabei, wie *Gottfried Schweiger* zeigt, mit Hilfe der schillernden Begriffe der »Entgrenzung«, »Subjektivierung« und »Flexibilisierung« fassen. Sie beschreiben dabei die Organisationsveränderung von Arbeit nicht nur hinsichtlich der Arbeit selbst, sondern auch mit Bezug auf die Auswirkungen derselben auf die solcherart Beschäftigten – zielen sie doch auf die »Entgrenzung von Arbeit und Leben«. Die hierdurch hervorgebrachten (neuen) Formen von Arbeit können dabei durch die Einbeziehung des »ganzen Menschen« oder von zumindest bisher dem Betrieb vorbehaltenen lebensweltlichen Ressourcen in den Verwertungsprozess gekennzeichnet werden. Unmittelbar damit verbunden sind die Fragen nach den Gefährdungen und negativen Auswirkungen, die diese neuen Formen der Arbeitsorganisation mit sich bringen, sowie danach, inwiefern sie mit dem zunehmend beobachtbaren Phänomen der Prekarisierung zusammenhängen bzw. dieses mit (ver)ursachen.

Im Anschluss daran stellt *Thomas Böhler* die Frage nach den allgemein-gesellschaftlichen Rahmenbedingungen, die Arbeit heute begleiten. Der globale Wettbewerb um Standorte, Lohnkosten und Produktionsmittel führt zu Deregulierung, Ausverkauf öffentlicher Güter und Rückbau des Sozialstaates. Die Auswirkungen gehen dabei über die Frage nach neuen Organisationsformen von Arbeit hinaus, bestimmen diese aber wesentlich. Das Zusammenspiel mehrerer Faktoren führt dann auch zu dem vermehrt zu beobachtenden Phänomen der Working Poor bzw. von Armut trotz Arbeit. Zwei Aspekte, die in diesem Zusammenhang selten angesprochen werden, sind dabei die private Haushaltsverschuldung und die Frage, welche Rolle der Faktor Erwerbsarbeit in der wissenschaftlichen Auseinandersetzung mit dem Phänomen Armut spielt. Schließlich gilt es auch die schwierige Frage nach möglichen Lösungsvorschlägen zu stellen. Reichen politische Maßnahmen dabei aus oder bedarf es vielmehr eines Zusammenspiels von politischen und gesellschaftlichen Veränderungen, die in Einbindung der Betroffenen zu realisieren sind?

Clemens Sedmak beschäftigt sich in seinem Beitrag mit dem Verhältnis von Arbeitslosigkeit und Begriff und Standards von »decency«. Der Begriff von »decent work« bemüht sich, Rahmenbedingungen zu schaffen, die strukturelle Erniedrigung nicht zulassen. Diese Überlegungen kann man auch für den Begriff der »menschenwürdigen Arbeitslosigkeit« fruchtbar machen, was fünf Bedingungen für »decent unemployment« formulieren lässt: eine Freiheitsbedingung, eine Dialogbedingung, eine Sicherheitsbedingung, eine Lebensqualitätsbedingung, eine Wachstumsbedingung. Wenn diese Bedingungen nicht erfüllt sind, haben wir es mit menschenunwürdiger Arbeitslosigkeit zu tun. Dabei wird der Begriff der Arbeitslosigkeit als ein Begriff zweiter Ordnung positioniert, der nur in explizitem Bezug auf ein Sozialsystem mit seiner sozialen Grammatik verständlich gemacht werden kann. Der Ausschluss von Menschen aus dem Arbeitsplatzkontext gegen ihren Willen führt, so die weiteren Überlegungen, zu struktureller Erniedrigung. Angesichts der moralischen Kosten von Arbeitslosigkeit ist die Frage zu stellen, ob Arbeitslosigkeit nicht als Sozialpathologie anzusehen ist, als Störung des sozialen Zusammenlebens, die es einzelnen Mitgliedern oder Gruppierungen im Rahmen eines Gemeinwesens systematisch unmöglich macht, ein gelingendes Leben (»flourishing life«) zu führen bzw. als Störung, die es dem Gemeinwesen als solchem nicht ermöglicht, langfristig zu bestehen. Der Umstand, dass der Begriff des Tragischen zur Charakterisierung des Begriffs der Arbeitslosigkeit herangezogen werden kann, deutet darauf hin, dass die moralischen Kosten, die hier anfallen, enorm sind. Die Frage bleibt: Können wir diese Identitätskosten vernünftigerweise wollen?

Auch ein Buch über menschenwürdiges Arbeiten ließe sich ohne Unterstützung durch andere Menschen und Institutionen, die für entsprechende Rahmenbedingungen des Arbeitens sorgen, nicht realisieren. Deshalb möchten wir all jenen danken, welche die Entstehung und Veröffentlichung dieses Buches ermöglicht haben. Unser Dank gilt insbesondere der Salzburg Ethik Initiative, ohne deren finanzielle Unterstützung die Verwirklichung dieses Bandes nicht möglich gewesen wäre. Für die gute Zusammenarbeit danken wir auch dem VS-Verlag.

I. WAS »ARBEIT« BEDEUTET
Otto Neumaier

»Woran arbeiten Sie?« wurde Herr Keuner gefragt.
Herr Keuner antwortete: »Ich habe viel Mühe,
ich bereite meinen nächsten Irrtum vor.«
Bertolt Brecht

Würde mich jemand fragen, was ich gerade tue, so könnte ich mit einem gewissen Recht antworten, dass ich an einer Arbeit über Arbeit arbeite. Diese Antwort deutet andererseits jedoch auch an, wie unterschiedlich die Ausdrücke ›Arbeit‹ und ›arbeiten‹ verwendet werden: So bezeichnet etwa das Verb ›arbeiten‹ *im gegebenen Kontext* eine spezifischere Tätigkeit als das zweite Vorkommnis des Nomens ›Arbeit‹, das sich auf eine größere Vielfalt von Handlungsweisen bezieht. Diese stellen wiederum den Gegenstandsbereich der durch das erste Nomen bezeichneten Arbeit dar, mit der jedoch keine *Tätigkeit* gemeint ist, sondern das (angestrebte) *Ergebnis* der in jenem Satz als ›arbeiten‹ bezeichneten Beschäftigung.

Der Umstand, dass wir ein und dasselbe Wort gebrauchen können, um uns auf so verschiedene Phänomene wie Tätigkeiten oder Werke zu beziehen (also auf vorübergehende *Ereignisse* ebenso wie auf physische *Dinge*, die über längere Zeit existieren), ist allerdings noch kein Grund, Verwirrung zu befürchten. Vielmehr können wir davon ausgehen, dass es sich dabei um eine jener »systematischen Mehrdeutigkeiten« handelt, auf die bereits Aristoteles[1] hingewiesen hat: So sagen wir etwa von einer Speise, einem Menschen oder dessen Hautfarbe, diese seien *gesund*, da in all diesen Fällen etwas »auf Gesundheit hin ausgesagt wird, indem es dieselbe erhält oder hervorbringt, oder ein Anzeichen derselben, oder sie aufzunehmen fähig ist«. Ähnlich bezieht sich auch der Ausdruck ›Kunst‹ nicht nur auf ein dem Schaffen von Gegenständen zugrunde liegendes Können, sondern auch auf einen Gegenstand, den jemand aufgrund ihres Könnens schafft, sowie auf den Bereich, in dem sie ihr Können ausübt.[2]

---

1. Vgl. Aristoteles: *Metaphysik*, Neubearb. der Übers. von H. Bonitz, hg. von H. Seidl, 3., verb. Aufl., Hamburg 1989, 1003a33–1003b16.
2. Im Sinne einer »positiven Diskriminierung« verwende ich im vorliegenden Beitrag außer in Zitaten das weibliche grammatikalische Geschlecht, sofern sich Ausdrücke sowohl auf weibliche als auch auf männliche Personen beziehen können.

Dieser Sprachgebrauch ist durchaus gerechtfertigt, denn bestimmte Tätigkeiten und deren Ergebnisse sind wahrnehmbare *Zeichen* dafür, dass jemand über die (selbst nicht wahrnehmbare) Fähigkeit verfügt, etwas zu tun und dadurch etwas hervorzubringen. »Ein innerer Vorgang bedarf« laut Wittgenstein »äußerer Kriterien«.[3] Woher sollten wir etwa wissen, ob jemand, die sagt, dass sie Schmerzen empfindet oder bestimmte Texte lesen kann, tatsächlich solche inneren Gegebenheiten aufweist, wenn nicht *intersubjektiv* etwas zu beobachten ist, das diese Annahme bestätigt bzw. rechtfertigt? Und wenn wir davon ausgehen, dass Kunst von Können komme, unter Kunst also primär bestimmte (innere) Fähigkeiten eines Menschen verstehen, so benötigen wir ebenfalls etwas *Wahrnehmbares* als (äußeres) Kriterium, um feststellen zu können, ob der Anspruch gerechtfertigt ist, dass jemand über Kunst verfügt. Als solches äußeres Kriterium kommt aber (neben jemandes Verhalten) in erster Linie eine Menge von Kunstwerken in Frage, d. h. von Ergebnissen, zu denen die Ausübung jener Fähigkeiten führt.[4] Auch jemandes *Wissenschaft* besteht primär in einer Menge von Fähigkeiten, doch können diese jemandem nur dann mit Recht zugeschrieben werden, wenn uns als »äußere Evidenz« Tätigkeiten und deren Ergebnisse zur Verfügung stehen.[5] In diesem Sinne werden nicht nur die Ausdrücke ›Wissenschaft‹ und ›Kunst‹ systematisch mehrdeutig verwendet, sondern ebenso der Ausdruck ›Arbeit‹.[6]

In diesem Fall erscheint eine solche systematische Mehrdeutigkeit auf den ersten Blick überraschend, da unter Arbeit ja eine Art von *Tätigkeit* (oder deren *Ergebnis*) verstanden wird und jemandes Tätigkeit anscheinend ebenso *beobachtbar* ist wie das Ergebnis, weshalb der systematisch mehrdeutige Sprachgebrauch nicht mit Bezug auf den Zusammenhang zwischen inneren Vorgängen und äußerer Evidenz zu erklären ist. Und doch zeigt sich bei genauerem Betrachten, dass auch jemandes Verhalten nur

---

3. L. Wittgenstein: Philosophische Untersuchungen, in: L. Wittgenstein: *Schriften*, Frankfurt/M. 1960, § 580 (Orig. 1953).
4. Zu einigen Problemen einer solchen Bestimmung von »Kunst«, insbesondere zur Gefahr der Zirkularität, vgl. O. Neumaier: Kann denn Terror Kunst sein? In: A. Hieke & O. Neumaier (Hg.): *Philosophie im Geiste Bolzanos*, Sankt Augustin 2003, S. 257–282, hier: S. 261f.
5. Da sich »wissenschaftliches Wissen« in der »Begründungspraxis« als *objektiv* gerechtfertigt zu erweisen hat, also unabhängig davon, wer es durch ihre Fähigkeiten entdeckt hat, liegt nahe, dass der Ausdruck ›Wissen‹ in diesem Zusammenhang eher auf das objektiv Gegebene bezogen wird als auf subjektive, »innere« Vorgänge, auch wenn diese dabei sehr wohl eine Rolle spielen.
6. Von den verschiedenen Entsprechungen des Ausdrucks ›Arbeit‹ im Englischen weist insbesondere ›work‹ diese systematische Mehrdeutigkeit auf. Im Sinne von Hannah Arendt ist freilich zu überlegen, ob dabei die Tätigkeit der Arbeit angesprochen wird – oder nicht vielmehr jene des Herstellens; vgl. dazu Abschnitt 2.

dann mit Recht als Arbeit anzusehen ist, wenn dies durch irgendeine äußere Evidenz nahe gelegt wird, d. h., wenn das, was wir beobachten können, bestimmte *Kriterien* erfüllt, die rechtfertigen, von Arbeit zu spechen (und nicht von etwas anderem). Dabei liegt zum einen nahe anzunehmen, dass zumindest *Ereignisse* und deren *Wirkungen* als kausal (und mithin auch semantisch) miteinander verbunden angesehen werden, zum anderen aber ist zu fragen, ob schlichtweg jede menschliche Verrichtung, die ein *Ergebnis* zeitigt, als Arbeit gilt, ob umgekehrt alles, was Arbeit genannt wird, ein Ergebnis zeitigt, ob alle menschlichen Tätigkeiten, die als Arbeit in Frage kommen, beobachtbar sind, ob beobachtbare Tätigkeiten nicht doch (zumindest in vielen Fällen) psychische Ereignisse einzuschließen haben, um als Arbeit gelten zu können, usw. Deshalb müssen wir die verschiedenen *Verwendungsweisen* des Ausdrucks Arbeit ebenso untersuchen wie die Möglichkeiten, daraus bestimmte *Begriffe* zu gewinnen.

1. Die Vielfalt des Sprachgebrauchs

Nicht alle Verwendungsweisen des Ausdrucks ›Arbeit‹ lassen sich auf die geschilderte systematische Weise in *einen* Zusammenhang bringen, noch dazu in einen, der für das Verständnis bestimmter Tätigkeiten von Menschen *relevant* ist. Denken wir etwa daran, dass auch von einem Material wie Holz gesagt wird, es arbeite, oder dass in der Physik Arbeit als »Kraft mal Weg« definiert ist (bzw. als Energiemenge, die von einem System in ein anderes übertragen wird), also ganz anders verstanden wird als im alltäglichen Sprachgebrauch. Selbst wenn wir von solchen Fällen absehen, lässt sich der Ausdruck ›Arbeit‹ nicht auf genau eine Art von Tätigkeit festlegen, allein schon aufgrund der Sprachgeschichte: So betonen etwa Jacob und Wilhelm Grimm, ›Arbeit‹ sei »ein uraltes, viel[e] merkwürdige seiten darbietendes wort«, das ursprünglich eine »auf dem knecht lastende« Tätigkeit »um tagelohn« bezeichnet habe, allmählich aber alles, »was von den sogenannten handwerkern verrichtet wird«, sowie »kopfarbeit, geistige arbeit, bücherarbeit, gelehrte arbeiten«, zudem aber auch »verrichtungen, ohne dasz ein bestimmtes werk hervorgebracht und aufgestellt wird«.[7]

Als Arbeit werden demnach nicht nur zielgerichtete bzw. zweckgebundene menschliche Handlungsweisen bezeichnet, sondern auch solche ohne Zweck und Ziel. Im zweiten Fall wird »die vorstellung der *arbeit*« stattdessen »an einzelne zustände geknüpft, die anhaltende anstrengung oder naturthätigkeit zu erkennen geben. namentlich heiszt reise eine *arbeit*« bzw. überhaupt alles, was mit »groszer mühe und anstren-

---

7. Vgl. J. & W. Grimm: *Deutsches Wörterbuch*, Bd. 1, Leipzig 1854, Sp. 538 ff.

gung« verbunden ist. Nach Ansicht der Brüder Grimm ist dieser Sprachgebrauch sogar der ursprüngliche, da er sich auf die mühevolle, von *Knechten* zu verrichtende Tätigkeit bezieht[8], die durch die etymologische Verwandtschaft des Ausdrucks ›Arbeit‹ mit den altkirchenslawischen Wörtern ›rabu‹ (Knecht, Sklave) und ›rabota‹ (Sklaverei, Knechtschaft) belegt wird.[9] Allerdings glauben die Brüder Grimm, dass sich über die Jahrhunderte die Akzente verschoben haben: »während in der älteren sprache die bedeutung von *molestia* und schwerer arbeit vorher[r]schte, die von *opus*, *opera* zurück trat, tritt umgedreht in der heutigen diese vor und jene erscheint seltner.« Diese sprachliche Entwicklung sei durch eine gesellschaftliche bedingt, denn »seitdem allmä[h]lich die thätigkeit der menschen unknechtischer und freier wurde, war es natürlich den begrif[f] der *arbeit* auf leichtere und edle geschäfte auszudehnen.«[10]

Am Befund der Brüder Grimm hat sich bis heute wenig geändert; unter Arbeit wird also einerseits eine zweckgerichtete (nicht zuletzt berufliche) Tätigkeit sowie deren Ergebnis verstanden, andererseits aber eine (in vielen Fällen, aber nicht notwendigerweise damit zusammenhängende) Anstrengung, Mühe, Plage.[11] Damit stimmt auch die Neubearbeitung des Deutschen Wörterbuchs der Brüder Grimm überein, wo freilich (verbunden mit einer gewissen Skepsis bezüglich der Möglichkeit einer klaren Abgrenzung und mit Überlegungen zur historischen Entwicklung) eine systematische Unterscheidung mit weiteren Differenzierungen versucht wird.[12] Demnach

---

8. J. & W. Grimm: *Deutsches Wörterbuch* (wie Anm. 7), Sp. 540 ff. Tatsächlich wird ›Arbeit‹ im Althochdeutschen fast nur in den Bedeutungen »Drangsal, Mühsal, Beschwer, Plage, Anfechtung« und bloß vereinzelt »im Sinne eines einzelnen Werkes« verwendet; vgl. E. Karg-Gasterstädt & Th. Frings (Hg.): *Althochdeutsches Wörterbuch*, Bd. 1, Berlin 1968, Sp. 621–630. Im 18. Jahrhundert definiert Adelung Arbeit primär als »Anwendung seiner [physischen oder psychischen] Kräfte, so fern sie mit Anstrengung verbunden ist«, aber auch als »innere Bewegung lebloser Körper« sowie als jegliche »Mühe, Beschwerlichkeit«; vgl. J. Chr. Adelung: *Grammatisch-kritisches Wörterbuch der Hochdeutschen Mundart*, 2., verm. u. verb. Aufl., Bd. 1, Leipzig 1793, Sp. 418.
9. Vgl. dazu Fr. Kluge: *Etymologisches Wörterbuch der deutschen Sprache*, 23., erw. Aufl., bearb. von E. Seibold, Berlin–New York 1999, S. 50.
10. J. & W. Grimm: *Deutsches Wörterbuch* (wie Anm. 7), Sp. 539.
11. Vgl. etwa R. Klappenbach & W. Steinitz (Hg.): *Wörterbuch der deutschen Gegenwartssprache*, 1. u. 2. Lfg., Berlin (Ost) 1961, S. 201 ff., G. Wahrig, H. Krämer & H. Zimmermann (Hg.): *Deutsches Wörterbuch*, Bd. 1, Wiesbaden–Stuttgart 1980, S. 299, oder auch *DUDEN. Das große Wörterbuch der deutschen Sprache*, 3., völlig neu bearb. u. erw. Aufl., Bd. 1, Mannheim–Leipzig–Wien–Zürich 1999, S. 277.
12. Vgl. zum Folgenden: J. & W. Grimm: *Deutsches Wörterbuch*, Neubearb., hg. von der Berlin-Brandenburgischen Akademie der Wissenschaften und der Akademie der Wissenschaften zu Göttingen, Bd. 3, 2. Lfg., Stuttgart 2000, Sp. 180–190.

ist »Arbeit« im ursprünglichen Sinne einer Mühe oder Bedrängnis nicht nur als körperliche oder geistige Anstrengung zu verstehen, sondern auch als ein von höherer Macht verhängtes Unheil sowie spezifischer als die mit der Geburt oder dem Sterben verbundene Anstrengung. Über die Jahrhunderte verlagerte sich das Gewicht zugunsten von Arbeit im Sinne einer Tätigkeit, vor allem insofern, als diese zur Erledigung ansteht oder auf einen materiellen oder ideellen Nutzen gerichtet ist, aber auch im Sinne einer Beschäftigung, mit der jemand ihre Zeit vertreibt, bzw. einer Tätigkeit schlechthin im Gegensatz zur Untätigkeit – sowie in Verbindung damit auch im Sinne des Arbeitsergebnisses oder Werkes und von dessen Herstellungsart.

Das bis heute zu beobachtende Schwanken zwischen »Mühe« und »Tätigkeit«[13] beruht nach Ansicht der Bearbeiter des Deutschen Wörterbuchs auf der »persönlichen (generellen oder situationsbedingten) einstellung des individuums zu einer tätigkeit oder zur tätigkeit schlechthin. die tätigkeit kann als belastung, als notwendiges und akzeptiertes mittel der sicherung des lebensunterhaltes, als positive aufgabe oder sogar als sinn des lebens angesehen werden.«[14] Im Unterschied dazu (und in Übereinstimmung mit der noch von den Brüdern Grimm selbst gegebenen Erklärung) werden die Wandlungen des Sprachgebrauchs in philosophischen Artikeln vor allem auf sozial- und wirtschaftsgeschichtliche Faktoren zurückgeführt.[15] Freilich schließt keine dieser Erklärungen die jeweils andere als unplausibel aus. Viel wichtiger ist indes die Frage, wie wir mit all diesen Unterscheidungen umgehen sollen.

Einerseits vermitteln uns die linguistischen Informationen einiges über verschiedene Gesichtspunkte dessen, was alles »Arbeit« genannt wird, sowie darüber, wie unterschiedlich die individuellen und gesellschaftlichen Einstellungen dazu sind, andererseits gewinnen wir dadurch auch nur eine gewisse Ahnung von der Vielfalt der faktischen Verwendungsweisen des Ausdrucks ›Arbeit‹, jedoch keineswegs ein Wissen über das gesamte Spektrum der Bedeutungen dieses Ausdrucks, geschweige denn einen Anhaltspunkt dafür, welche der Bedeutungen für eine ethische oder sozialphilosophische Diskussion von Belang sind. Um etwas über die Bedeutung(en) eines Wortes zu erfahren, genügt jedenfalls nicht, die Verwendungsweisen des Ausdrucks selbst anzugeben; vielmehr müssen wir auch die *Alternativen* dazu untersuchen, also jene

---

13. Diese Ambivalenz zeigt sich auch in der dem vorliegenden Text als Motto vorangestellten Keuner-Geschichte; vgl. B. Brecht: *Geschichten vom Herrn Keuner*, Frankfurt/M. 2006, S. 18.
14. J. & W. Grimm: *Deutsches Wörterbuch*, Neubearb. (wie Anm. 12), Sp. 181.
15. Vgl. etwa M.-D. Chenu: Arbeit [I], in: J. Ritter (Hg.): *Historisches Wörterbuch der Philosophie*, Bd. 1, Basel–Stuttgart 1971, Sp. 480 ff.; H. J. Krüger: Arbeit [II], in: J. Ritter (Hg.): *Historisches Wörterbuch der Philosophie*, a. a. O., Sp. 482–487.

Ausdrücke, die im gesamten Wortfeld das bezeichnen, was in der einen oder anderen Hinsicht *nicht* Arbeit ist.[16] So können wir etwa überlegen, ob von Arbeit zu sprechen ist, wenn jemand etwas *spielerisch* tut[17], oder ob der Umstand, dass Arbeit oft auf ein Ergebnis gerichtet ist, rechtfertigt, jede auf ein Ergebnis gerichtete Tätigkeit, insbesondere jeden *Schaffensprozess*, als Arbeit zu bezeichnen.[18] Dies dürfte wohl vielen Menschen ebenso eigenartig erscheinen wie die Vorstellung, dass jemand arbeitet, der – wie Herr Keuner – überlegt, inwiefern er sich als nächstes irren könnte.

Eine andere Möglichkeit, den Bedeutungsspielraum von ›Arbeit‹ einzuschätzen und darin angelegte Differenzierungen zu erkennen, besteht in der Untersuchung der Gegebenheiten in *anderen* Sprachen. So werden etwa im Englischen dem Wortfeld »Arbeit« (abgesehen von physikalischen Termini, z. B. ›energy‹) nicht nur Wörter wie ›activity‹ zugeordnet, die eine Tätigkeit im allgemeinen Sinne bezeichnen, sondern gleich mehrere, in denen jemandes Aufgabe oder Leistung angesprochen werden (z. B. ›assignment‹, ›business‹, ›duty‹, ›performance‹ oder ›task‹). Verweisen Ausdrücke wie ›employment‹, ›job‹ oder ›occupation‹ auf die Beschäftigung, mit der jemand ihren Lebensunterhalt verdient, so betonen ›work‹, ›workmanship‹ oder ›paper‹ das Ergebnis des Tuns sowie dessen Beschaffenheit, Vokabeln wie ›effort‹, ›labor‹, ›toil‹ oder ›trouble‹ hingegen verschiedene Formen der Anstrengung oder Mühe. Ausdrücke wie ›chore‹ oder ›housework‹ erinnern uns schließlich daran, dass wir im Deutschen bei der Diskussion des Themas Arbeit auch Komposita zu berücksichtigen haben, nicht nur ›Hausarbeit‹, sondern auch ›Routine(arbeit)‹, ›Feldarbeit‹ und dergleichen.[19]

---

16. Laut Saussure erhält jedes sprachliche Zeichen seinen »Wert« durch die Menge der anderen Zeichen, die als Alternative dazu verwendet werden könnten; vgl. F. de Saussure: *Grundfragen der Allgemeinen Sprachwissenschaft*, übers. v. H. Lommel, 2. Aufl., Berlin 1967, S. 94f., 131ff.
17. Mit Bezug auf ein in Luzern gegebenes Konzert wurde z. B. Maurizio Pollini einmal als »Tastenarbeiter« bezeichnet, und zwar vor allem deshalb, weil er dort das 2. Klavierkonzert von Brahms spielte, von dem der Brahms-Biograph Walther Niemann sagte, jeder Pianist müsse, wenn er dieses Konzert spiele, »sein Virtuosentum verleugnen und zum Arbeiter des Klavierspiels werden«; vgl. W. Niemann: *Brahms*, Berlin 1920, S. 267. Die Pointe dieser Bemerkung beruht freilich darauf, dass künstlerisches Spiel gewöhnlich als *Gegensatz* zu »Arbeit« gesehen wird (auch wenn viel Arbeit notwendig ist, um es zu erlangen).
18. Dies dürfte vor allem mit Blick auf Kunstschaffende wie Mozart oder Picasso als unangemessen angesehen werden, die anscheinend oder scheinbar spielerisch Neues (er)fanden – wiewohl sich zeigen lässt, dass der Weg zu einem Werk auch für sie (genauso wie für einen Beethoven oder Cézanne) oft mit gewissen Anstrengungen oder Mühen verbunden war; vgl. auch Abschnitt 3.
19. Ähnliches gilt etwa für das Französische, wo Wörter wie ›action‹, ›besogne‹, ›boulot‹, ›contrôle‹, ›corvée‹, ›devoir‹, ›domaine‹, ›emploi‹, ›gagne-pain‹, ›job‹, ›labeur‹, ›main-d'œuvre‹, ›métier‹, ›œuvre‹, ›ouvrage‹, ›tâche‹, ›travail‹ oder ›turbin‹ verschiedene Aspekte von »Arbeit« bezeichnen.

Indem wir versuchen, den Sprachgebrauch möglichst umfassend zu beschreiben, gewinnen wir nicht nur eine Einsicht in die Vielfalt der Bedeutungen von ›Arbeit‹, sondern auch darin, dass den verschiedenen Verwendungsweisen nicht notwendigerweise etwas gemeinsam ist, was das »Wesen« von Arbeit ausmacht und rechtfertigt, in allen erwähnten Fällen davon zu sprechen; vielmehr bestehen dazwischen *Familienähnlichkeiten* der Art, wie sie Wittgenstein ins Spiel gebracht hat.[20] Denken wir etwa daran, dass das »Verhalten« von Materialien in Analogie zum Tun von Menschen als Arbeit bezeichnet wird oder dass die Aspekte des Tätigseins, des Bezugs auf ein Werk und der Mühe nicht nur in Verbindung miteinander, sondern auch unabhängig voneinander dazu führen können, dass von Arbeit gesprochen wird.

Zu den Gegebenheiten alltäglicher Kommunikation gehört zudem, dass die Vielfalt des Sprachgebrauchs »nichts Festes, ein für allemal Gegebenes« ist, »sondern neue Typen der Sprache, neue Sprachspiele, wie wir sagen können, entstehen und andre veralten und werden vergessen.«[21] Einen Eindruck davon können uns auch die Einblicke in die Geschichte der Verwendungsweisen des Ausdrucks ›Arbeit‹ vermitteln. Wenn wir bei der Diskussion von Problemen in Zusammenhang mit Arbeit auf dem Boden des alltäglichen Sprachgebrauchs bleiben, so müssen wir derlei Wandlungen ebenso in Kauf nehmen wie die Tatsache, dass die Alltagskommunikation mit Analogien, Metaphern, ironischen Wendungen und anderen Formen des *indirekten*, nicht wörtlich gemeinten bzw. zu verstehenden Sprachgebrauchs durchsetzt ist. So mögen etwa zwar Ausdrücke wie ›Trauerarbeit‹ oder ›Sisyphosarbeit‹ wegen der darin angesprochenen Mühe mit einer der erwähnten wörtlichen Bedeutungen von ›Arbeit‹ zusammenhängen[22], doch scheint die Rede davon, dass zwei Computerprogramme zusammenarbeiten, eher metaphorisch zu verstehen sein, und wenn es heißt, jemand habe ganze Arbeit geleistet, so ist dies oft durchaus ironisch gemeint.

Nach Ansicht von Wittgenstein darf die Philosophie »den tatsächlichen Gebrauch der Sprache in keiner Weise antasten, sie kann ihn am Ende also nur beschreiben. Denn sie kann ihn auch nicht begründen. Sie läßt alles wie es ist.«[23] Eine Konsequenz dieses Standpunktes ist die Beschränkung auf eine rein *deskriptive* Betrachtung von

---

20. Vgl. L. Wittgenstein: Philosophische Untersuchungen (wie Anm. 3), §§ 65 ff.
21. Ebenda, § 23. Als Beispiel für einen solchen Prozess nennt Wittgenstein interessanterweise »die Wandlungen der Mathematik«.
22. Ähnliches gilt für Ausdrücke wie ›Beziehungsarbeit‹ oder ›Gottesarbeit‹, die Clemens Sedmak zur Diskussion stellt; vgl. Cl. Sedmak: Menschenwürdige Arbeitslosigkeit. »Decency« und Arbeitsmarkt, *im vorliegenden Band*, S. 133–192, hier: S. 136.
23. L. Wittgenstein: Philosophische Untersuchungen (wie Anm. 3), § 124.

Sprache, durch die wir *bestenfalls* eine einigermaßen vollständige Übersicht über die *Vielfalt* der Verwendungsweisen von Ausdrücken erhalten. Eine solche Übersicht ist zwar für viele Zwecke notwendig und nützlich sowie Ausgangspunkt weiterführender sprachphilosophischer Überlegungen, eine andere Frage ist allerdings, ob es sinnvoll ist, dabei stehenzubleiben, denn eine rein deskriptive Betrachtungsweise der Sprache erlaubt uns *nicht mehr* als eine Aufzählung, möglichst genaue Beschreibung und Unterscheidung der verschiedenen tatsächlich gepflegten Verwendungsweisen, während wir darauf verzichten müssen, diese in irgendeiner Hinsicht zu *begrenzen*. Aus rein deskriptiver Perspektive ist es also nicht an uns zu entscheiden, ob der Ausdruck ›Arbeit‹ wörtlich oder indirekt, sinnvoll oder verrückt oder wie auch immer verwendet wird; vielmehr haben wir uns mit dem Beschreiben zu bescheiden.

Bereits wenn uns daran liegt zu *erklären*, wie ein Ausdruck verwendet wird, bzw. zu *bestimmen*, was es heißt, einen Ausdruck auf diese oder jene Weise zu verwenden, vor allem aber, wenn wir in der Lage sein möchten, bestimmte Verwendungsweisen als unangemessen zu *kritisieren*, bleibt uns nichts anderes übrig, als den rein deskriptiven Ansatz aufzugeben und in gewissem Sinn einen normativen Standpunkt einzunehmen, d. h., mit Bezug auf bestimmte (nicht zuletzt wissenschaftliche) Zwecke aus den vielen verschiedenen Verwendungsweisen eines Ausdrucks einen *Begriff* davon zu gewinnen bzw. festzulegen, der manche Verwendungsweisen als für den fraglichen Zweck adäquat von anderen (dafür nicht adäquaten) abgrenzt.[24] So können wir z. B. definieren, dass »ein Schritt« so viel sei wie »75 cm«. Wenn wir diese Bestimmung ernst nehmen, so heißt das, dass alles, was nicht 75 cm lang ist, nicht der Länge von einem Schritt gleichkommt.[25] Dies gilt auch für einen Ausdruck wie ›Arbeit‹, der

---

24. Zu einem Versuch, auf diese Weise einen Begriff von Verantwortung im Sinne einer moralischen Pflicht zu bestimmen, vgl. O. Neumaier: *Moralische Verantwortung. Beiträge zur Analyse eines ethischen Begriffs*, Paderborn 2008, bes. S. 23–29. Dieser Versuch setzt voraus, dass wir uns zunächst auf *wörtliche* Verwendungsweisen der relevanten Ausdrücke beschränken, da sonst der *Gegenstand* der Analyse nicht hinreichend klar zu bestimmen ist. Dies erscheint auch mit Bezug auf den Ausdruck ›Arbeit‹ sinnvoll, mit dem wir ja nicht immer etwas bezeichnen, das zur Vielfalt dessen gehört, worauf der Ausdruck ›Arbeit‹ im wörtlichen Sinne anzuwenden ist.
25. Dieses Beispiel übernehme ich von Wittgenstein, der betont, dass Definitionen der Verwendung eines Ausdrucks »für einen besonderen Zweck […] eine Grenze ziehen. Machen wir dadurch den Begriff erst brauchbar? Durchaus nicht! Es sei denn, für diesen besondern Zweck«; vgl. L. Wittgenstein: Philosophische Untersuchungen (wie Anm. 3), § 69. Dabei müssen wir uns bewusst sein, dass wir die Bedeutung eines Ausdrucks dementsprechend »einengen«, wie Wittgenstein an anderer Stelle, aber mit Bezug auf dasselbe Beispiel betont; vgl. L. Wittgenstein: *Philosophische Bemerkungen*, hg. von R. Rhees (= Schriften 2). Frankfurt/M 1964, § 69.

mit Bezug auf seine Bedeutung für manche philosophischen bzw. wissenschaftlichen Zwecke von anderen Tätigkeiten (oder sonstwelchen Phänomenen) abzugrenzen ist. Ein Versuch einer solchen Abgrenzung stammt etwa von Hannah Arendt.

2. Arendts Unterscheidung menschlicher Grundtätigkeiten

Im Jahre 1958 veröffentlichte Hannah Arendt ihr Werk *Vita Activa oder vom tätigen Leben*, das – wie der englischen Originaltitel deutlicher macht – nichts anderes ist als ein philosophischer Versuch über die *conditio humana*.[26] Arendt geht dabei von biologischen »Grundbedingungen« menschlicher Existenz aus, insbesondere von den Tatsachen, die sie als *Natalität* und *Mortalität* bezeichnet. Damit meint Arendt, dass das menschliche Leben »durch Geburt zur Welt kommt und durch Tod aus ihr wieder verschwindet.«[27] Allerdings ist Menschsein nicht schlichtweg durch Bezug auf diese Grundbedingungen zu *erklären*, »weil keine von ihnen absolut bedingt«, und zwar dadurch, dass »die Menschen, wiewohl sie unter den Bedingungen der Erde leben und wahrscheinlich immer unter ihnen leben werden, doch keineswegs im gleichen Sinne erdgebundene Kreaturen sind wie alle anderen Lebewesen. Dankt doch die moderne Naturwissenschaft ihre außerordentlichen Triumphe dem, daß sie ihren Blickpunkt geändert hat und auf die erdgebundene Natur so blickt und sie so behandelt, also ob sie gar nicht auf der Erde, sondern im Universum lokalisiert wäre.«[28]

Mit Bezug auf die existenziellen Grundbedingungen von Natalität und Mortalität unterscheidet Hannah Arendt drei menschliche Grundtätigkeiten (für die im Alltag ebenso wie für das Tätigsein im Allgemeinen oft schlichtweg der Ausdruck ›Arbeit‹ verwendet wird), nämlich *Arbeiten*, *Herstellen* und *Handeln*. Diese sind in ihren Augen *Grundtätigkeiten*, »weil jede von ihnen einer der Grundbedingungen entspricht, unter

---

26. H. Arendt: *Vita Activa oder vom tätigen Leben*, 11. Aufl., München 1999; engl. Orig. u. d. T. *The Human Condition*, Chicago 1958.
27. H. Arendt: *Vita Activa* (wie Anm. 26), S. 17 f.
28. Ebenda, S. 21. Arendt geht dabei nicht auf die Frage ein, inwieweit moderne Fortpflanzungstechnologien, die in mehrlei Hinsicht neue Antworten auf die Frage nach dem Beginn des menschlichen Lebens erfordern, sowie die von Wissenschaftstreibenden angestrebten Möglichkeiten der Verlängerung des menschlichen Lebens (bis hin zu »ewiger Jugend« dank Stammzellentherapie oder Beeinflussung des Zelltods) einen Wandel der *conditio humana* bzw. unseres Selbstverständnisses bewirken. Vermutlich haben sich dadurch aber die »Grundbedingungen« der Natalität und Mortalität ebenso verändert wie unser Verständnis der darauf bezogenen »Grundtätigkeiten«, nicht zuletzt der *Arbeit*, die im Sinne von Arendt ja den elementaren Lebensprozessen dient.

denen dem Geschlecht der Menschen das Leben auf der Erde gegeben ist.«[29] Die drei menschlichen Grundtätigkeiten sind zwar auf jene Bedingungen menschlicher Existenz bezogen, doch sind sie für die Menschen zugleich ein Mittel, ihre Lebensbedingungen selbst zu gestalten. Insbesondere gilt dies für das kommunikative Handeln, das für das menschliche Leben mehr als die anderen Tätigkeiten *konstitutiv* ist, denn ein Individuum kann zwar andere für sich arbeiten oder herstellen lassen, doch »ein Leben ohne alles Sprechen und Handeln [...] wäre buchstäblich kein Leben mehr«.[30] Durch dieses Handeln ist der Mensch jedoch »von Natur aus« ein *soziales* Wesen.

Von den drei Grundtätigkeiten entspricht die *Arbeit* laut Arendt »dem biologischen Prozeß des menschlichen Körpers, der in seinem spontanen Wachstum, Stoffwechsel und Verfall sich von Naturdingen nährt, welche die Arbeit erzeugt und zubereitet, um sie als die Lebensnotwendigkeiten dem lebendigen Organismus zuzuführen.« Die Grundbedingung der Arbeit ist »das Leben selbst.«[31] Im *Herstellen* zeigt sich »das Widernatürliche eines von der Natur abhängigen Wesens«, für das der Weiterbestand der Gattung kein Ersatz »für seine individuelle Vergänglichkeit« ist. Durch das Herstellen entsteht eine »künstliche Welt von Dingen, die sich den Naturdingen nicht einfach zugesellen, sondern sich von ihnen dadurch unterscheiden, daß sie der Natur bis zu einem gewissen Grad widerstehen und von den lebendigen Prozessen nicht einfach zerrieben werden.« Die Grundbedingung des Herstellens ist »Weltlichkeit«, d. h. »die Angewiesenheit menschlicher Existenz auf Gegenständlichkeit und Objektivität.« Das *Handeln* aber ist die einzige menschliche Tätigkeit, »die sich ohne Vermittlung von Materie, Material und Dingen direkt zwischen Menschen abspielt.« Ihre Grundbedingung ist »die Tatsache, daß nicht ein Mensch, sondern viele Menschen auf der Erde leben und die Welt bevölkern. [...] Das Handeln bedarf einer Pluralität, in der zwar alle dasselbe sind, nämlich Menschen, aber dies auf die merkwürdige Art und Weise, daß keiner dieser Menschen je einem anderen [völlig] gleicht.«

Mit der Annahme dreier menschlicher Grundtätigkeiten versucht Arendt die Bedingungen des Menschseins insofern zu differenzieren, als sie damit verschiedene Möglichkeiten anspricht, wie die Menschen ihr Leben zwischen den Polen *Geburt* und *Tod* gestalten *können* (wobei sie diese Möglichkeiten andererseits auch auf unterschiedliche Weise nützen *müssen*, um überhaupt ein Leben führen zu können):

(i) Mit Bezug auf den *Lebensanfang* haben jene Tätigkeiten die Aufgabe, »für die Zukunft zu sorgen, bzw. dafür, daß das Leben und die Welt dem ständigen Zufluß

---

29. H. Arendt: *Vita Activa* (wie Anm. 26), S. 16.
30. Ebenda, S. 215.
31. Vgl. dazu sowie zum Folgenden H. Arendt: *Vita Activa* (wie Anm. 26), S. 16 f.

von Neuankömmlingen [...] gewachsen und auf ihn vorbereitet bleibt. Dabei ist aber das Handeln an die Grundbedingung der Natalität enger gebunden als Arbeiten und Herstellen. [...] Im Sinne von Initiative – ein initium [d. h. einen Anfang] setzen – steckt ein Element von Handeln in allen menschlichen Tätigkeiten, was nichts anderes besagt, als daß diese Tätigkeiten eben von Wesen geübt werden, die durch Geburt zur Welt gekommen sind und unter den Bedingungen der Natalität stehen.«

(ii) In Hinblick auf das *Lebensende* »sichert die Arbeit das Am-Leben-Bleiben des Individuums und das Weiterleben der Gattung; das Herstellen errichtet eine künstliche Welt, die von der Sterblichkeit der sie Bewohnenden in gewissem Maße unabhängig ist und so ihrem flüchtigen Dasein so etwas wie Bestand und Dauer entgegenhält. Das Handeln schließlich, soweit es der Gründung und Erhaltung politischer Gemeinwesen dient, schafft die Bedingungen für eine Kontinuität der Generationen, für Erinnerung und damit für Geschichte.«[32]

Demnach hat das *Handeln* in Arendts Augen für das Leben der Menschen in mancher Hinsicht noch größere Bedeutung als die anderen Grundtätigkeiten, sowohl individuell als auch und vor allem in den sozialen Aspekten des Lebens. Das Handeln ist jene Tätigkeit, die sich *direkt* zwischen den Menschen abspielt, die für das Menschsein (wie erwähnt) *unabdingbar* ist und die mit dem »Neubeginn, der mit jeder Geburt in die Welt kommt«, am engsten verknüpft ist; in Zusammenhang damit ist aber auch »ein Element von Handeln in allen menschlichen Tätigkeiten.« Dies hindert andererseits nicht, dass *alle* drei Grundtätigkeiten für das menschliche Leben wesentlich sind, und jede davon auf ihre je *eigene* Weise. Der Unterschied zwischen diesen Tätigkeiten ist den Menschen jedoch nicht immer hinreichend bewusst, obwohl laut Arendt »alle europäischen Sprachen, die toten wie die lebenden, [...] etymologisch völlig eigenständige Worte enthalten. [...] Und wenn der Sprachgebrauch auch immer dazu geneigt hat, diese Worte als Synonyme zu behandeln, haben sie sich doch bis in unsere Zeit als getrennte erhalten.«[33]

Nach Ansicht von Arendt wurde in der Antike der Unterschied zwischen Arbeit und Herstellen vernachlässigt, da die Arbeit zumindest in jenen ihrer Aspekte gering geschätzt wurde, »die unmittelbar mit der Notdurft des Lebens verbunden sind und daher keine Spuren hinterlassen, kein Denkmal, kein Werk, kein Ding von Bestand«. Später »griff die Verachtung aller Tätigkeiten, die nicht direkt dem Politischen galten,

---

32. Ebenda, S. 18.
33. Ebenda, S. 99. Diese Beobachtung ist durchaus richtig, jedoch insofern zu relativieren, als die Neigung, etwa den Ausdruck ›Arbeit‹ als Synonym für die anderen von Arendt unterschiedenen Tätigkeiten sowie für menschliches Tun im Allgemeinen zu verwenden, unübersehbar ist.

und die politische Forderung, sich ihrer zu enthalten [...], immer mehr um sich, bis sie schließlich ganz allgemein einschloß, was nur überhaupt eine größere körperliche Anstrengung verlangte.«[34] Die von Arendt angenommene Missachtung der Arbeit war demnach mit der Betonung der *politischen* Stellung des Menschen und der Kritik am Unpolitischen bzw. *Privaten* verknüpft, wie sie bereits im Ausdruck ›privatus‹ zur Geltung kommt, der einen Mann bezeichnet, der über kein öffentliches Amt verfügt.

Laut Arendt ist es unter den ideologischen Vorgaben der damaligen Zeit keineswegs überraschend, dass einerseits das Soziale betont wurde, andererseits aber Ausdrücke, die das Herstellen oder Arbeiten bezeichnen, überaus vage gebraucht wurden. Erstaunlicher ist in ihren Augen, dass sich die Unklarheit mit Bezug auf Arbeit und Herstellen auch in der Neuzeit findet, wiewohl unter ganz anderen Vorzeichen: Durch die »Glorifizierung der Arbeit als Quelle aller ›Werte‹« trat laut Arendt »das Animal laborans an die Stelle des Animal rationale«, und der Unterschied »zwischen Animal laborans und Homo faber, zwischen der ›Arbeit unseres Körpers‹ und dem ›Werk unserer Hände‹« wurde verwischt. »Statt dessen findet sich bereits in den Anfangsstadien der modernen Entwicklung die Unterscheidung zwischen produktiver und unproduktiver Arbeit, die dann von der Differenzierung zwischen gelernter und ungelernter Arbeit ersetzt wurde, um schließlich von der Einteilung aller Tätigkeiten in Kopf- und Handarbeit überspielt zu werden.«[35]

Einen Grund für die Unklarheit »unserer« Vorstellungen von den menschlichen Grundtätigkeiten erblickt Arendt darin, dass in den modernen Industriegesellschaften eine dieser Tätigkeiten, nämlich das *Herstellen*, dabei ist, die anderen Tätigkeiten zu *verdrängen* und das Leben der Menschen in immer höherem Maße zu bestimmen. Dementsprechend verändert sich die *conditio humana* der in solchen Gesellschaften lebenden Menschen entsprechend den Gegebenheiten des *Herstellens*. Laut Arendt ist das Herstellen durch *Zweck-Mittel-Relationen* bestimmt, d. h., der gesamte Prozess

---

34. H. Arendt: *Vita Activa* (wie Anm. 26), S. 100. Darin zeigt sich eine etwas einseitige Sicht der Antike. Wie im Gegensatz dazu etwa Bernd Steinmetz ausführt, wurde in der Antike (nicht zuletzt von Aristoteles, auf den sich Arendt bezieht) Arbeit im Sinne einer »angemessenen Tätigkeit« durchaus geschätzt, jedoch von der »unwürdigen Mühe körperlicher Plackerei« unterschieden; vgl. B. Steinmetz: *Über den Wandel der Arbeit und das Problem der Arbeitslosigkeit*, Münster 1997, S. 18 ff. Wenn Johannes Rohbeck im Unterschied zu Arendt der Arbeit eine Rolle für »die Vorstellung einer vom Menschen hergestellten Geschichte« zuschreibt, so ist andererseits zu bedenken, dass Arbeit in seinem Sinne weitgehend dem Herstellen bei Arendt entspricht; vgl. dazu J. Rohbeck: Die Bedeutung des Arbeitsbegriffs für eine Theorie der Geschichte, in: P. Damerow, P. Furth & W. Lefèvre (Hg.): *Arbeit und Philosophie*, Bochum 1983, S. 35–41, hier: S. 35.
35. H. Arendt: *Vita Activa* (wie Anm. 26), S. 103.

zielt auf die Existenz eines Endprodukts; dieses ist der Zweck, zu dem der Herstellungsvorgang nur ein Mittel ist.³⁶ Arendt sieht nun historisch einen Prozess der zunehmenden Instrumentalisierung: »Die gleichen Geräte, die dem Animal laborans nur zur Erleichterung seiner Last und zur Mechanisierung der Arbeit dienen, hat Homo faber entworfen und erfunden für die Errichtung einer Dingwelt, und ihre Tauglichkeit und Präzision hat sich weit mehr nach den objektiv-gegenständlichen Zwecken gerichtet, für die er sie verwenden wollte [...], als daß sie unter dem Druck der Lebensnotdurft und der subjektiven Bedürfnisse entstanden wären.«³⁷ Diese Orientierung an den Gegebenheiten des Herstellens führte jedoch laut Arendt dazu, dass die erwähnten menschlichen *Grundtätigkeiten*, die für das Leben der Menschen ganz unterschiedliche Bedeutung haben, zunehmend miteinander vermischt bzw. einheitlich nach den »Gesetzen« des *Herstellens* betrachtet und bewertet werden. Für das Leben der Menschen ergeben sich daraus laut Arendt u. a. folgende Konsequenzen:

(i) Im Verlauf der industriellen Revolution verwischt sich allmählich »sowohl der Unterschied zwischen dem Menschen und dem Werkzeug, also seinem Mittel, wie der zwischen dem Menschen und dem, was er produziert, also seinem Zweck.«³⁸ Insbesondere bedeutet dies, dass der Mensch seinen *Arbeitsrhythmus* ohne Rücksicht auf *seine* »subjektiven Bedürfnisse« der »Bewegung des Herstellungsprozesses« anpassen musste – und weiterhin muss, da im Rahmen der wirtschaftlichen »Globalisierung« von den Menschen immer mehr »Flexibilität« verlangt wird, d. h. die Bereitschaft, sich ohne Rücksicht auf Herkunft, soziale Bindungen und andere Gegebenheiten des Menschseins den wirtschaftlichen Zwängen zu unterwerfen und gemäß den Spielregeln des »neuen Kapitalismus« dort und dann zu arbeiten, wie es die »ökonomische Rationalität« vorschreibt.³⁹ Die Ausrichtung an den Bedingungen des Herstellens wirkt sich auf die Arbeitenden negativ aus, denn »die Leistung des Arbeiters [...] verlangt zur Erzielung bester Resultate eine rhythmisch geordnete Bewegung«, während

---

36. Vgl. dazu Arendt: *Vita Activa* (wie Anm. 26), S. 168 f.
37. Ebenda, S. 170 f.
38. Ebenda, S. 172. Zur Diskussion solcher Prozesse vgl. etwa G. Schweiger: Arbeit im Strukturwandel, *im vorliegenden Band*, S. 39–71, bes. S. 41–46, 52 ff., 56–60.
39. Zur Kritik an dieser Entwicklung vgl. etwa R. Sennett: *Der flexible Mensch. Die Kultur des neuen Kapitalismus*, übers. von M. Richter, Berlin 1998. Analog zur »Politik der Würde« bzw. zur Frage nach der »Anständigkeit« einer Gesellschaft ist mit Margalit zu überlegen, ob eine Institution wie z.B. ein ökonomisches System, das die natürlichen Bedürfnisse der Menschen missachtet und diese dadurch systematisch »demütigt«, als *unanständig* zu kennzeichnen ist; vgl. A. Margalit: *Politik der Würde. Über Achtung und Verachtung*, übers. von G. Schmidt und A. Vonderstein, Frankfurt/M. 1999 (engl. Orig. 1996).

sich für den Herstellungsprozess eine *mechanische* Bewegung als besonders *effizient* erwiesen hat, an die sich der *Mensch* anpassen muss (statt umgekehrt). Das bedeutet laut Arendt zwar nicht, »daß der Mensch als solcher mechanisiert werde«, wohl aber, dass in der *Arbeit* »der mechanische Prozeß an die Stelle des Körperrythmus getreten ist« und dass die Maschine (die inzwischen auch eine elektronische bzw. virtuelle sein kann) »die Arbeit des Körpers« leitet, »bis sie sie schließlich ganz und gar ersetzt.«[40]

(ii) Noch stärker wird durch die erwähnte Entwicklung das *Handeln* der Menschen beeinflusst (bzw. beeinträchtigt), das die *Pluralität* der Menschen voraussetzt. Diese manifestiert sich »als Gleichheit und als Verschiedenheit. Ohne Gleichartigkeit gäbe es keine Verständigung« unter den Menschen, ohne »das absolute Unterschiedensein jeder Person von jeder anderen« bedürfte es aber »weder der Sprache noch des Handelns für eine Verständigung.«[41] Die Einzigartigkeit der Menschen stellt sich laut Arendt vor allem in sprachlichen und anderen Formen des *Handelns* dar: »Sprechend und handelnd unterscheiden sich Menschen aktiv voneinander, anstatt lediglich verschieden zu sein.« Der *Zusammenhalt* einer Gemeinschaft bzw. Gesellschaft ergibt sich also nicht von selbst; vielmehr muss er von deren Mitgliedern *geschaffen* werden (durchaus in Arendts Sinn von Pluralität, der ja Vielheit *und* Einheit bedeutet). So wie sich Menschen sprechend und handelnd »aktiv voneinander unterscheiden, anstatt lediglich verschieden zu sein«, so schaffen sie mit sprachlichem und anderem Handeln auch die Einheit, statt schlichtweg gleich zu sein.

(iii) Während es möglich ist, das Arbeiten oder Herstellen an andere Menschen (oder an Maschinen) zu »delegieren«, kann (wie bereits angedeutet) kein Mensch »des Sprechens und des Handelns ganz und gar entraten. [...] Die Arbeit mag noch so charakteristisch für den menschlichen Stoffwechsel mit der Natur sein, das besagt nicht, daß jeder Mensch auch arbeiten müßte [...]. Und genau das gleiche gilt auch für das Herstellen.«[42] Einem Leben ohne Herstellen oder Arbeit würde vielleicht in der einen oder anderen Hinsicht etwas fehlen, ein Leben ohne sprachliches oder anderes Handeln wäre hingegen kein (von Menschen *geführtes*) Leben mehr. Was geschieht nun aber mit dem Handeln, wenn die ihm zugrunde liegende Pluralität mit der für die Effizienz der Produktionsprozesse typischen *Einheitlichkeit* vermischt bzw. allmählich dadurch überlagert oder ersetzt wird? Wenn Hannah Arendt Recht hat, so ist zu

---

40. H. Arendt: *Vita Activa* (wie Anm. 26), S. 174.
41. Ebenda, S. 213. Ähnlich äußerten sich z. B. bereits Aristoteles und Émile Durkheim; vgl. Aristoteles: *Politik*, übers. u. hg. von O. Gigon, 5. Aufl., München 1984, 1261a23f.; É. Durkheim: *Über soziale Arbeitsteilung*, übers. von L. Schmidts, 2. Aufl. Frankfurt/M. 1988, bes. S. 101f.
42. H. Arendt: *Vita Activa* (wie Anm. 26), S. 214.

erwarten, dass sich die Bedingungen des menschlichen Zusammenlebens insofern wandeln, als unsere Individualität nicht mehr im selben Sinne oder Maße zur Geltung kommt, wie wenn wir in unserer Vielfalt kommunikativ handeln.

(iv) Nicht nur die Übertragung der Bedingungen und Merkmale des Herstellens auf die übrigen Aspekte der *vita activa* verursacht indes Probleme, sondern auch deren Eindringen in das *Leben des Geistes*.[43] Im Sinne von Arendt ist es z. B. problematisch, wissenschaftliche »Tätigkeiten« danach zu beurteilen, wie viele Publikationen daraus entspringen. In den Wissenschaften ist vielmehr der Gehalt an *Erkenntnis* entscheidend; dieser muss zwar auf irgendeine Weise öffentlich kommuniziert werden, doch ist es im Sinne von Arendt nicht nur möglich, sondern auch sinnvoll, dass eine Wissenschaftlerin diesen Aspekt ihres Tuns im Rahmen der von Adam Smith oder Émile Durkheim beschriebenen *Arbeitsteilung* anderen überlässt, um sich selbst dem eigentlichen Streben nach Erkenntnis zu widmen.[44]

3. Probleme mit Arendts Unterscheidung

Auch wenn Arendts Buch das tätige Leben in seiner gesamten Vielfalt zum Thema hat, gilt ihr Augenmerk doch vor allem dem menschlichen *Handeln* und damit der sozialen Gebundenheit menschlicher Existenz im Allgemeinen sowie der Bedeutung des politischen Lebens im Besonderen. Dementsprechend richtet sich ihre Kritik vornehmlich gegen Faktoren, die das soziale bzw. politische Leben einschränken oder uns daran hindern, dessen Bedeutung zu erkennen – mit der Konsequenz, dass Arendts eigene Gedanken über die Rolle, welche die *Arbeit* der Menschen und das *Herstellen* von Dingen spielen, sowie über die Wandlungen dieser Tätigkeiten einige Fragen offen lassen und andere aufwerfen, etwa die folgenden:

(i) Ist die Annahme plausibel, dass die antike Welt den Menschen im Wesentlichen als *homo faber*, als herstellendes Wesen, und als *zoon politikon*, als in Gemeinschaften lebendes und handelndes Wesen sah? Einerseits wurde wohl tatsächlich die »mit der Notdurft des Lebens verbundene« mühevolle Arbeit als etwas betrachtet, »was dem menschlichen Leben mit anderen Formen des tierischen Lebens gemeinsam« und insofern *nicht menschlich* (d. h. nicht für den Menschen spezifisch) ist; indem freie Menschen solche Arbeit *Sklaven* übertrugen (denen »eine nicht-menschliche Natur« zuge-

---

43. Vgl. dazu H. Arendt: *Vom Leben des Geistes*, 2 Bde., München–Zürich 1979.
44. Vgl. dazu É. Durkheim: *Soziale Arbeitsteilung* (wie Anm. 39) sowie A. Smith: *Der Wohlstand der Nationen*, übers. von H. Cl. Recktenwald, München 1974, bes. S. 206 ff., 227 f. (engl. Orig. 1776).

schrieben wurde), schlossen sie diese vom Bereich dessen aus, als was »den Menschen das Leben gegeben ist.«[45] *Andererseits* ist jedoch zu bedenken, dass die *theoretische* Tätigkeit damals anscheinend in hohem Ansehen stand – jedenfalls in höherem als in Gesellschaften, in denen sie als Kopf-*Arbeit* oder als Herstellen von Texten gesehen wird. Allerdings wird jene Annahme dadurch insofern *nicht* widerlegt, als die Beschäftigung mit Theorie in höherem Maße als politische bzw. *öffentliche* Angelegenheit gesehen wurde, als dies heute üblich ist. Davon zeugt insbesondere Platons Verständnis von Theorie wie auch sein Ruf nach philosophisch gebildeten Herrschern.[46]

(ii) Ist die Unterscheidung zwischen Kopf- und Handarbeit ebenso wie zwischen produktiver und nicht-produktiver Arbeit nur eine *begriffliche* Frage oder geht es hier um wesentlich verschiedene Gegebenheiten? *Einerseits* könnten wir annehmen, dass es keinen großen Unterschied macht, ob wir Herstellen und Arbeiten oder aber produktive und nicht-produktive Arbeit unterscheiden; ganz im Gegenteil spricht sogar *für* die zweite Differenzierung, dass sie die *existenzielle* Bedeutung *beider* Tätigkeiten deutlicher anspricht als die erste. *Andererseits* ist aber zu fragen, wo dabei die *Kopfarbeit* bleibt? Zwar mag diese für *manche* Menschen existenziell bedeutsam sein, aber sicher nicht für alle; mit Blick auf die »Notdurft des Lebens« scheint sie vielmehr oft eher eine Art *Luxus* darzustellen. Ist es aber überhaupt *angemessen*, die Beschäftigung mit Theorie als *Arbeit* (im Sinne von Arendt) oder auch als eine Form des *Herstellens* zu betrachten? Zweifellos ist es *möglich*, dies zu tun (und die Beschäftigung mit Theorie daran zu messen, was sie für das *Leben* der Menschen bedeutet, bzw. daran, inwiefern dabei Bücher, Aufsätze usw. *produziert* werden), aber werden wir damit der Theorie *gerecht*? Dies erscheint zweifelhaft, d. h., wir müssen die *Geistestätigkeit* von den anderen Tätigkeiten unterscheiden[47]: Demnach sind Philosophie, Wissenschaft oder Religion

---

45. Vgl. dazu H. Arendt: *Vita Activa* (wie Anm. 26), S. 98 ff. Demnach wurde in der Antike nicht die Arbeit gering geschätzt, weil sie Sklaven überlassen blieb, vielmehr wurden Tätigkeiten, die »nicht um ihrer selbst willen unternommen wurden, sondern um die Lebensnotwendigkeiten herbeizuschaffen«, und die mithin der Vorstellung von der *Freiheit* des Menschen zuwiderliefen, auf Menschen abgewälzt, denen ihre Freiheit genommen wurde, auf dass sie für die freien Bürger die »Notdurft des Lebens« tragen. Wie erwähnt, sprechen tatsächlich etymologische Gründe für einen Zusammenhang zwischen Arbeit und Knechtschaft bzw. Sklavinnendasein.
46. Mit der Forderung, dass die Herrscher eines Staates Philosophen sein sollten, meint Platon, dass sie nicht nur über Einsicht in die Natur der Dinge (*sophia*) verfügen, sondern auch über Erfahrung (*empiria*) und sittliche Reife (*arete*); umgekehrt sind alle philosophisch so Tätigen auch verpflichtet, sich um die Geschicke des Gemeinwesens zu kümmern; vgl. Platon: *Politeia* 473 c–e.
47. Eben deshalb behandelt Hannah Arendt ja neben der *vita activa* das Leben des Geistes in einem eigenen Werk; vgl. H. Arendt: *Vom Leben des Geistes* (wie Anm. 43).

als Ausdrucksformen der *vita contemplativa* vom Arbeiten, Herstellen und Handeln als Erscheinungsweisen der *vita activa* zu unterscheiden. Zwar bedarf (wie erwähnt) auch das Leben des Geistes solcher Tätigkeiten, um jemandes Ergebnisse anderen zu *kommunizieren*, doch ist das wissenschaftliche Streben nach *Erkenntnis* etwas anderes als das Herstellen eines Textes, durch den eine Erkenntnis veröffentlicht und dadurch intersubjektiv verfügbar wird. Dies zeigt freilich, dass die verschiedenen Aspekte des geistigen und tätigen Lebens zwar in Bezug auf ihre Voraussetzungen, Strukturen, Ziele usw. zu *unterscheiden* sind, dass sie aber sehr wohl *zusammenhängen*: So werden etwa in den *Wissenschaften* Werke geschaffen, um Erkenntnisse objektiv diskutieren zu können, während in den *Künsten* durch Werke oft auch *Erkenntnisse* vermittelt werden; in beiden Fällen geht es damit aber um *Kommunikation*, also um Handeln.[48]

(iii) Ist die Bestimmung des Menschen als *animal laborans* auch heute noch maßgeblich? *Einerseits* ist die Arbeit, das Erarbeiten der wesentlichen Lebensgrundlagen, für die meisten Menschen weltweit immer noch eine »Grundtätigkeit« – auch in solchen Gesellschaften, die ein komplexes System von Arbeitsteilung und Austausch entwickelt haben, und unabhängig davon, ob es den Menschen bewusst ist oder nicht. *Andererseits* hat sich dieses Bild jedoch einigermaßen gewandelt, seit Arendt ihre Überlegungen über das »tätige Leben« angestellt hat, und zwar insbesondere in Ländern, in denen sich hochgradig technologisierte *Informationsgesellschaften* entwickelt haben: Die Bedingungen, unter denen Menschen in diesen Gesellschaften leben, haben nicht nur eine zunehmende Bedeutung des *Herstellens* (und das Eindringen von dessen Gegebenheiten in andere Tätigkeiten bzw. in deren Betrachtung und Bewertung) zur Folge, sondern nicht zuletzt auch die Ausdehnung des Herstellens in die *immateriellen* Bereiche von *Information* und *Energie*. Angesichts dessen erscheint Arendts Einschätzung von 1958 in manchen Punkten überholt, so dass eine *Neubewertung* der verschiedenen Aspekte der *vita activa* (wie auch der *vita contemplativa*) notwendig ist.[49]

---

48. Vgl. dazu O. Neumaier: Kommunikation zwischen Wissenschaften und Künsten, in: *Teorie vědy. Theory of Science*, Bd. 27 (2006), S. 83–98.
49. Wenn wir unter Arbeit mit Arendt eine Tätigkeit verstehen, die den *Lebensnotwendigkeiten* des Organismus dient und dafür sorgt, dass »das Leben und die Welt dem ständigen Zufluß von Neuankömmlingen […] gewachsen und auf ihn vorbereitet bleibt«, so ist zu überlegen, inwiefern in modernen Gesellschaften das Schaffen und Aufziehen von Nachkommen als eine der wenigen Arbeiten im ursprünglichen Sinne übrig geblieben ist. Dies führt zur weiteren Frage, ob sich in der problematischen Einstellung zur »Familienarbeit«, wie sie in Wohlstandsgesellschaften zu beobachten ist, u. a. *auch* die aus der Antike bekannte Geringschätzung der »unwürdigen Mühe körperlicher Plackerei« spiegelt. Andererseits wirft Arendts Gedanke auch Licht auf den Sprachgebrauch, die mit der Geburt verbundene Anstrengung als Arbeit zu bezeichnen.

(iv) Lässt sich die Frage nach der Rolle des Menschen als *animal laborans* abstrakt stellen und beantworten, d. h., ohne Rücksicht auf das sozio-ökonomische System, in dem Menschen leben und »arbeiten«? *Einerseits* ist aus Arendts Sicht zu bedenken, dass es sich dabei um eine Grundbedingung des Menschseins und insofern um eine allgemeine Gegebenheit handelt. *Andererseits* aber schließt dies nicht aus, dass den Menschen die Arbeit unter den sozio-ökonomischen Voraussetzungen der Gesellschaft, in der sie leben, jeweils anders gegeben ist. Darauf weist etwa Bernd Steinmetz mit seiner Überlegung zur antiken Praxis hin, wonach die freien Bürger der Polis sich selbst nur der Arbeit im Sinne einer »angemessenen Tätigkeit« widmeten und Sklaven die Arbeit im Sinne der »unwürdigen Mühe körperlicher Plackerei« verrichten ließen.[50] Wenn dies zutrifft, so ist selbst mit Bezug auf das Griechenland zur Zeit eines Aristoteles zwischen verschiedenen Bedeutungen des Ausdrucks ›Arbeit‹ zu unterscheiden. Für Arendt kommen derlei Unterschiede nicht in Betracht: Sie sieht Arbeit vielmehr durchwegs als das, was den Menschen unwürdig ist und sie unfrei macht: »Da die Menschen der Notdurft des Lebens unterworfen sind, können sie nur frei werden, indem sie andere unterwerfen und sie mit Gewalt zwingen, die Notdurft des Lebens für sie zu tragen.«[51] Zwar hat sich das Leben der Menschen seitdem insgesamt sehr gewandelt, doch ist durchaus zu fragen, ob Arendts Annahmen über die Gründe der Versklavung in der Antike auf die Gegebenheiten der globalisierten Ökonomie zu übertragen sind, da auch heute Menschen (zumal solche, die in so genannten Entwicklungsländern leben oder aus solchen stammen) einer Art Zwang ausgesetzt sind, die Lebensnotwendigkeiten für jene herbeizuschaffen, die es sich »leisten« können, Arbeit im Sinne einer Tätigkeit auszuüben, die »um ihrer selbst willen« zu unternehmen« ihnen *frei* gestellt ist. Und auch heute ist damit eine Geringschätzung der von jenen Menschen geleisteten Arbeit, der »Notdurft des Lebens« dient, verbunden. Sofern diese Überlegung eine gewisse Plausibilität für sich in Anspruch nehmen kann, folgt daraus jedoch, dass Menschen, die in einem der so genannten »wirtschaftlich entwickelten« Länder einer noch so einfachen Beschäftigung in einem Betrieb nachgehen, in einem anderen Sinne arbeiten als Menschen, die im selben Land das tun,

---

50. Vgl. B. Steinmetz: *Über den Wandel der Arbeit* (wie Anm. 34), S. 18 ff.
51. H. Arendt: *Vita Activa* (wie Anm. 26), S. 101. Arendt meint mit »Freiheit« anscheinend nicht *Autonomie* im Sinne innerer Selbstbestimmtheit, sondern eine Art Abwesenheit von äußeren *Zwängen*; diese ist jedoch auch beim Herstellen und Handeln nicht gegeben, während jene bei der durch die Notdurft des Lebens bedingten Arbeit nicht unbedingt ausgeschlossen ist. Wenn wir unter Freiheit Autonomie im erwähnten Sinne verstehen, ist indes nicht mehr so leicht zu begründen, warum Menschen nur dadurch frei werden können, dass sie andere Menschen »unterwerfen und sie mit Gewalt zwingen, die Notdurft des Lebens für sie zu tragen«.

was mit der »unwürdigen Mühe körperlicher Plackerei« verbunden und deshalb »unattraktiv« ist, oder die in einem der »wirtschaftlich nicht entwickelten« Länder für global agierende Konzerne tätig sind.[52]

(v) Ist Arendts Annahme plausibel, dass das *Handeln* die einzige Tätigkeit ist, auf die kein Mensch verzichten kann, ohne dadurch seine Menschlichkeit zu verlieren? *Einerseits* scheint für diese Annahme zu sprechen, dass Menschen tatsächlich das Arbeiten und Herstellen anderen überlassen können, ohne dadurch an Menschlichkeit einzubüßen, während ein Leben ohne jegliches kommunikatives Handeln nicht mehr das einer menschlichen *Person* wäre. *Andererseits* setzt Arendt dabei anscheinend etwas einseitig voraus, dass jemand die *Freiheit* hat, zwischen dem Ausführen oder Unterlassen einer Tätigkeit zu entscheiden. Ganz anders sieht es aus, wenn ein Mensch *nicht* die Möglichkeit hat zu arbeiten, also durch eine Tätigkeit das für das Leben Notwendige zu besorgen. Wer nicht in der Lage ist, durch Arbeit für sich und die ihren zu sorgen, verliert ebenfalls bis zu einem gewissen Grad ihre Menschlichkeit, d. h. ihre menschliche *Würde*, und zwar nicht nur vor sich selbst, sondern auch und zumal im Rahmen der Gemeinschaft, in der sie lebt. Auch in Bezug darauf ist jedoch zu klären, auf welchen *Kontext* wir uns jeweils beziehen, denn die Frage, auf welche Weise es jemandem möglich ist, ihren Lebensunterhalt zu bestreiten und dadurch *ihr* individuelles und soziales Leben zu führen, ist mit Bezug auf die verschiedenen Gesellschaften, Kulturen oder Lebensformen jeweils anders zu beantworten.

Einige weitere Fragen wirft Arendts Annahme auf, dass unser Leben immer mehr durch die Gegebenheiten des *Herstellens* bestimmt ist, wobei sie u. a. auch die Dauerhaftigkeit, Objektivität und relative Unabhängigkeit der von Menschen geschaffenen Dinge als problematisch ansieht: In ihrer »Aufgabe, menschliches Leben zu stabilisieren«, ist es nämlich (immer mehr) »die Objektivität, die Gegenständlichkeit der von ihm selbst hergestellten Welt«, die laut Arendt »der Subjektivität des Menschen entgegensteht«, nicht aber (bzw. immer weniger) »die erhabene Gleichgültigkeit einer von Menschenhand unberührten Natur.«[53] Mit anderen Worten werden *die vom Men-*

---

52. Dies gilt unbeschadet der Tatsache, dass Arbeitenden in all diesen Fällen die »Aussicht« gemeinsam ist, dass ihre Arbeitskraft durch Maschinen ersetzt wird, sofern sich dies als kostengünstiger erweist. Zu den Kosten sind dabei genau genommen nicht nur die Ausgaben für die Erledigung der fraglichen Aufgaben zu zählen, sondern auch jene, die notwendig sind, um ein soziales Gefüge funktionsfähig zu erhalten, auch wenn eine gewisse Zahl von Menschen aus diesem herausfällt. Allerdings werden diese Kosten bei der Berechnung der Rentabilität des Einsatzes von Maschinen oft vernachlässigt, was möglicherweise damit zu tun hat, dass sie ohnehin gewöhnlich von anderen zu tragen sind als denen, die »rationalisieren«.

53. H. Arendt: *Vita Activa* (wie Anm. 26), S. 162.

schen selbst geschaffenen Objekte (anstelle *natürlicher Subjekte*) immer mehr zu dem, worauf sich die Menschen beziehen, wodurch sie sich *verstehen* bzw. *definieren*, d. h., wovon sie sich abgrenzen und womit sie Austausch pflegen. Diese Ausrichtung auf die Dingwelt führt nach Arendts Ansicht zu einer *Entfremdung* des Menschen von der *Natur*, auch von seiner eigenen *biologischen* Natur. Ohne die faktischen Probleme einer solchen Entwicklung leugnen zu wollen, müssen wir überlegen, ob das Herstellen von Dingen *notwendigerweise* zu einer Entfremdung des Menschen von der Natur führt. Immerhin fingen die Menschen in ihrer Geschichte relativ früh an, Dinge herzustellen, von denen viele ihre individuelle Existenz überdauern; deshalb kann die Fähigkeit dazu sogar als *natürliche Anlage* angesehen werden, zumal die Menschen ja in den von ihnen hergestellten Dingen in gewissem Sinne *sich selbst objektivieren*, also etwas von sich in ein unabhängig von ihnen existierendes Objekt projizieren. Die Annahme, dass die Menschen sich *aufgrund* ihrer Natur von eben dieser Natur (bzw. der Natur im Allgemeinen) entfremdet hätten, erscheint etwas eigenartig. Von einer *Entfremdung* ist vielmehr wohl nur dann zu sprechen, wenn die Menschen beginnen, sich selbst und ihr Leben so gut wie *ausschließlich* am Herstellen bzw. an den von ihnen selbst geschaffenen Artefakten auszurichten. Wie erwähnt, hat Arendt freilich bereits vor 50 Jahren eine solche Tendenz festgestellt.[54]

Trotz ihrer Kritik an der Rolle, die das Herstellen *de facto* in der heutigen Welt spielt, leugnet Arendt nicht dessen Bedeutung für die *vita activa* des modernen Menschen,

---

54. Einer psychologischen Untersuchung zufolge, die Sherry Turkle an Kindern durchführte, die mit Computern aufwachsen, ändert sich allmählich unser Selbstverständnis: Früher konnten Kinder »das Besondere am Menschen im Kontrast zu ihren nächsten Nachbarn, den Hunden, Katzen und Pferden, definieren«, sich von diesen also durch Merkmale wie Klugheit, Sprache und Vernunft abgrenzen. Da dies beim Umgang mit Computern nicht funktioniert, verliert für Kinder, die mit Computern aufwachsen, die aristotelische Definition des Menschen als »vernunftbegabtes Tier« an Bedeutung; sie bedienen sich nun der *Emotionen*, »um eine Trennungslinie zwischen Computern und Menschen zu ziehen: Computer sind in der Lage, ›so etwas Ähnliches wie‹ Lebendigkeit zu äußern, aber was den Menschen in seiner Einzigartigkeit auszeichnet, ist eine Art von Leben, die Computer nicht besitzen: ein Gefühlsleben. Computer haben in den Augen der Kinder eine Psyche, aber diese bekommt zwei unterschiedliche Bedeutungen: Maschinen sind intelligent, aber sie sind unfähig zu lieben oder zu hassen.« Vgl. dazu Sh. Turkle: *Die Wunschmaschine. Der Computer als zweites Ich*, übers. von N. Hansen, Reinbek 1984, S. 70 f. Daraus könnte geschlossen werden, dass die wachsende Bedeutung von Computern in der modernen Gesellschaft dazu führt, dass der Mensch die Bedeutung von Gefühlen stärker zu schätzen und sich als *animal sentiens* (statt als *animal rationale*) zu verstehen lernt. Ein solcher Schluss erscheint freilich etwas voreilig; vgl. O. Neumaier: Was hat Künstliche Intelligenz mit Ethik zu tun? In: *Conceptus*, Jg. 27 (1994), Nr. 70, S. 41–76, hier: S. 54 f.

der eine »schier endlose Vielfalt von Dingen verfertigt, deren Gesamtsumme sich zu der von Menschen erbauten Welt zusammenfügt.« Die meisten dieser Dinge besitzen »die Haltbarkeit, die Locke als Vorbedingung des Eigentums erkannte« und die der Welt »die Dauerhaftigkeit und Beständigkeit« verleiht, »ohne die sich das sterblich-unbeständige Wesen der Menschen auf der Erde nicht einzurichten wüßte. [...] Aber auch die Haltbarkeit der von Menschen geschaffenen Dingwelt ist nicht absolut. Der Gebrauch, den wir von den Dingen machen, nutzt sie ab, wiewohl er sie nicht verzehrt«; aber »selbst wenn wir die Weltdinge nicht benutzten, würden sie schließlich verfallen, nämlich zurücktreten in den Kreislauf der Natur, dem sie entrissen und gegen den sie in ein eigenständiges Dasein gestellt wurden.«[55] Arendt denkt also vor allem an *natürliche* Materialien, aus denen wir Dinge schaffen. Dies spricht nicht nur gegen die von ihr behauptete Entfremdung, sondern lässt auch unberücksichtigt, dass einerseits die Dinge für immer kürzere Zeit *gebraucht* werden (da von der Industrie ständig neue, für bestimmte Zwecke noch effizientere Dinge zum Kauf angeboten werden), dass aber andererseits die *Haltbarkeit* vieler heute verwendeter *synthetischer* Materialien zunimmt, wodurch wir u. a. vor dem Problem stehen, den Gebrauchswert von Dingen und die Entsorgungskosten der Materialien zu »optimieren« (und auch bewusst Materialien von begrenzter Haltbarkeit zu entwickeln).

Schließlich erscheint klar, dass Arendts Unterscheidung von drei Grundtätigkeiten kaum ausreicht, um der Vielfalt menschlicher Tätigkeiten gerecht zu werden, auch nicht in Hinblick auf ihren Versuch einer differenzierten Betrachtung der *vita activa*. Selbst wenn wir etwa ihre Bestimmung des Begriffs der Arbeit voraussetzen, sind vor dem Hintergrund einer arbeitsteilig organisierten Gesellschaft mehrere Möglichkeiten zu unterscheiden, wie jemand tätig ist, um »die Lebensnotwendigkeiten dem lebendigen Organismus zuzuführen«. So ist es etwa nicht dasselbe, ob jemand die »Mühe körperlicher Plackerei« auf sich nimmt, um ihre unmittelbaren Lebensbedürfnisse zu befriedigen, oder ob sie im Rahmen eines komplexen, arbeitsteilig organisierten Wirtschaftssystems ihren Beitrag leistet und dadurch ihren Lebensunterhalt verdient. Wer dabei für sich selbst arbeitet, ist in anderem Sinne tätig als jemand, die im Rahmen eines größeren Ganzen eine Arbeitsleistung (auch für andere) erbringt.[56]

---

55. H. Arendt: *Vita Activa* (wie Anm. 26), S. 161.
56. Zwar wird der Begriff der *Arbeitsteilung* oft auf eines seiner Elemente, die dafür notwendige *Spezialisierung*, reduziert, doch ist die arbeitsteilige Gesellschaft mit Émile Durkheim eher in Analogie zu einem komplexen *Organismus* zu sehen, dessen Organe für bestimmte Aufgaben spezialisiert sind, aber nur im *Zusammenwirken* das Überleben des Organismus als *Ganzes* sichern können. Vgl. dazu É. Durkheim: *Soziale Arbeitsteilung* (wie Anm. 41), bes. S. 182, 296 f., 442.

Ähnlich sind wohl auch *verschiedene* Formen des *Herstellens* zu unterscheiden, die in wesentlicher Hinsicht voneinander abweichen. So stellen etwa Künstlerinnen ebenso »Dinge« her wie Fabrikarbeiterinnen am Fließband (bzw. heutzutage auch Roboter), doch spielen bei jenen Freiheit, Autonomie und »innere« Motivation wohl eine ganz andere Rolle als bei diesen.[57] Worin besteht bzw. worauf beruht nun aber der Unterschied? Nach Ansicht von Ananda K. Coomaraswamy wäre es falsch anzunehmen, dass »unterprivilegierte Arbeiter, denen von vornherein jede Vorstellungskraft« abzusprechen wäre, *kreativen* Kunstschaffenden gegenüberständen, denn »wie oft behauptet wird, haben die Erzeugnisse der ›schönen‹ Kunst keinen Nutzen. Es wäre jedoch absurd, eine Gesellschaft als frei zu bezeichnen, in der nur die Schöpfer nutzloser Dinge als frei anzusehen sind, jedoch nicht die Erzeuger von Nützlichem – es sei denn in dem Sinne, in dem wir frei sind, zu arbeiten oder zu verhungern.« Der »Unterschied zwischen Museumsobjekten und solchen in einem Kaufhaus« bestehe vielmehr darin, »daß jene aufgrund einer Berufung geschaffen werden, während diese entstehen, weil jemand durch das Ausüben eines Berufs seinen Lebensunterhalt verdient.« Anders als bei uns habe in »nicht-industriellen Gesellschaften« das Schaffen von Gebrauchsgegenständen mit *Kultur* zu tun, wobei »jeder *eine* Art von Dingen macht, indem er nur jene Arbeit ausübt, für die er sich aufgrund seiner Anlagen eignet und für die er deshalb bestimmt ist; dadurch wird aber – wie uns Platon in Erinnerung ruft – ›mehr getan, und es wird besser getan als auf jede andere Weise.‹ Unter diesen Bedingungen tut ein Mensch genau das, was ihm am meisten liegt, und die Lust, mit der er arbeitet, vervollkommnet seine Tätigkeit. Von solcher Lust zeugen die Museumsobjekte, nicht aber jene, die am Fließband produziert werden.«[58]

Coomaraswamy sieht nicht zuletzt im »Verlangen nach Freizeit« einen Beweis dafür, dass »die meisten von uns an einer Aufgabe arbeiten, zu der uns höchstens ein Kaufmann angehalten haben kann«, aber nicht »unsere eigene Natur. Traditionelle Handwerker, wie ich sie im Osten kennengelernt habe, lassen sich nicht von ihrem Werk abbringen, und sie arbeiten sogar auf ihre eigenen Kosten über die vereinbarte Zeit hinaus.«[59] Die Annahme, dass *alle* Formen des Herstellens (bzw. überhaupt alle Tätigkeiten) Ausdruck von Kultur *oder* einer rein nutzenorientierten Lebensform sein können, wirft indes eine Reihe von Problemen auf: So sind etwa in jener »traditionellen« Lebensform soziale Rollen und Positionen geradezu »zementiert«, während

---

57. Tatsächlich geht auch Arendt darauf ein; vgl. H. Arendt: *Vita Activa* (wie Anm. 26), S. 201–212.
58. A. K. Coomaraswamy: Warum müssen Kunstwerke ausgestellt werden? Übers. von O. Neumaier, in: *Frame. The State of the Art*, H. 1 (2000), S. 102–109, hier: S. 105 f. (engl. Orig. 1941).
59. A. K. Coomaraswamy: Warum müssen Kunstwerke ausgestellt werden? (wie Anm. 58), S. 106.

»unsere eigene Natur« auch das Ausüben mehrerer Tätigkeiten und mithin *Flexibilität* zulässt. Andererseits geht es Coomaraswamy wohl vor allem um die »freie Selbsttätigkeit« (die auch dem jungen Marx als Ideal vorschwebte[60]) sowie darum, die Lebensform der modernen westlichen Industrieländer *von außen* zu betrachten und ihr andere Lebensformen als prinzipiell *gleichberechtigt* gegenüberzustellen. Gerade wer sich zu den Idealen der jener Lebensform (angeblich) zugrunde liegenden *Aufklärung* bekennt, muss zugestehen, dass diese nicht die einzig mögliche oder richtige ist, dass es also – mit Wittgenstein zu sprechen – sinnlos ist zu sagen, dass »wir richtige, andre Leute falsche Begriffe« haben.[61] So gesehen kann uns ein Blick von außen neue Erkenntnisse über die Welt, in der *wir* leben und arbeiten, vermitteln.

Wenn wir die Entwicklung und den Zustand *unserer* Gesellschaft als selbstverständlich ansehen oder hinnehmen, so erheben wir deren Kategorien zum einzigen Bezugsrahmen für die Betrachtung *aller* Lebensformen – und übersehen die *Einseitigkeit* jener Entwicklung. Wie schon Nietzsche bemerkte, »konzentriert« sich unsere Lebensform auf *Wissenschaft* und *Wirtschaft* (oder genauer gesagt: auf eine bestimmte *Vorstellung* von Wissenschaft und Wirtschaft, denn diese Lebensbereiche lassen sich ja ganz unterschiedlich gestalten). Wie nun Nietzsche bemerkt, hat neben diesen Erscheinungsformen von Wissenschaft und Wirtschaft »jede andere Existenz […] sich mühsam nebenbei emporzuringen, als erlaubte, nicht als beabsichtigte Existenz.«[62] Laut Coomaraswamy sind wir in dieser Lebensform jedoch »so weit gegangen, Arbeit und Kultur voneinander zu trennen und Kultur als etwas anzusehen, was in der Freizeit

---

60. Laut Marx »erscheint dem Menschen die Arbeit, die *Lebenstätigkeit*, das *produktive Leben* selbst nur als ein *Mittel* zur Befriedigung eines Bedürfnisses, des Bedürfnisses der Erhaltung der physischen Existenz. […] Die bewußte Lebenstätigkeit unterscheidet den Menschen unmittelbar von der tierischen Lebenstätigkeit. Eben nur dadurch ist er ein Gattungswesen. Oder er ist nur ein bewußtes Wesen, d.h., sein eignes Leben ist ihm Gegenstand, eben weil er ein Gattungswesen ist. Nur darum ist seine Tätigkeit freie Tätigkeit. Die entfremdete Arbeit kehrt das Verhältnis dahin um, daß der Mensch eben, weil er ein bewußtes Wesen ist, seine Lebenstätigkeit, sein *Wesen* nur zu einem *Mittel* für seine Existenz macht. […] Indem die entfremdete Arbeit die Selbsttätigkeit, die freie Tätigkeit, zum Mittel herabsetzt, macht sie das Gattungsleben des Menschen zum Mittel seiner physischen Existenz.« Vgl. K. Marx: Ökonomisch-philosophische Manuskripte aus dem Jahre 1844, in: K. Marx & Fr. Engels: *Werke*, hg. vom Institut für Marxismus-Leninismus beim ZK der SED, Bd. 40 (= Erg.-Bd., Tl. 1), Berlin (Ost) 1981, S. 465–588, hier: S. 516f.
61. Vgl. dazu L. Wittgenstein: *Bemerkungen über die Farben*, hg. von G.E.M. Anscombe. Frankfurt/M. 1979, § 293. Die Bemerkung stammt aus dem Frühjahr 1950.
62. Fr. Nietzsche: Die Geburt der Tragödie aus dem Geiste der Musik, in: Fr. Nietzsche: *Sämtliche Werke. Kritische Studienausgabe*, hg. von G. Colli & M. Montinari, Bd. 1. München–Berlin–New York 1980, S. 9–156, hier: S. 116 (Orig. 1872).

zu erwerben ist. Indes kann nur eine unechte Treibhauskultur entstehen, wenn die Arbeit nicht selbst ihr Ziel ist; wenn sich Kultur nicht in allem zeigt, was wir machen, dann sind wir nicht kultiviert.« Dass wir den Bezug zu einer Kultur, die sich in allen Bereichen des Lebens zeigt, verloren haben, zeige sich nicht zuletzt darin, »dass wir die Kulturen aller anderen Völker vernichtet haben, die mit dem tödlichen Griff unserer Zivilisation in Berührung gekommen sind.«[63] Wenn *Kultur* die Grundlage aller sozialen Tätigkeiten ist, so besteht laut Coomaraswamy die Möglichkeit, dass sich diese (im Sinne von Arendts Pluralität) *jeweils anders* ausdrücken. Wenn der *ökonomische* Nutzen zum Maßstab für den Sinn *jeglichen* Tuns (z. B. auch – wie heutzutage besonders deutlich zu beobachten – des Schaffens von Kunst) wird, d. h., wenn die Kategorien einer *bestimmten* Form des *Herstellens* zum Maßstab für alle Lebensbereiche werden, dann führt dies anscheinend aber zu einer »Monotonisierung der Welt«, wie sie Stefan Zweig schon 1925 literarisch vor die Sinne geführt hat.[64]

4. Einige Aspekte von Arbeit und anderen Tätigkeiten

Philosophische Analyse bedeutet in gewissem Sinne auch, einer »Monotonisierung der Welt« entgegenzuwirken, genauer gesagt: einer Einförmigkeit des Sprachgebrauchs, der allzu vage ist und damit auch Einheitlichkeit vortäuscht. Ein Beispiel dafür ist der früher dargelegte alltägliche Brauch, den Ausdruck ›Arbeit‹ für nahezu alle Tätigkeiten zu verwenden, unabhängig davon, ob diese auf ein Ergebnis gerichtet sind oder nicht, ob sie mit Mühen verbunden sind oder nicht usw.[65] Davon hebt sich Hannah Arendt terminologisch zumindest insofern ab, als sie drei Arten von Tätigkeiten nach einem relevanten Kriterium unterscheidet. Und zwar orientiert sich Arendt bei ihrer Unterscheidung am Ziel bzw. an der *Wirkung* von jemandes Tätigkeit, d. h. daran, ob

---

63. A. K. Coomaraswamy: Warum müssen Kunstwerke ausgestellt werden? (wie Anm. 58), S. 106.
64. St. Zweig: Die Monotonisierung der Welt, in: St. Zweig: *Die Monotonisierung der Welt. Aufsätze und Vorträge*, hg. von V. Michels, Frankfurt/M. 1976, S. 1–15 (Orig. 1925).
65. Symptomatisch erscheint etwa die Bezeichnung »Arbeitssprache« für ein Idiom, das in einer vielsprachigen Organisation zur Kommunikation zwischen den Mitgliedern verwendet wird. Auf diese Weise wird der Eindruck erweckt, dass es sich primär um ein Medium handelt, das der gemeinsamen *Arbeit* dient – was zwar nicht völlig falsch ist, aber dennoch verschleiert, dass auch und gerade eine einheitliche Sprache, die Menschen unterschiedlicher Herkunft verwenden, diesen zuallererst ermöglicht, miteinander zu *kommunizieren*, also im Sinne von Arendt zu *handeln* und so aus Pluralität eine Einheit zu schaffen. Vgl. dazu auch J. Trabant: Die gebellte Sprache, in: *Frankfurter Allgemeine Zeitung*, 28.9.2007 (Nr. 226), S. 40.

dadurch die »Lebensnotdurft« gestillt wird, ob die Menschen ihre Fähigkeiten und Bedürfnisse in Form von Gegenständen objektivieren, von denen viele über den Tod ihrer Schöpferinnen hinaus in der Welt bleiben, oder ob die Individuen auf Grundlage ihrer Pluralität so etwas wie die Einheit einer Gesellschaft schaffen.

Tatsächlich sind die von Arendt beobachteten Unterschiede für das Verständnis der menschlichen Grundtätigkeiten wichtig – und mithin auch für das Verständnis von Arbeit; andererseits bleibt aber aber bei Arendts Ansatz eine Reihe von Gesichtspunkten unberücksichtigt, und zwar nicht nur insofern, dass (wie früher erwähnt) bei der Betrachtung eines Gegenstandes stets die relativ dazu bestehenden *Alternativen* zu berücksichtigen sind[66], sondern auch deshalb, weil zur Unterscheidung von Tätigkeiten auch *andere Kriterien* als das von Arendt herangezogene (das durch das Thema ihrer Arbeit nahelegt) gewählt werden können. So wäre etwa möglich, in Analogie zur Physik Tätigkeiten nicht nur, wie dies Arendt tut, in Hinblick auf ihre Wirkungen zu unterscheiden, sondern ebenso mit Bezug auf ihre *Ursachen* bzw. hinsichtlich der *Gründe*, weshalb jemand dazu kommt, sie auszuüben.[67]

Die Frage nach den Ursachen bzw. Gründen dafür, dass jemand eine Tätigkeit ausübt, kann etwa so beantwortet werden, dass jemand etwas aus einer *inneren* Motivation wie z.B. einem gewissen Schaffensdrang oder aber aus einer *äußeren* Motivation tut, etwa weil dafür Geld oder andere Güter winken.[68] Der zweite Fall umfasst Tätigkeiten wie Erwerbsarbeit oder Liebesdienst, der erste hingegen Bereiche wie künstlerisches Schaffen oder wissenschaftliches Forschen. Weitere Arten von Tätigkeiten, die als Arbeit bezeichnet (oder je nach Kontext auch davon abgegrenzt) werden, lassen sich durch die Antworten auf Fragen wie die folgenden unterscheiden:

---

66. Wenn als Alternative zu »Arbeit« z. B. Arbeitslosigkeit gilt, so wird der Ausdruck ›Arbeit‹ verwendet, um eine *bezahlte Beschäftigung* zu bezeichnen, während ›Spiel‹ wohl als Alternative zu Arbeit im Sinne einer *Anstrengung* zu verstehen ist, ›Werk‹ hingegen als Ergebnis einer als Arbeit bezeichneten *Tätigkeit*. Ist »Steckenpferd« der Gegenbegriff zu »Arbeit«, so bezieht sich dieser auf eine Tätigkeit, die jemand als *Beruf* ausübt, steht der Arbeit das Vergnügen gegenüber, so ist sie im Sinne einer *Pflicht* aufzufassen. Auf ähnliche Weise lässt sich durch Angabe der jeweiligen Alternativen Arbeit im Sinne der *freien Selbsttätigkeit*, der *Routine* usw. bestimmen.
67. In der Physik wird mit Bezug auf die Ursachen zwischen Hub-, Spann- und Reibungsarbeit unterschieden, mit Bezug auf die Wirkungen jedoch zwischen Verformungs- und Beschleunigungsarbeit (wobei zu letzterer auch die Volumenarbeit gehört).
68. Der Umstand, dass jemand eine Arbeit annimmt, weil sie dadurch Geld erwerben kann, ist dabei nicht zu verwechseln mit der Wirkung, dass durch eine Arbeit die »Lebensnotdurft« gestillt wird; weder hat jener Grund notwendigerweise diese Wirkung zur Folge, noch stellt sich diese gegebenenfalls allein wegen einer solchen äußeren Motivation ein.

(i) Wird eine Tätigkeit (ausschließlich oder vor allem) durch den Einsatz physischer, psychischer oder geistiger Kräfte ausgeübt?

(ii) Kann jemand eine Tätigkeit allein mit ihren natürlichen Kräften ausüben oder ist dafür der Einsatz künstlicher Mittel notwendig?

(iii) Sind Quantität oder Qualität der von jemandem für das Ausüben einer Tätigkeit einzusetzenden Kräfte sehr hoch oder eher bescheiden?

(iv) Handelt es sich um eine Tätigkeit, für die sich jemand aus freien Stücken entscheidet oder zu der sie durch äußere oder innere Zwänge angehalten ist?[69]

(v) Lässt sich eine Tätigkeit als ganze von jemandem allein ausführen oder bedarf es dafür ihrer Zusammenarbeit mit anderen Individuen?[70]

(vi) Ist eine Tätigkeit auf ein Ergebnis gerichtet oder nicht – und welcher Art ist gegebenenfalls das Ergebnis?[71]

Indem wir versuchen, derartige Fragen (die hier keineswegs mit dem Anspruch auf Vollständigkeit aufgeführt sind) möglichst differenziert zu beantworten, erhalten wir das Bild einer »Landschaft«, das nicht nur eine größere *Vielfalt* von Tätigkeiten zeigt, sondern diese auch auf *systematischere* Weise in Beziehung zueinander setzt, als dies im alltäglichen Sprachgebrauch und dessen theoretischen Erklärungen gewöhnlich geschieht. Vermutlich hat bei jeder dieser Fragen (mindestens) eine Antwort zur Folge, dass das dadurch erfasste Phänomen (jeweils mit Bezug auf ein anderes Kriterium und in Abgrenzung von jeweils anders bestimmten Tätigkeiten) als *Arbeit* bezeichnet wird. Dabei ist zudem zu bedenken, dass etliche Merkmale, die zur Bestimmung eines der möglichen Begriffe von »Arbeit« jeweils herangezogen werden, *Gradabstufungen* (der Art »mehr oder weniger x«) aufweisen und dass sie in vielen Fällen auch in Kombination miteinander auftreten.

Um zu klären, in welchem Sinne der Begriff »Arbeit« in einem bestimmten Fall verwendet wird, bietet sich angesichts der etwas komplizierten Verhältnisse an, eine

---

69. Diese Frage ist von derjenigen nach der Motivation des Tuns zu unterscheiden, allein schon deshalb, weil (vielleicht von Ausnahmen abgesehen) niemand zu Zwangsarbeit motiviert ist.
70. Bei Tätigkeiten, die einen »sozialen Verbund« voraussetzen, sind dabei wieder *arbeitsteilig* organisierte von solchen zu unterscheiden, für die das nicht gilt, bei denen also alle Beteiligten auf gleiche Weise zum Ergebnis beitragen. Im ersten Fall lässt sich die Verantwortung der Individuen für das Gesamtergebnis bis zu einem gewissen Grad »distribuieren«; vgl. dazu O. Neumaier: Sind Kollektive moralisch verantwortlich? In: O. Neumaier (Hg.): *Angewandte Ethik im Spannungsfeld von Ökologie und Ökonomie*, Sankt Augustin 1994, S. 49–121, bes. S. 89 ff., 112 f.
71. Tätigkeiten können nicht nur natürliche Gegenstände (wie z.B. Kinder) oder Artefakte (wie industrielle Produkte oder künstlerische Werke) als Ergebnisse haben, sondern ebenso z.B. physische, psychische oder gesellschaftliche Zustände bzw. Vorgänge.

Methode »wiederzubeleben«, die Charles E. Osgood, George J. Suci und Percy H. Tannenbaum schon vor 50 Jahren vorgestellt haben, nämlich die des »semantischen Differentials«, d. h. der Darstellung der für die Bedeutung eines Begriffes relevanten Parameter und von deren jeweiliger Stärke in einem »semantischen Raum«.[72] Mit Bezug auf einen solchen semantischen Raum können wir klären, inwiefern uns Merkmale wie z. B. Anstrengung, Zielsetzung, Sinnhaftigkeit oder Lebensunterhalt (bzw. die jeweiligen Alternativen dazu) wichtig sind, wenn wir von »Arbeit« sprechen.[73]

5. Schluss

Wie erwähnt, sind die Unwägbarkeiten des alltäglichen Sprachgebrauchs von philosophischer Seite als Tatsache zur Kenntnis zu nehmen. Dies hindert uns freilich nicht, für bestimmte, zumal wissenschaftliche Zwecke, die Verwendungsweisen eines Ausdrucks zu begrenzen und einen *Begriff* davon zu bestimmen. Die entscheidende Frage ist also, mit Bezug auf *welchen* wissenschaftlichen Zweck wir einen Begriff von *Arbeit* gewinnen wollen, verbunden mit der Einsicht, dass mit Bezug auf verschiedene Fragestellungen auch jeweils ein *anderer* Begriff von Arbeit ins Spiel kommt.

So geht es etwa in vielen ethischen und sozialphilosophischen Diskussionen darum, ob jemand über eine Tätigkeit verfügt, die ihr erlaubt, sich und die ihren am Leben zu erhalten bzw. ein Leben einer bestimmten Qualität zu führen. Dies zeigt sich etwa darin, dass unter Arbeitslosigkeit üblicherweise das Fehlen einer solchen Erwerbstätigkeit verstanden wird, nicht aber so etwas wie das Fehlen von Aufgaben oder jemandes Untätigkeit.[74] Auch fließen dabei (nicht notwendigerweise bewusste)

---

72. Vgl. Ch. E. Osgood, G. J. Suci & P. H. Tannenbaum: *The Measurement of Meaning*, Urbana/IL 1957; vgl. dazu auch die Darstellung bei H. Hörmann: *Psychologie der Sprache*, verb. Neudr., Berlin–Heidelberg–New York 1970, S. 199–203.

73. In diesem Zusammenhang ist etwa auch an die von Clemens Sedmak vorgeschlagene sechsdimensionale Beschreibung von Arbeit zu denken; vgl. Cl. Sedmak: Menschenwürdige Arbeitslosigkeit (wie Anm. 22), S. 185 f.

74. Es ist durchaus möglich, dass jemand, die in diesem Sinne über »Arbeit« verfügt, dabei untätig ist oder keine Aufgabe erfüllt (und möglicherweise darunter leidet). Umgekehrt ist ebenso denkbar, dass jemand in hohem Maße eine sinnvolle Tätigkeit ausübt, ohne damit ihren Lebensunterhalt bestreiten zu können; vgl. dazu auch Cl. Sedmak: Menschenwürdige Arbeitslosigkeit (wie Anm. 22), S. 133 f. Andererseits stellt sich die Frage, ob es plausibel ist, dem gegenwärtigen Zeitgeist folgend Arbeit im erwähnten Sinne als eine Art von *Konsumgut* zu betrachten, das wir erwerben, besitzen oder auch verlieren können; vgl. dazu auch G. Schweiger: Arbeit im Strukturwandel (wie Anm. 38), S. 51 f., sowie Cl. Sedmak: Menschenwürdige Arbeitslosigkeit, a. a. O., S. 140.

anthropologische Voraussetzungen in die Vorstellung von Arbeit ein, insbesondere mit Bezug auf die Frage, unter welchen Bedingungen ein Wesen als arbeitendes *Subjekt* in Betracht kommt: Zwar werden etwa auch Esel als »Arbeitstiere« bezeichnet, doch meinen wir dabei vermutlich etwas anderes, als wenn wir von arbeitenden Menschen sprechen; diese sind freilich ebensowenig schlichtweg Subjekte von Arbeitsprozessen, d. h., ohne dass zusätzliche Bedingungen erfüllt wären. Dies zeigt etwa Clemens Sedmak mit seiner Frage: »Was bedeutet es für ein Kind, ›arbeitslos‹ zu sein? Ist dieser Begriff nur im Konnex mit der Rede von Kinderarbeit sinnvoll?«[75] Der Umstand, dass uns die Rede von einem arbeitslosen Kind (je nachdem) absurd oder obszön erscheint, deutet darauf hin, dass zumindest im heutigen Kontext der westlichen Industrieländer jemand bestimmte physische und psychische Bedingungen erfüllen muss, um als arbeitendes Subjekt in Frage zu kommen.

Ein solcher Begriff von Arbeit, der Elemente des von der Internationalen Arbeitsorganisation ILO entwickelten Konzepts der »menschenwürdigen Arbeit« (*decent work*) enthält, nämlich das Verfügen über eine anständig bezahlte Berufstätigkeit und ein soziales Sicherheitsnetz, deckt sich indes nicht unbedingt mit anderen Begriffen von Arbeit, etwa dem der »neuen Arbeit«, wie er von Frithjof Bergmann propagiert wird und wonach es darum geht, das tun zu können, was wir »wirklich, wirklich wollen«, und eine solche Arbeit als Sinn und Kraft spendend zu erfahren, statt auf eine Arbeit angewiesen zu sein, die wir als Kräfte raubende Belastung erfahren, und sei sie auch noch so gut bezahlt.[76] Es mag aber auch der (Glücks-)Fall eintreten, dass jemand (wie im vorliegenden Fall) in beiderlei Sinne sagen kann, dass er an einer Arbeit über Arbeit gearbeitet hat.

---

75. Cl. Sedmak: Menschenwürdige Arbeitslosigkeit (wie Anm. 22), S. 133 f.
76. Vgl. dazu Fr. Bergmann: *Die Freiheit leben*, übers. von M. Schäfer, Freiamt 2005 (engl. Orig. 1977).

II. ARBEIT IM STRUKTURWANDEL
Gottfried Schweiger

Wer heutzutage versucht, sich einen Überblick über die weitläufigen und ausdifferenzierten Diskussionen zur Arbeit zu verschaffen, benötigt viel Zeit. Auch wenn Fragen und Probleme die Arbeit betreffend schon früh im Fokus der wissenschaftlichen Beschäftigung, insbesondere der sich entwickelnden Soziologie standen, so hat sich in den letzten Jahrzehnten diese noch einmal intensiviert und zu einer Flut an Publikationen geführt.[1] Angetrieben durch die Umbrüche in den Arbeitsgesellschaften wurde die »Krise der Arbeitsgesellschaft« auch folgerichtig zentrales Thema des Deutschen Soziologentages 1982[2] und auf die Botschaft vom »Ende der Arbeit«[3] wurden mehr oder wenige kühne Antworten gegeben, die Arbeit «jenseits der Lohngesellschaft«[4] oder gar eine »schöne neue Arbeitswelt«[5] prophezeiten. Die Diskussion um die Arbeitswelt befindet sich also gleichsam wie diese in Bewegung und hat dabei auch zu einer neuen Unübersichtlichkeit des Feldes geführt.[6]

Der Wandel, den die Arbeitswelt dabei durchlaufen hat, kann nun mit den verschiedensten Stichworten beschrieben werden: Postfordismus, Wissensökonomie usw. Hier werden nun die beiden Begriffe der »Entgrenzung« und »Flexibilisierung« herausgegriffen, die trotz ihrer Vagheit wichtige Tendenzen des Umbruches zu fassen

---

1. Vgl. etwa die Überblickswerke von J. Kocka & C. Offe (Hg.): *Geschichte und Zukunft der Arbeit*, Frankfurt/M. 2000; U. Beck (Hg.): *Die Zukunft von Arbeit und Demokratie*, Frankfurt/M. 2000; Ch. Deutschmann: *Postindustrielle Industriesoziologie. Theoretische Grundlagen, Arbeitsverhältnisse und soziale Identitäten*, Weinheim–München 2002; G. Mikl-Horke: *Industrie- und Arbeitssoziologie*, Oldenburg 2007.
2. J. Matthes (Hg.): *Krise der Arbeitsgesellschaft? Verhandlungen des 21. Soziologentages im Bamberg 1982*, Frankfurt/M.–New York 1983.
3. J. Rifkin, *Das Ende der Arbeit und ihre Zukunft. Neue Konzepte für das 21. Jahrhundert*, Frankfurt/M. 2005.
4. A. Gorz: *Arbeit zwischen Misere und Utopie*, Frankfurt/M. 2000, S. 102.
5. U. Beck: *Schöne neue Arbeitswelt. Vision: Weltbürgergesellschaft*, Frankfurt/M. 1999.
6. Etwa: »Das ehemals ›überschaubare‹ Fach hat sich dermaßen ausdifferenziert, daß man kaum noch von einem einheitlichen Forschungszusammenhang sprechen kann.« H.-G. Brose: Proletarisierung, Polarisierung oder Upgrading der Erwerbsarbeit? Über die Spätfolgen ›erfolgreicher Fehldiagnosen‹ in der Industriesoziologie, in: J. Friedrichs, R. Lepsius & K.-U. Mayer (Hg.): *Die Diagnosefähigkeit der Soziologie. Sonderheft der Kölner Zeitschrift für Soziologie und Sozialpsychologie*, H. 38 (1998), S. 130–163, hier: S. 154f.

erlauben. Sie beziehen sich vornehmlich auf die Organisation von Arbeit als post-tayloristische und post-fordistische. Entgrenzung und Flexibilisierung von Arbeit (und Leben), beschränken sich dabei aber gerade nicht nur auf den Bereich der Arbeit, sondern greifen darüber hinaus auf den »ganzen« Menschen zu und sind dahingehend auch gesellschaftsdiagnostische Thesen. Der enge Zusammenhang von Analyse und Kritik der Organisation von Arbeit und Gesellschaft ist ihnen (nicht immer, aber der Tendenz nach doch) inhärent. Entgrenzung von Arbeit meint so auch die »Entgrenzung von Arbeit und Leben«[7], der auf Subjektebene eine »Subjektivierung von Arbeit«[8] korreliert. Der flexibilisierten Arbeitswelt entspricht, wie Richard Sennett formulierte, der »flexible Mensch«[9].

Die Auswirkungen dieser veränderten Arbeitswelt sind nun durchaus kontrovers diskutiert worden, da sie sowohl Vor- als auch sichtliche Nachteile für den Einzelnen und sein Umfeld mit sich bringen. »Die Flexibilisierung der Arbeit kann bedeuten: bessere Vereinbarkeit von Arbeit und Leben, Berücksichtigung individueller Bedürfnisse, Aufhebung der strikten und oft kritisierten Trennung von Familie und Beruf. Sie kann aber genauso bedeuten – und das oft gleichzeitig – Entsicherung und Re-Kommodifizierung, Unterordnung lebensweltlicher Bedürfnisse und Interessen unter ökonomische Anforderungen, Unplanbarkeit des sozialen Lebens und Unmöglichkeit des Aufbaus stabiler sozialer Beziehungen etc.«[10] Wie schwierig eine allgemeine Beurteilung ist, lässt sich auch daran ablesen, dass die von Entgrenzung und Flexibilisierung Betroffenen diese durchaus unterschiedlich bewerten.[11] Weshalb sich auch nicht pauschal sagen lässt, ob flexible Beschäftigungsformen wie atypische Beschäftigungsverhältnisse mit Prekarität einhergehen oder nicht.[12]

Hier sollen die Phänome der Entgrenzung und Flexibilisierung von Arbeit diskutiert werden, ihre Hintergründe, Formen und schließlich auch Auswirkungen. Diese

---

7. K. Gottschall & G. G. Voß (Hg.): *Entgrenzung von Arbeit und Leben. Zum Wandel der Beziehung von Erwerbstätigkeit und Privatsphäre im Alltag*, München 2003.
8. M. Moldaschl & G. G. Voß (Hg.): *Subjektivierung von Arbeit*, München–Merin 2002.
9. R. Sennett: *Der flexible Mensch. Die Kultur des neuen Kapitalismus*, Berlin 2006.
10. N. Kratzer: *Arbeitskraft in Entgrenzung. Grenzenlose Anforderungen, erweiterte Spielräume, begrenzte Ressourcen*, Berlin 2003, S. 15.
11. Vgl. B. Keller & H. Seifert (Hg.): *Atypische Beschäftigung – Flexibilisierung und soziale Risiken*, Berlin 2007; M. Szydlik (Hg.): *Flexibilisierung. Folgen für Arbeit und Familie*, Wiesbaden 2008; N. Kratzer: *Arbeitskraft in Entgrenzung* (wie Anm. 10); H. J. Pongratz & G. G. Voß (Hg.): *Typisch Arbeitskraftunternehmer? Befunde der empirischen Arbeitsforschung*, Berlin 2004.
12. B. Keller & H. Seifert: Atypische Beschäftigungsverhältnisse. Flexibilität, soziale Sicherheit und Prekarität, in: B. Keller & H. Seifert (Hg.): *Atypische Beschäftigung* (wie Anm. 11), S. 11–26.

können unter dem Begriff der Prekarisierung gefasst werden, welcher somit am Ende dieser Ausführungen thematisiert werden soll.

1. Entwicklungen

»›Arbeit‹ ist eine zentrale anthropologische Kategorie, die für den Prozeß der Menschwerdung, der Sozialisation, der Reproduktion und Vergegenständlichung des Menschen konstitutiv ist. Jeweils historisch konkrete Herrschaftsverhältnisse reduzieren diesen zentralen Bereich des Menschen für bestimmte Menschen auf eine Tätigkeit, die unterhalb des historisch definierbaren menschlichen Vermögens liegt. So reduziert die Logik des Kapitals ›Arbeit‹ für die meisten Menschen zu einer fremdbestimmten, eigeninteressenfreien Plackerei, zu einer scheinbar ›rationalen‹ Tätigkeit, die abgeschnitten ist von einer möglichen interaktiven Konsensbildung der Betroffenen.«[13] Diese stark an Marx orientierte Feststellung von Otto Ullrich, die Einiges an Wahrheit enthält, sagt aber noch nichts darüber aus, wie sich Arbeit und ihr Verständnis im Laufe der Geschichte konkret entwickelt hat und nach welchen Prinzipien sie formiert wurde.[14] Wurde in der griechischen und römischen Antike Arbeit auf die Tätigkeiten von Sklaven, Knechten und Fremden festgeschrieben, der sich die Bürger zu enthalten hatten, kam es, auch angetrieben durch das Christentum, im späten Mittelalter zu einer Veränderung des Verständnisses und parallel zur Pluralisierung und Reorganisation der Arbeitsformen zu einer Ausweitung desselben. Im 18. Jahrhundert entstand dann »jener *homo faber*, der erstmals in der Arbeit eine produktive Kraft der Weltgestaltung und Verbesserung« erkannte.[15] Arbeits- und Leistungsorientierung waren die prägenden

---

13. O. Ullrich: *Technik und Herrschaft. Vom Hand-Werk zur verdinglichten Blockstruktur industrieller Produktion*, Frankfurt/M. 1979, S. 309. Vgl. die Definition von Christoph Hann: »Arbeit kann zunächst als soziale Tätigkeit verstanden werden, die für die Reproduktion menschlichen Lebens unerläßlich ist. In diesem Sinne muß Arbeit als zentraler Aspekt aller Gesellschaften verstanden werden, unabhängig davon, was deren Mitglieder über diese Tätigkeit denken.« Ch. Hann: Echte Bauern, Stachanowiten und die Lilien auf dem Felde. Arbeit und Zeit aus sozialanthropologischer Perspektive, in: J. Kocka & C. Offe (Hg.): *Geschichte und Zukunft der Arbeit* (wie Anm. 1), S. 23–53, hier: S. 24.
14. J. Kocka & C. Offe (Hg.): *Geschichte und Zukunft der Arbeit* (wie Anm. 1); H. A. Frambach: Zum Verständnis von Arbeit im historischen Wandel. Eine Untersuchung aus nationalökonomischer Perspektive, in: *Arbeit*, Jg. 11 (2002), H. 3, S. 226–243.
15. R. v. Dülmen, »Arbeit« in der frühneuzeitlichen Gesellschaft, in: J. Kocka & C. Offe (Hg.): *Geschichte und Zukunft der Arbeit* (wie Anm. 1), S. 80–87, hier: S. 82.

Tugenden und Eigenschaften des Bürgertums, das sich nicht mehr über ererbte Privilegien, Land und Besitz definierte, sondern über die eigene Leistung.[16] Dies bedeutete aber nicht, dass jede Tätigkeit als Arbeit zu verstehen war, sondern vielmehr blieb Arbeit im Wesentlichen und zunehmend bezahlten Tätigkeiten vorenthalten. Die Industrielle Revolution im 18. und 19. Jahrhundert (in England ab etwa 1760, in Kontinentaleuropa ab 1820/30) brachte dann schließlich die entscheidenden Veränderungen mit sich, die zur Ausbildung der Erwerbsarbeitsgesellschaft modernen Typs führten. »Während in allen früheren Jahrhunderten Arbeit eng in andere Lebensvollzüge eingebettet gewesen war«, so Jürgen Kocka, »wurde Arbeit im Sinn von Erwerbsarbeit nun als Sphäre für sich konstituiert: durch die Emanzipation des wirtschaftlichen Handelns aus feudalen, ständischen und moralisch-politischen Schranken wie vor allem durch die neue, industrialisierungstypische Trennung von Erwerbsarbeitsplatz und Haushalt/Familie.«[17]

Prägend für das 20. Jahrhundert wurden dann schließlich die Transformation der industriellen Produktion insbesondere durch den Taylorismus und die Ausprägung des Fordismus.[18] Die Suche nach der bestmöglichen Ausnutzung der Arbeitskraft und Arbeitsorganisation brachte die Rationalisierung als Logik des Unternehmers hervor, wobei die von Frederick Taylor entwickelte »wissenschaftliche Betriebsführung« schließlich zur Grundlage der modernen Arbeitsorganisation wurde. Sie basiert dabei auf drei Prinzipien: (1) der Loslösung des Arbeitsprozesses von den Fertigkeiten des Arbeiters, (2) der Trennung von Planung und Ausführung und (3) der Vorgabe und Kontrolle jedes Schrittes des Arbeitsprozesses. »Die Prinzipien Taylors hatten eine überaus große Bedeutung für die Rationalisierung der Arbeit und der Organisation der modernen Betriebe, da sie die Kontrolle über die Arbeit aus den Händen des Arbeiters selbst nahmen und der Betriebsführung bzw. dem ›Management der Arbeit‹ übertragen; es kam solcherart zu einer vertikalen Arbeitsteilung zwischen Ma-

---

16. »Es geschieht etwas Einmaliges in der Weltgeschichte. Zum ersten Mal bezieht eine Oberschicht die Forderung: Im Schweiße deines Angesichts sollst du dein Brot essen! auch auf sich selbst und fühlt sich noch geehrt, obwohl dieses Wort aus der Genesis eigentlich ein Fluch war. Es gibt nunmehr eine Oberschicht, die keine Mußeklasse ist. Sogar das Politikmachen, das Regieren, Parlamentstätigkeit wird zur Arbeit.« H. P. Bahrdt: Arbeit als Inhalt des Lebens, in: J. Matthes (Hg.): *Krise der Arbeitsgesellschaft?* (wie Anm. 2), S. 120–140, hier: S. 127.
17. J. Kocka: Arbeit früher, heute, morgen. Zur Neuartigkeit der Gegenwart, in: J. Kocka & C. Offe (Hg.): *Geschichte und Zukunft der Arbeit* (wie Anm. 1), S. 476–492, hier: S. 480.
18. A. Ebbinghaus: *Arbeiter und Arbeitswissenschaft. Zur Entstehung der »wissenschaftlichen Betriebsführung«*, Opladen 1984; J. Hirsch & R. Roth: *Das neue Gesicht des Kapitalismus. Vom Fordismus zum Post-Fordismus*, Hamburg 1986.

nagement und Arbeitern.«[19] Die Massenproduktion nach tayloristischen Prinzipien, zuerst angetrieben durch den Automobilsektor, wurde zum vorherrschenden Prinzip des industriell-kapitalistischen Systems, des Fordismus, welcher sich schließlich in den 30er bis 50er Jahren des 20. Jahrhunderts herausbildete.

Die Diskussionen, ob die Veränderungen der 70er und 80er Jahre nun das Ende der Industriegesellschaft und den Übergang zu einer Wissensgesellschaft oder Dienstleistungsgesellschaft eingeläutet haben[20], sind bisher nicht entschieden. Auf jeden Fall befindet sich die Arbeitswelt wieder in einem Umbruch, ihre Organisation und Formation verändert sich.

2. Entgrenzung von Arbeit

Das mit »Entgrenzung von Arbeit« zu beschreibende Phänomen wird auf Grund seiner Unschärfe durchaus kontrovers diskutiert.[21] Allgemein soll hier darunter der Prozess der Durchsetzung und Etablierung neuer Formen betrieblicher Rationalisierung und Reorganisierung verstanden werden, die ihren Niederschlag in komplementären Prozessen der Dezentralisierung[22] und Vermarktlichung[23] finden. Es geht dabei also um

---

19. G. Mikl-Horke: *Industrie- und Arbeitssoziologie* (wie Anm. 1), S. 66.
20. Siehe etwa die Prognose von Alain Touraine: »Vor unseren Augen entstehen Gesellschaften neuen Typs. Man wird sie postindustrielle Gesellschaften nennen, wenn man die Entfernung kennzeichnen möchte, die sie von den Industriegesellschaften trennt, die ihnen vorausgegangen sind und sich noch heute sowohl in ihrer kapitalistischen wie in ihrer sozialistischen Form mit ihnen vermischen. Man wird sie technokratische Gesellschaften nennen, wenn man ihnen den Namen der Macht geben möchte, die sie beherrscht. Man wird sie programmierte Gesellschaften nennen, wenn man versucht, sie zunächst durch die Natur ihrer Produktionsweise und ihrer Wirtschaftsorganisation zu definieren.« A. Touraine: *Die postindustrielle Gesellschaft*, Frankfurt/M. 1972, S. 7. Vgl. D. Bell: *Die Nachindustrielle Gesellschaft*, Frankfurt/M.–New York 1985.
21. »Bei ›Entgrenzung‹ handelt es sich weder um einen präzisen Begriff noch um ein ausgearbeitetes analytisches Konzept, sondern vielmehr um eine vage Bezeichnung für verschiedene Entwicklungen in der Organisation von Erwerbsarbeit.« H. Eichmann & Ch. Hermann: *Umbruch der Erwerbsarbeit. Dimensionen von Entgrenzung der Arbeit* (Projekt: Entgrenzung von Arbeit und Chancen zu Partizipation, EAP-Diskussionspapier 1), Wien 2004.
22. Zur Unterscheidung von »operativer« und »strategischer« Dezentralisierung siehe: M. Faust, P. Jauch, K. Brünnecke & Ch. Deutschmann: *Dezentralisierung von Unternehmen. Bürokratie- und Hierarchieabbau und die Rolle betrieblicher Arbeitspolitik*, München–Mering 1994.
23. Christa Herrmann beschreibt Vermarktlichung als »Externalisierung des Risikos der Unternehmen« und nennt als ihre Momente: die Bildung von Cost- und Profit-Centern oder die Installie-

die Neuordnung der Wertschöpfungsketten (Dezentralisierung) einerseits, um die verstärkte Orientierung des Unternehmensgeschehens an den Bewegungen des Marktes (Vermarktlichung) andererseits. »Die aktuellen Reorganisationsstrategien haben zwei Stoßrichtungen bzw. Ebenen, die meist als ein und derselbe Prozeß betrachtet werden: organisatorische und ökonomische Dezentralisieruzng bzw. kooperative Vernetzung und Vermarktlichung. Beide besitzen jedoch relative Eigenständigkeit und können daher in neuer, komplementärer Weise verbunden werden (Kooperation etwa, um die desintegrierenden Effekte marktlicher Kooordination zu kompensieren); sie können ebenso gut konfligieren.«[24] Flexiblere und dezentralisierte Unternehmensorganisationen, flexible Beschäftigungsverhältnisse, Arbeitsformen und -zeiten sowie die Einrichtung betriebsinterner Märkte sind die Folge dieser Rationalisierungsprozesse. Die Organisation von Arbeit soll so durch den »*Zugriff auf bislang nur begrenzt zugängliche Ressourcen und Potentiale von Arbeitskraft*«[25] optimiert werden. Entgrenzung von Arbeit zielt damit auf die verbesserte Ausnutzung der Ressource »Mensch« durch die Etablierung neuer Organisationsformen von Arbeit und nicht auf die Entgrenzung der Unternehmen selbst, auch wenn sich die Bereiche der Macht und Herrschaft über die Beschäftigten vielleicht nicht mehr mit der rechtlichen Unternehmensstruktur decken.

Dabei von Entgrenzung zu sprechen, erlaubt sich vor dem Hintergrund jener »alten« Organisationsformen, die hier modifiziert bzw. deren Grenzen überschritten werden. Dahingehend ist die These von der Entgrenzung auch eine historisch-rela-

---

rung interner Kunden-Lieferanten-Beziehungen, die das Wettbewerbsprinzip in die Organisation hineintragen; das Führen mit Zielvereinbarungen; Kundenorientierung im Sinne von Just-in-Time-Produktion oder Arbeitszeitregelungen, die eine flexible Anpassung an die Auftragslage erlauben; systematische Ressourcenverknappung (Personalreduzierung), die den Kostendruck in das Unternehmen trägt. Ch. Herrmann: Selbstorganisierte Entgrenzung der Arbeitszeit? Flexible Arbeitszeiten und neue Formen der Arbeitsorganisation, in: H. Seiffert (Hg.): *Flexible Zeiten in der Arbeitswelt*, Frankfurt/M.–New York 2005, S. 216–243, hier: S. 220 f.

24. M. Moldaschl: Internalisierung des Marktes. Neue Unternehmensstrategien und qualifizierte Angestellte, in: ISF/INIFES/IfS/SOFI (Hg.): *Jahrbuch Sozialwissenschaftliche Technikberichterstattung 1997. Schwerpunkt: Moderne Dienstleistungswelten*, 1998, S. 197–250, hier: S. 199; Vgl. M. Moldaschl & D. Sauer: Internalisierung des Marktes. Zur neuen Dialektik von Kooperation und Herrschaft, in: H. Minssen (Hg.): *Begrenzte Entgrenzungen. Wandlungen von Organisation und Arbeit*, Berlin 2000, S. 205–224.

25. N. Kratzer: *Arbeitskraft in Entgrenzung* (wie Anm. 10), S. 39. Vgl. N. Kratzer & D. Sauer: Entgrenzung von Arbeit. Konzept, Thesen, Befunde: in: K. Gottschall & G. G. Voß (Hg.): *Entgrenzung von Arbeit und Leben* (wie Anm. 7), S. 87–123.

tive, die einen Idealtypus einem anderem gegenüber stellt, was auch dazu führt, dass die empirische Überprüfung der These von der Entgrenzung mitunter schwierig ist. Hintergrundfolie der Feststellung und Beschreibung der Entgrenzung von Arbeit ist dabei die fordistisch-tayloristische Organisationsform, welche bisher als der Typus von »Normalarbeit« verstanden wurde, und von Standardisierung (fester Arbeitsort, feste Arbeitszeit, wenig individueller Handlungsspielraum), Hierarchisierung und einer einhergehenden Inflexibilität geprägt ist und damit auch relativ feste Grenzen zwischen Arbeit und Leben, zwischen Arbeitswelt und Lebenswelt festlegt. »Galt sozialgeschichtlich lange Zeit eine klare und sich zunehmend verfestigende zeitliche, räumliche, mediale, sachliche, soziale und sinnhafte Trennung von ›Arbeit‹ und ›Leben‹ als irreversibles Strukturmerkmal industrieller Arbeits- und Sozialverhältnisse, so scheint sich jetzt eine tendenzielle Aufweichung und Neuformierung (sicherlich keine vollständige Auflösung) dieses gesellschaftlichen Musters anzudeuten.«[26]

Im Gegensatz zu dieser Trennung verflüssigt die Entgrenzung von Arbeit diese Grenzen und sucht die ehemals abgegrenzten lebensweltlichen Ressourcen dem Betrieb zugänglich zu machen und zu verwerten. Als lebensweltliche Ressourcen können dabei sowohl Zeit (Arbeit in der Freizeit) und Ort (Arbeit zu Hause, im Urlaub) als auch individuelle Fähigkeiten und Eigenschaften wie Wissen, Kreativität, Erfahrung, Empathie verstanden werden. Ebenso gehört dazu aber eine gezielte Ausnutzung von durch »Lebenskraft« erarbeiteten Fähigkeiten im Rahmen außerbetrieblicher Fortbildung usw. »Unternehmen erkennen demnach die private Lebenswelt von Beschäftigten zunehmend als eine Sphäre, in der einerseits für die Erwerbsarbeit relevante Kompetenzen entwickelt werden, aus der andererseits auch verwertbare Ressourcen – in neuer Qualität und Quantität – mobilisiert und in die Erwerbsarbeit eingespeist werden sollen.«[27]

Obwohl es nun Konsens ist, dass die neuen Formen der Arbeitsorganisation zunehmen und eine Verschiebung zeitlicher, räumlicher, inhaltlicher Grenzen feststellbar ist, kann nicht davon ausgegangen werden, dass sich die Entgrenzung von Arbeit gleichsam in allen Bereichen durchsetzt und die tayloristisch-fordistische Arbeitsorganisation vollständig verdrängt. Vielmehr ist von einem Nebeneinander von alten und neuen Formen auszugehen, neben Dezentralisierung auch von Rezentralisierung, Retaylori-

---

26. G. G. Voß: Die Entgrenzung von Arbeit und Arbeitskraft. Eine subjektorientierte Interpretation des Wandels der Arbeit, in: *Mitteilungen aus der Arbeitsmarkt- und Berufsforschung*, H. 3 (1998), S. 473–487, hier: S. 479 f.
27. K. Jürgens: *Arbeits- und Lebenskraft. Reproduktion als eigensinnige Grenzziehung*, Wiesbaden 2006, S. 60.

sierung[28] oder auch der Rücknahme von bereits eingeführten Innovation usw.[29] Wie auch festgehalten werden muss, dass Entgrenzungsprozesse nicht immer Resultat bewusster Entscheidungen darstellen, sondern, wie Nick Kratzer festhält, »eher implizit, ›zufällig‹ oder auch aus der Notlage heraus eingeführt und erst im weiteren Verlauf, parallel zur Thematisierung in Management-Handbüchern und wissenschaftlichen Studien, zu einer expliziten Strategie von Unternehmen ›erhöht‹«[30] wurden.

3. Subjektivierung von Arbeit

Komplementär zur These der Entgrenzung von Arbeit wurde nun auch die These von der Subjektivierung von Arbeit aufgestellt, die auf der Subjektseite die Entgrenzung zum Ausdruck bringt. Die Entgrenzung von Arbeit, so die These, führt zu einer Verstärkung der Bedeutung der subjektiven Gestaltung, des subjektiven Einbringens und der Nutzung subjektiver Fähigkeiten in die Arbeit. Es lassen sich dabei verschiedene Kontexte unterscheiden, in denen die Subjektivierung von Arbeit deutlich wird, von

---

28. Etwa hier: »Die Retaylorisierung ist nicht auf kleine Bereiche beschränkt, sondern umfasst beschäftigungsstarke Tätigkeitsbereiche. Ein Musterbeispiel hierfür ist der [...] Einzelhandel, der mir rund 2.1 Mio. Beschäftigten einer der größten Arbeitgeber in der Bundesrepublik Deutschland ist. In ihrem Minutenmanagement nutzen die Unternehmen zunehmend Lohndifferentiale zwischen geringfügig Beschäftigten und anderen Teilzeitbeschäftigten sowie zwischen gelernten und ungelernten Kräften zur Kostensenkung. Dies gelingt ihnen nur bei einer zunehmenden Aufspaltung vorher ganzheitlich angebotener Tätigkeiten, wie Kassieren, Beraten, Bedienen, Regalauffüllen. Die Beschäftigten haben eher ein instrumentelles Verhältnis zur Arbeit und leisten in der Regel keine unbezahlten Überstunden; Arbeitszeit wird genau registriert und ist abgegrenzt von Nicht-Arbeitszeit, im Unterschied zum traditionellen Taylorismus wird die Arbeitsleistung allerdings nicht in festgelegten Zeitfenstern abgeleistet, sondern es wird eine hohe Disponibilität beim Arbeitseinsatz abverlangt.« G. Bosch: Neue Lernkulturen und Arbeitnehmerinteressen, in: Arbeitsgemeinschaft Qualifikations-Entwicklungs-Management (Hg.): *Kompetenzentwicklung 2000*, Münster 2000, S. 227–270, hier S. 248.
29. Maria Funder spricht dahingehend von »Paradoxien der Reorganisation«: »Bei den neuen Konzepten der Reorganisation geht es im Unterschied zu früheren Konzepten nicht mehr um ein ›Entweder-Oder‹ [...]. Vielmehr ist für die neuen Arbeits- und Organisationskonzepte eine bislang als unvereinbar angesehen Kombination gegensätzlicher Elemente typisch: Abhängigkeit und Autonomie; Vertrauen und Kontrolle, Selbstorganisation und Zentralisation; Arbeitsteilung und Spezialisierung.« M. Funder: *Paradoxien der Reorganisation*, München–Mering 1999, S. 19 f.
30. N. Kratzer: *Arbeitskraft in Entgrenzung* (wie Anm. 10), S. 40, Fn. 16.

denen hier nur kursorisch eine Auswahl aufgezählt werden soll:[31] gesteigerte Anforderungen in neuen Arbeitsformen wie Projekt- und Gruppenarbeit; neue Formen der Ergebnisorientierung; neue Arbeitszeitmodelle wie Vertrauensarbeitszeit; die verstärkte Nutzung neuer Technologien; die zunehmende Forderung nach lebenslangem Lernen und eigenständiger beruflicher Weiterbildung. »Zusammenfassend kann die hier diskutierte Entwicklung als ökonomisch induzierte und durch neue Formen der betrieblichen Arbeitsorganisation forcierte ›Subjektivierung von Arbeit‹ bezeichnet werden, in der sich zwei Stränge der Verwertung personaler Ressourcen verzahnen: die verstärkte Nutzung subjektiver Strukturleistungen in der betrieblichen Arbeitsorganisation sowie der erweiterte Zugriff auf die subjektiven Potentiale der Arbeitspersonen.«[32]

Der *erste Strang* meint, dass die Beschäftigten mehr oder weniger freiwillig dazu gebracht werden, lebensweltlich entwickelte Potenziale und Ressourcen, Wissen, Empathie, Erfahrung, Motivation oder Kreativität – die so genannten *soft skills* – in den Arbeitsprozess einzubringen und dort zu nutzen. Dass dies in manchen Bereichen, wie der Dienstleistung, etwa Pflege, Verkauf usw., keine neue Entwicklung ist, ist unstrittig. Der Umbruch der Arbeitswelt in den letzten Jahrzehnten, genannt sei nur die Tertiarisierung, verlangt dies aber von immer mehr Menschen und auch in ehemals klassischen Bereichen der Industrie wird dies durch die Implementierung neuer Arbeitsorganisationsformen verstärkt.

Weiters, und das meint den *zweiten Strang*, übernehmen immer mehr Beschäftigte die Organisation und Kontrolle ihrer Arbeit selbst, was bisher auf das schmale Segment der Hochqualifizierten beschränkt blieb. Dies kann als besonderes Resultat der Vermarktlichung bzw. der Ausbildung innerbetrieblicher Märkte gesehen werden. Die Beschäftigten müssen sich in ihrer Arbeit wie Marktteilnehmer verhalten, die zwar dafür mehr Kontrolle über ihr eigenes Tun haben, aber eben auch für den Erfolg und Misserfolg selbst verantwortlich sind. »Diese Verlagerung von Fremd- und Selbstkontrolle wird unmittelbar an Arbeitsvereinbarungen sichtbar. Tarifverträge und Betriebsvereinbarungen regulieren lediglich noch die Rahmenbedingungen des Arbeitseinsatzes, während dessen konkrete Ausgestaltung den Beschäftigten selbst überantwortet und in Form von Ziel- und Leistungsvereinbarungen reguliert wird.«[33]

---

31. N. Kratzer, D. Sauer, A. Hacket & K. Trinks unter Mitarbeit von A. Wagner: *Flexibilisierung und Subjektivierung von Arbeit* (ISF Arbeitspapier), München 2002, S. 37 f.
32. F. Kleemann, I. Matuschek & G. Voß: *Zur Subjektivierung von Arbeit* (Wissenschaftszentrum Berlin für Sozialforschung, discussion paper P99-512), Berlin 1999, S. 13.
33. K. Jürgens: *Arbeits- und Lebenskraft. Reproduktion als eigensinnige Grenzziehung* (wie Anm. 27), S. 71.

Subjektivierung von Arbeit ist somit auch die verstärkte Selbstorganisation und Selbstrationalisierung der Beschäftigten. Damit verbunden ist ein weitreichender Wandel; das ehemalige Objekt der Rationalisierung und Reorganisation, der Beschäftigte und der Einsatz seiner Arbeitskraft, wird nämlich zum Subjekt dieser Prozesse gemacht, wobei der Beschäftigte mit seiner Arbeitskraft nun eben diese Prozesse (auch) selbst bewältigen muss. Dies bedeutet auch den Zusammenfall von Rationalisierung und Subjektivierung von Arbeit. »Tendenziell sollen alle Beschäftigten zu Mitdenkern und Mitgestaltern, zu Mitmanagern und Selbstmanagern werden, die eine permanente Anpassung des Unternehmens an neue Umweltbedingungen ermöglichen und dabei stets neue Rationalisierungspotenziale erschließen.«[34]

Wird die These von der Subjektivierung nun weiter gefasst und bezieht sowohl die Entgrenzung von Arbeit als auch jene von Leben ein, dann kann Subjektivierung auch als Trend allgemeiner gesellschaftlicher Entwicklung verstanden werden. Den lebensweltlichen Bedürfnisse des individualisierten modernen Menschen korreliert die Subjektivierung bzw. Entgrenzung von Arbeit. Entgrenzung bzw. Subjektivierung von Arbeit und Leben kann dann in einem weiten Sinne als Chiffre für einen gesellschaftlichen Wandel stehen, wie er auch mit dem Begriff der »Individualisierung« zu fassen versucht wurde.[35] Die Ansprüche des Einzelnen an sich selbst und seine Lebensführung sind gestiegen, die Erwartungen hinsichtlich Autonomie, Selbstverwirklichung und Selbstkontrolle werden auf die Arbeit übertragen bzw. schließen diese mit ein.[36]

So gesehen meint Subjektivierung von Arbeit nicht nur eine betriebliche Rationalisierungsstrategie, sondern bezieht sich auf einen doppelten Konstitutionsprozess, in dem Subjektivierung und Rationalisierung einander hervorbringen und stützen. »Die

---

34. M. Moldaschl & R. Schultz-Wild: Einführung: Arbeitsorientierte Rationalisierung, in: M. Moldaschl & R. Schultz-Wild (Hg.): *Arbeitsorientierte Rationalisierung*, Frankfurt/M.–New York 1994, S. 9–31, hier: S. 20.
35. U. Beck, Jenseits von Stand und Klasse? Soziale Ungleichheiten, gesellschaftliche Individualisierungsprozesse und die Entstehung neuer sozialer Formationen und Identitäten, in: R. Kreckel (Hg.): *Soziale Ungleichheiten. Soziale Welt*, Sonderband 2, Göttingen 1983, S. 35 -74; U. Beck: *Risikogesellschaft. Auf dem Weg in eine andere Moderne*, Frankfurt/M. 1986.
36. »Die wachsende Anzahl gut qualifizierter jüngerer Beschäftigter mit mehr Mitspracheansprüchen als die vorangegangene Generation gibt Unternehmen die Chance oder zwingt sie geradezu dazu, wenn sie Motivationsverluste oder Abwanderung ihrer Beschäftigten verhindern wollen, eine aktivere Beteiligung dieser Beschäftigten in der Arbeitsorganisation vorzusehen.« G. Bosch: Entgrenzung der Erwerbsarbeit. Lösen sich die Grenzen zwischen Erwerbs- und Nichterwerbsarbeit auf? In: H. Minssen (Hg.): *Begrenzte Entgrenzungen* (wie Anm. 24), S. 249–268, hier: S. 257.

neuen Arbeitskonzepte scheinen die veränderten Orientierungen der Beschäftigten aufzugreifen, indem sie mehr individuellen Gestaltungsspielraum im Arbeitsprozess eröffnen. Sie sind jedoch so angelegt, dass die Beschäftigten selbst das Bedürfnis nach mehr Eigenverantwortung entwickeln, betriebliche Ziele verinnerlichen und schließlich selbst eine Rationalisierung ihres Arbeitseinsatzes vornehmen.«[37]

Dieser Zusammenhang nun erschwert es, auch die Subjektivierung von Arbeit zu *bewerten*.[38] Einerseits verlangt und fördert sie die Emanzipation der Beschäftigten und kann damit *auch* als Einlösung der langen Forderung nach einer »Humanisierung der Arbeit« verstanden werden[39], andererseits ist diese doch nur wiederum an der Logik des Markts orientiert. Der Ausbruch aus dem starren Korsett tayloristisch-fordistischer Organisation wird mit dem Preis der auch lebensweltlichen Unterwerfung unter die ökonomischen Unternehmensziele erkauft und damit in vielen Fällen zur scheinautonomen Selbstausbeutung. Die Durchsetzung von Subjektivierung von Arbeit führt, so die weit reichende These, schließlich zum neuen Herrschaftsmodus

---

37. K. Jürgens: *Arbeits- und Lebenskraft* (wie Anm. 27), S. 73. Vgl. M. Moldaschl: Foucaults Brille. Eine Möglichkeit die Subjektivierung von Arbeit zu verstehen?, in: M. Moldaschl & G. G. Voß (Hg.): *Subjektivierung von Arbeit* (wie Anm. 8) S. 135–176.

38. »Wie soll man die Aussagen von Befragten interpretieren, die einerseits von wachsendem Leid und Druck, von Schwierigkeit gleichermaßen befriedigender Arbeits- wie Lebensführung, vom permanenten Aufschub eigener Wünsche an ›gute Arbeit‹ bis nach Ende des Projekts, des Jahresabschlusses, der Restrukturierung etc. berichten, andererseits genauso aber auch von ›Spaß‹, Befriedigung, neuen Optionen, steigenden Entwicklungschancen.« N. Kratzer: *Arbeitskraft in Entgrenzung* (wie Anm. 10), S. 245 f.

39. Um auch ein positives Beispiel zu nennen: »Als vorläufiges Ergebnis der Fabrikorganisation nach dem Fertigungsinselprinzip kann festgestellt werden, dass sich in den Augen der Beschäftigten gegenüber der alten Organisationsform entscheidende Verbesserungen ergeben haben: Durch den vermehrten Wechsel der Arbeitsinhalte wird die Belastung durch eintönige Arbeit und konzentriertes Aufpassen als geringer empfunden. Gleichzeitig steigt der Wunsch nach noch interessanterer Arbeit sowie nach Arbeit in einer Gruppe. Durch die Arbeit in den Inseln und die gestiegene Qualifikation ist auch ein wesentlich verbesserter Überblick über die eigene Arbeitssituation und die eigenen Entwicklungsmöglichkeiten gegeben. Gleichzeitig steigt das Bewusstsein, für die eigene Arbeit und die Leistung der Gruppe mitverantwortlich zu sein. In der Zwischenzeit herrscht eine breite Zustimmung zu der neuen Fertigungsstruktur unter den Mitarbeitern. Kaum einer möchte mehr in der alten Fertigungsform arbeiten. Gruppenarbeit und interessantere Aufgaben fanden eine breite Zustimmung, die sich auch in objektiven Faktoren wie geringen Fehlzeiten, ausgeprägter Lernbereitschaft, hoher Leistungsbereitschaft und guten Arbeitsergebnissen widerspiegelt.« H. Klingenberg & H.-P. Kränzle: *Humanisierung bringt Gewinn*, Bd. 2: *Fertigung und Fertigungssteuerung*, Eschborn 1987, S. 31.

der »Kontrolle durch Autonomie«[40]: »Kapitalistische Herrschaft verschwindet [...] nicht, sondern der Modus ihrer Durchsetzung verändert sich: Sie bleibt als Herrschaft durch Autonomie in abstrakter und objektivierender Form erhalten.«[41]
Die besonderen Gefahren dieser neuen Formation kapitalistischer Herrschaft und Ausbeutung, auch wenn ihre Neuartigkeit und Verbreitung umstritten ist, lassen sich leicht erkennen, da sie die Grenzen von Ausbeuter und Ausgebeuteten verschwimmen lässt, zu einer Aufspaltung der Arbeitnehmerschaft führt, zu einer Individualisierung der Risiken. Luc Boltanski und Eve Chiapello haben dies in ihrer breit angelegten Studie zutreffend auch den »Neuen Geist des Kapitalismus« genannt, der gerade die gegen ihn gerichtete Kritik aufnehmen und verarbeiten kann.[42]

4. Exkurs: Der Arbeitskraft-Unternehmer

Verdichtet wurde die These von der »Entgrenzung von Arbeit und Leben« bzw. von der »Subjektivierung von Arbeit« nun von Günter Voß und Hans Pongratz zum »Arbeitskraft-Unternehmer« als neuem Idealtypus des Arbeitnehmers: »Nehmen entgrenzte Arbeitsformen breitflächig zu, hat das tiefgreifende Veränderungen der Anforderungen an Berufstätige in unserer Gesellschaft zur Folge. Aus einer solchen Entwicklung könnte langfristig eine Veränderung der basalen Verfassung von Arbeitskraft in unserer Gesellschaft insgesamt erwachsen. Der bei uns in den letzten Jahrzehnten als Grundform von Arbeitskraft vorherrschende ›Berufliche Arbeitnehmer‹

---

40. D. Sauer & V. Döhl: Kontrolle durch Autonomie. Zum Formwandel von Herrschaft bei unternehmensübergreifender Rationalisierung, in: J. Sydow & A. Windeler (Hg.): *Managment interorganisationeller Beziehungen*, Opladen 1994, S. 258–274.

41. M. Moldaschl & D. Sauer: Internalisierung des Marktes. Zur neuen Dialektik von Kooperation und Herrschaft, in: H. Minssen (Hg.): *Begrenzte Entgrenzungen* (wie Anm. 24), S. 205–224, hier: S. 213.

42. »Selbstverständlich geht es noch immer darum, die Angestellten zur Mitarbeit an der kapitalistischen Profitmaximierung zu bewegen. Während jedoch in der vorangegangenen Periode vor allem unter dem Druck der Arbeiterbewegung versucht worden war, dieses Resultat über kollektive und politische Integration der Arbeitnehmer in die Sozialordnung und durch eine Form des kapitalistischen Geistes zu erreichen, die den wirtschaftlich-technologischen Fortschritt an das Ziel der sozialen Gerechtigkeit geknüpft hatte, wird dazu nunmehr ein Selbstverwirklichungsprojekt entwickelt, in dem der Kult der individuellen Leistung und das Loblied auf die Mobilität mit netzartigen Konzepten des gesellschaftlichen Zusammenhalts verbunden wurden.« L. Boltanski & E. Chiapello: *Der neue Geist des Kapitalismus*, Konstanz 2003, S. 261.

würde dabei durch einen neuartigen Typus ergänzt werden, den man aufgrund seiner Eigenschaften als ›*Arbeitskraft-Unternehmer*‹ bezeichnen kann.«[43] Der Arbeitskraft-Unternehmer steht dahingehend als letztes Glied in der Reihe von historischen Idealtypen von Arbeitskraft: Löste einst der verberuflichte Arbeitnehmer des Fordismus den proletarisierten Lohnarbeiter der Frühindustrialisierung ab, so wird dieser nun vom Arbeitskraft-Unternehmer im Postfordismus beerbt.[44] Individualisierte Fähigkeits- und Erfahrungsprofile würden die hoch regulierten Berufe ersetzen.

Der Arbeitskraft-Unternehmer zeichnet sich ganz entsprechend der These von der Entgrenzung von Arbeit durch Selbst-Kontrolle (Planung, Steuerung und Überwachung des eigenen Handelns) und Selbst-Rationalisierung (selbstständige Organisation von Alltag und Lebensverlauf, »Verbetrieblichung der Lebensführung«) aus, die sich sowohl auf Arbeit als auch auf Lebensführung beziehen. Dahingehend erzeugt er auch eine neue Form der reflexiven Lebensführung, die auf diese Neubestimmung des Verhältnisses von Arbeit und Leben, also die Entgrenzung von Arbeit und Leben reflektiert und sie lebensweltlich zum Ausdruck bringt. Der Arbeitskraft-Unternehmer betreibt aktive Selbst-Ökonomisierung, also die aktive Produktion und Vermarktung eigener Fähigkeiten und Leistungen.

Sylvia Wilz hat überspitzt zusammengefasst, das Privatleben des Arbeitskraft-Unternehmer sei »ganz auf die Erhaltung und Erweiterung der Erwerbsfähigkeit ausgerichtet und entspricht der ökonomischen, effizienten, rationalen und leistungsorientierten Haltung, die auch sein Arbeitsleben leitet.«[45] Hier zeigt sich exemplarisch die vollständige Ökonomisierung aller Lebensbereiche, die auch wie eine späte Be-

---

43. G.G. Voß: Die Entgrenzung von Arbeit und Arbeitskraft (wie Anm. 26), S. 477. Vgl. auch: H. J. Pongratz & G.G. Voß: *Arbeitskraftunternehmer. Erwerbsorientierung in entgrenzten Arbeitsformen*, Berlin 2003; H.J. Pongratz & G.G. Voß (Hg.): *Typisch Arbeitskraftunternehmer?* (wie Anm. 11); G.G. Voß & H.J. Pongratz: Der Arbeitskraftunternehmer. Eine neue Grundform der Ware Arbeitskraft. In: *Kölner Zeitschrift für Soziologie und Sozialpsychologie*, H.1 (1998), S.131–158; U. Wilkens: *Management von Arbeitskraftunternehmern. Psychologische Vertragsbeziehungen und Perspektiven für die Arbeitskräftepolitik in wissenschaftlichen Organisationen*, Wiesbaden 2004.

44. Vgl. kritisch dazu u. a.: M. Faust: Der »Arbeitskraftunternehmer«. Eine Leitidee auf dem ungewissen Weg der Verwirklichung, in: E. Kuda & J. Strauß (Hg.): *Arbeitnehmer als Unternehmer? Herausforderungen für Gewerkschaften und berufliche Bildung*, Hamburg 2002, S. 56–80.

45. S.M. Wilz: Der Arbeitskraftunternehmer. Yeti oder Prototyp? Ein Plädoyer für aktive Grenzgängerei zwischen Arbeits-, Industrie- und Organisationssoziologie, in: M. Faust, M. Funder & M. Moldaschl (Hg.): *Die »Organisation der Arbeit*, München–Mering 2005, S.195–223, hier: S.197.

stätigung der Marxschen These gelesen kann, dass entfremdete Arbeit entfremdetes Leben produziert.[46]

Die Verbreitung des Arbeitskraft-Unternehmers ist nun, vielleicht zum Glück, umstritten und auch Voß und Pongratz ermitteln in ihrer qualitativ empirischen Arbeit differenzierte Befunde.[47] So lässt sich etwa ein Drittel der Befragten als »echte« Arbeitskraft-Unternehmer bezeichnen, während ein weiteres Drittel nur Tendenzen dahingehend zeigt und ein Drittel keine Arbeitskraft-Unternehmer darstellt. Wenn der Arbeitskraft-Unternehmer also auch für bestimmte Bereiche und Segmente zutreffend ist, so findet sich in der Realität doch vielmehr »eine Bandbreite differenzierter Formen von Arbeitskrafttypen, in denen sich neue und alte Muster sowohl von Arbeitsorientierungen als auch -praktiken jeweils unterschiedlich vermischen.«[48]

5. Flexibilisierung von Arbeit

Eine maßgebliche Strategie, die zur Entgrenzung von Arbeit führt, ist nun die Flexibilisierung von Arbeit. Auch dieser Begriff, obwohl schon etwas enger als jener der Entgrenzung, ist durchaus vage.[49] Schlicht definiert ist Flexibilisierung »in erster Li-

---

46. »Ich habe soeben darauf verwiesen, daß der Begriff der Entfremdung fraglich zu werden scheint, wenn sich die Individuen mit dem Dasein identifizieren, das ihnen auferlegt wird, und an ihm ihre eigene Entwicklung und Befriedigung haben. Diese Identifikation ist kein Schein, sondern Wirklichkeit. Die Wirklichkeit bildet jedoch eine fortgeschrittenere Stufe der Entfremdung aus. Diese ist gänzlich objektiv geworden; das Subjekt, das entfremdet ist, wird seinem entfremdeten Dasein einverleibt. Es gibt nur eine Dimension, und sie ist überall und tritt in allen Formen auf. Die Errungenschaften des Fortschritts spotten ebenso ideologischer Anklage wie Rechtfertigung; vor ihrem Tribunal wird das ›falsche Bewußtsein‹ ihrer Rationalität zum wahren Bewußtsein.« H. Marcuse: *Der eindimensionale Mensch. Studien zur Ideologie der fortgeschrittenen Industriegesellschaften*, München 2005, S. 31.
47. H.J. Pongratz & G.G. Voß: *Arbeitskraftunternehmer* (wie Anm. 43), besonders: S. 191 ff.
48. H. Eichmann & Ch. Hermann: *Umbruch der Erwerbsarbeit* (wie Anm. 21), S. 31. Vgl. u. a. H. Eichmann: Zwischen Selbstverwirklichung und Selbstausbeutung. Arbeiten in der New Economy, in: H. Eichmann, I. Kaupa & K. Steiner (Hg.): *Game over? Neue Selbstständigkeit in der New Economy nach dem Hype*, Wien 2002, S. 85–213; H. Eichmann: *Arbeiten in der New Economy*, Wien 2003.
49. Marc Szydlik unterscheidet drei grundlegende Flexibilisierungsformen: (1) flexible Technologien, (2) flexible Beziehungen zwischen Kernfirma und Zulieferern und (3) flexible Arbeit. M. Szydlik: Flexibilisierung und die Folgen, in: M. Szydlik (Hg.): *Flexibilisierung* (wie Anm. 11), S. 7–22; Vgl. auch R. Kiely: Globalization, Post-Fordism and the Contemporary Context of Development, in: *International Sociology*, Bd. 13 (1998), H. 1, S. 95–115.

nie eine Management-Strategie der Anpassung an sich ändernde Marktbedingungen und Technologien.«[50] Flexibilisierung als Entgrenzung verschiebt Grenzen bisheriger Arbeitsorganisation und greift damit auch in das Verhältnis von Arbeit und Leben ein. Oft und ausführlich diskutiert wurde dies in Bezug auf die Flexibilisierung von Arbeitszeit, etwa Vertrauensarbeitszeit, Arbeitszeitkonten, Produktivzeit usw. sowie die damit verbundene Auflösung des Normarbeitstages.[51] Wie auch flexiblere Organisation von Arbeitsplatz und -ort durch Heimarbeit, Telework und »virtuelle Teams«. Flexibilisierung der Arbeitsteilung in Projekt- und Arbeitsgruppen und auch inhaltlich-organisatorische Flexibilisierung ist verstärkt festzustellen.[52]

Mit Berndt Keller und Hartmut Seifert können dabei zwei Hauptdimensionen von Flexibilisierung, *interne* und *externe*, unterschieden und weiter ausdifferenziert werden. Auf der einen Seite stehen dabei betriebsinterne Maßnahmen, die Arbeitszeit, -ort, -entgelt oder -platz betreffen, also »eine Anpassung des Arbeitseinsatzes an veränderte Nachfragebedingungen ohne Rückgriff auf den externen Arbeitsmarkt ermöglichen.« Auf der anderen Seite »basiert externe Flexibilisierung vor allem auf der ›traditionellen‹ Anpassung der Beschäftigungszahl (durch Entlassungen und Einstellungen), zunehmend auch auf Befristung und Leiharbeit sowie Transfergesellschaften.«[53] Zur Ergänzung der bestehenden stabilen Beschäftigungsformen werden Arbeitnehmer des externen Arbeitsmarktes mittels befristeter Beschäftigungsformen in den Betrieb eingebunden, um kurzfristigen Nachfragebedarf zu decken. Für Unternehmen stellt die extern-funktionale Flexibilität auch die Möglichkeit dar, sofern es nötig ist, bestimmte Betriebsteile aus dem eigenen Unternehmen auszulagern und mittels Subunternehmervertrag in einen anderen Betrieb einzugliedern. Ebenso können etwaige Lohnkostenzuschüsse bzw. -subventionen zu den möglichen Instrumenten der externen Flexibilisierung gezählt werden.

Welche Formen der Flexibilisierung nun umgesetzt werden, hängt hauptsächlich von betrieblichen Kosten-Nutzen-Kalkulationen ab und wird durch gesetzliche Vorgaben (Kündigungsschutz, Arbeitszeitregelungen) mitreguliert. Eine nicht unerhebliche Rolle spielen auch die unterschiedlichen Qualitätsarten und Funktionslogiken

---

50. G. Mikl-Horke: *Industrie- und Arbeitssoziologie* (wie Anm. 1), S.169.
51. Vgl. für einen Überblick: H. Seiffert (Hg.): *Flexible Zeiten in der Arbeitswelt* (wie Anm. 23); F. Lorenz & G. Schneider (Hg.): *Vertrauensarbeitszeit, Arbeitszeitkonten, Flexi-Modelle. Konzepte und betriebliche Praxis*, Hamburg 2005.
52. H. Eichmann & Ch. Hermann: *Umbruch der Erwerbsarbeit* (wie Anm. 21).
53. B. Keller & H. Seifert: Atypische Beschäftigungsverhältnisse (wie Anm. 12), S.15f.

der Teilarbeitsmärkte.[54] So geht Marc Szydlik davon aus, dass der unstrukturierte Jedermannsmarkt von einfachen Arbeiten an Bedeutung verlieren wird. »Im Gegensatz zur fordistischen Massenproduktion sind in der flexiblen Fabrik einfache Arbeitsplätze mit kurzen Anlernzeiten weniger gefragt.«[55] Diese werden vielmehr in Billiglohnländer ausgelagert werden, wohingegen das fachliche Segment mit qualifizierten, aber allgemeinen Tätigkeiten wachsen wird. Auch das dritte Segment, der betriebsinterne Teilarbeitsmarkt mit qualifizierten betriebsspezifischen Aufgaben, dürfte aufgrund der Flexibilisierung von Arbeit kleiner werden, da »Tertiarisierung und Informatisierung der Arbeit in Verbindung mit einer Standardisierung von Dienstleistungen zu einer Relativierung der für interne Arbeitsmärkte und Normalarbeitsverhältnisse notwendigen Voraussetzungen« führt.[56]

6. Atypische Beschäftigung

Flexibilisierung von Arbeit hat nun massive Auswirkungen auf die Form der Beschäftigungsverhältnisse bzw. Arbeitsverträge und führt dahingehend zur Ausbildung und Zunahme atypischer Beschäftigungsverhältnisse. Diese lassen sich dabei negativ durch ihre Abweichung vom Normalarbeitsverhältnis bestimmen, welches dahingehend definiert ist, dass es (1) eine unbefristete (2) Vollzeiterwerbstätigkeit mit (3) einem subsistenzsichernden Einkommen darstellt, wobei all das (4) sozialstaatlich erfasst und abgesichert ist.[57] Als fünftes Kriterium wird des Öfteren auch die räumliche Trennung von Arbeitsplatz und Haushalt herangezogen werden. Leicht erkennbar ist das Normalarbeitsverhältnis »zugeschnitten auf den männlichen Erwerbsverlauf«[58] sowie auch die hierauf abgestimmte Institutionalisierung des Lebenslaufs. Des weiteren ist es für das

---

54. W. Sengenberger: *Struktur und Funktionsweise von Arbeitsmärkten. Die Bundesrepublik Deutschland im internationalen Vergleich*, Frankfurt/M.–New York 1987.
55. M. Szydlik: Flexibilisierung und die Folgen (wie Anm. 49), S. 12.
56. W. Sesselmaier: (De)Stabilisierung der Arbeitsmarksegmentation. Überlegungen zur Theorie atypischer Beschäftigung, in: B. Keller & H. Seifert (Hg.): *Atypische Beschäftigung* (wie Anm. 11), S. 67–80, hier: S. 77.
57. Zu verschiedenen Definitionen des Normalarbeitsverhältnisses: G. Bosch: Hat das Normalarbeitsverhältnis noch eine Zukunft?, in: *WSI-Mitteilungen*, Jg. 39 (1985), H. 3, S. 163–176; U. Mückenberger: Die Krise des Normalarbeitsverhältnisses. Hat das Arbeitsrecht noch Zukunft?, in: *Zeitschrift für Sozialreform*, H. 7 (1985), S. 415–434, und H. 8 (1985), S. 457–475.
58. D. Müller: Der Traum einer kontinuierlichen Beschäftigung – Erwerbsunterbrechungen bei Männern und Frauen, in: M. Szydlik (Hg.): *Flexibilisierung* (wie Anm. 11), S. 47–67, hier: S. 49.

sozialstaatliche Arrangement wichtig, da sich die soziale Absicherung an ihm orientiert. Das Normalarbeitsverhältnis stellt dahingehend historisch gesehen auch einen Kompromiss zwischen den Bedürfnissen der Unternehmen und der Beschäftigten dar[59] und kann in Zeiten seiner Erosion auch als »positiver« Bezugspunkt verstanden werden. Als Kernformen atypischer Beschäftigungsverhältnisse können somit in Deutschland verstanden werden:[60]

(1) Teilzeitarbeit
(2) geringfügige Beschäftigung
(3) befristete Beschäftigung sowie Leiharbeit
(4) (neue) Selbstständigkeit: Ich-AG/Familien-AG

Für Österreich wiederum lässt sich folgende Typologie finden:[61]

(1) Beschäftigungsformen, die zeitlich befristet sind, wie befristete Arbeitsverhältnisse und Leiharbeit
(2) Beschäftigungsformen mit einem anderem Arbeitsstundenausmaß wie Teilzeit- und geringfügige Beschäftigung
(3) neue Selbstständigkeit bzw. Scheinselbstständigkeit wie freier Dienstvertrag und Werkvertrag.

Letztere fallen dabei in eine juristische Grauzone zwischen selbstständiger und abhängiger Erwerbstätigkeit.[62] Genaue Zahlen über das Ausmaß von atypischen Be-

---

59. »Aus dem reinen Arbeitsvertrag, der den Arbeitnehmer dem Arbeitgeber direkt unterstellt, erwächst der Status des ›kollektiven Arbeitnehmers‹, der durch das Recht garantiert ist. Seit Ende des 19. Jahrhunderts lässt sich beobachten, dass das Arbeitsverhältnis immer weniger auf den Einzelfall bezogen ist, sondern in einem System kollektiver Regelungen verankert ist, die mit kollektiven Garantien für den Arbeitnehmer verbunden sind. Die Entlohnung beschränkt sich nicht mehr auf einen reinen marktförmigen Austausch. Sie wird zu einem Bestandteil der sozialen Sicherheit durch die im Arbeits- und Sozialrecht verankerten Verpflichtungen. Der Lohn beinhaltet auch Absicherung, die weit über die Arbeitssituation hinausreicht (Rente, Krankenkasse etc.).« R. Castel: Der Zerfall der Lohnarbeitsgesellschaft, in: *Liber* 99/00, H. 3 (2001), S. 14–20. hier: S. 15 f.
60. B. Keller & H. Seifert: Atypische Beschäftigungsverhältnisse (wie Anm. 12), S. 11–25.
61. Kapazitätsorientierte lokale Arbeitszeit (KAPOVAZ), die so genannte Arbeit auf Abruf, wird hier nicht thematisiert, da deren rechtliche Zulässigkeit nach Meinung vieler Fachleute in Frage gestellt werden muss. Vgl. W. Schwarz & G. Löschnigg: *Arbeitsrecht*, Wien 2001, S. 481.
62. U. Mühlberger: *Neue Formen der Beschäftigung. Arbeitsflexibilisierung durch die Beschäftigung in Österreich*, Wien 2000, S. 38 f.

schäftigungsverhältnissen sind nicht leicht anzugeben, wobei Keller und Seifert für Deutschland davon ausgehen, dass diese etwa ein Drittel aller abhängig Beschäftigten ausmachen (wobei der Frauenanteil bei knapp 54 % liegt).[63] Auch in Österreich ist atypische Beschäftigung immer weiter verbreitet und liegt bei rund einem Drittel, wobei klassischer Weise die Teilzeitbeschäftigung (für das Jahr 2003: 3,9 % der Männer; 37,1 % der Frauen, gesamt 18,5 %) an erster Stelle steht, die daher auch keine so hohen Wachstumsraten in den letzten Jahren aufweist.[64] Die Zunahme der Flexibilisierung von Arbeit führt dabei, wie eine weitverbreitete These lautet, zur Erosion des Normalarbeitsverhältnisses bzw. des Normalarbeitstages.[65]

Die Auswirkungen atypischer Beschäftigungsverhältnisse und deren Zunahme sind aber durchaus umstritten.[66] Während sie für ihre Befürworter Zeichen der notwendigen Flexibilisierung von Arbeit sind, welche den ökonomischen Bedürfnissen der Unternehmen entsprechen, den Wünschen der Arbeitnehmerinnen und -nehmer nach mehr Autonomie und Gestaltungsmöglichkeiten entgegenkommen und darüber hinaus auch noch probates Mittel zur Bekämpfung von Arbeitslosigkeit darstellen, kritisieren vor allem Soziologinnen und Soziologen die mit atypischen Beschäftigungsverhältnissen einhergehende soziale Unsicherheit, ein Abdrängen immer weiterer Bevölkerungsteile in die Prekarität und die Gefahren für den Wohlfahrtsstaat.[67]

7. Auswirkungen

Eng verbunden mit Entgrenzung und Flexibilisierung von Arbeit ist die Frage nach den Auswirkungen derselben. Hinsichtlich der Flexibilisierung zeigen sich etwa De-

---

63. B. Keller & H. Seifert: Atypische Beschäftigungsverhältnisse (wie Anm. 12), S. 14.
64. B. Stadler: Daten zu atypischer Beschäftigung in Österreich, *Arbeiterkammer Wien, Statistische Nachrichten* 12/2005, S. 1093; Arbeitsgemeinschaft L & R Sozialforschung / abif / SORA: *Zufriedenheit, Einkommenssituation und Berufsperspektiven bei Neuen Erwerbsformen in Wien*, Wien 2005.
65. Diese These ist nicht unumstritten. Vgl. etwa G. Bosch: Konturen eines neuen Normalarbeitsverhältnisses, in: *WSI Mitteilungen*, Jg. 55 (2001), H. 4, S. 219–230.
66. W. Bremer & H. Seifert: *Wie prekär sind atypische Beschäftigungsverhältnisse? Eine empirische Analyse* (4. IWH-IAB Workshop zur Arbeitsmarktpolitik, WSI-Diskussionspapier Nr. 156), München 2007, unter: http://www.boeckler.de/pdf/p_wsi_diskp_156.pdf abgerufen am 10.1.2008.
67. P. Fleissner, K. Miko, I. Kaupa, B. Mosberger, E. Simbürger & K. Steiner: *Atypische Beschäftigung. Merkmale und Typen von Prekarität. Endbericht*, Wien 2002, unter: http://www.abif.at/deutsch/download/Files/AtypischeBeschaeftigung-Endbericht.pdf, abgerufen am 10.1.2008; M. Finke: Sozialstaat und atypische Beschäftigung, in: S. Rosenberger & E. Talos (Hg.): *Sozialstaat. Probleme, Herausforderungen, Perspektiven*, Wien 2003, S. 135–149.

standardisierungstendenzen, wie sie Alexandra Düntgen und Martin Dienwald bei ihrer Analyse der Auswirkungen von Flexibilisierung auf die erste Elternschaft feststellen, nämlich dass solche Beschäftigungsverhältnisse dazu führen, diese zu verzögern bzw. aufzuschieben.[68] Bei Untersuchungen zum Arbeitszeitmodell der Volkswagen-AG wiederum zeigte sich, dass in der Folge der Variation der Schichtmodelle das komplexe Zeitarrangement der Schichtarbeiterinnen und -arbeiter massiv unter Druck geraten ist, was missglückende private Koordination und einen Rückzug aus dem öffentlichen Leben in Vereinen und Kommunen zur Folge hatte.[69]

Kerstin Jürgens wiederum hat unter dem Übertitel der »Ökonomisierung von Zeit im flexiblen Kapitalismus« festgehalten, dass eine Entfremdung der Menschen von ihrem Zeit-Sinn zu konstatieren ist, die auf die Intensivierung, Extensivierung, Polarisierung, Prekarisierung, Isolierung, Flexibilisierung, Individualisierung und Internalisierung von Arbeitszeit zurückzuführen sei. Die Menschen werden dabei »der Fähigkeit beraubt, eine solche individuelle Zeitordnung zu entwickeln, mit der sie eine Grenze gegenüber externen Zugriffen aufrechterhalten können. An der Dimension der Zeit lässt sich insofern veranschaulichen, dass neue Arbeitsformen nicht nur aufgrund von Angeboten der Selbstverwirklichung und Autonomie von Beschäftigten befürwortet werden, sondern auch aufgrund von Entfremdungserfahrungen, die – explizit oder als Folgeerscheinung – mit der Umstellung auf entgrenzte Arbeit(szeit) verbunden ist.«[70]

Mit Axel Honneth kann man sagen, dass hier der »Umschlag des Ideals der Selbstverwirklichung in ein Zwangsverhältnis« vonstatten geht.[71] Lebensalltag und -führung werden schließlich vollständig von der Arbeit bestimmt und beginnen zu erodieren: die Bildung und Aufrechterhaltung von Sozialkontakten erschwert sich, persönliche Interessen und Ziele werden zurückgenommen, gesundheitliche Probleme physischer wie psychischer Natur stellen sich ein, die Zeit für die Familie fehlt an allen Ecken und Enden, wenn denn die Gründung einer solchen überhaupt noch in den »Plan« passt. »Soziale Verarmung und Vereinsamung sind die resultierenden, bislang

---

68. A. Düntgen & M. Dienwald: Auswirkungen der Flexibilisierung von Beschäftigung auf eine erste Elternschaft, in: M. Szydlik (Hg.): *Flexibilisierung* (wie Anm. 11), S. 213–231.
69. V. Hielscher & E. Hildebrandt: *Zeit für Lebensqualität. Auswirkungen verkürzter und flexibilisierter Arbeitszeit auf die Lebensführung*, Berlin 1999.
70. K. Jürgens: Die Ökonomisierung von Zeit im flexiblen Kapitalismus, in: *WSI-Mitteilungen*, Jg. 61 (2007), H. 4, S. 167–173, hier: S. 172.
71. A. Honneth: Organisierte Selbstverwirklichung. Paradoxien der Individualisierung, in: A. Honneth (Hg.): *Befreiung aus der Mündigkeit. Paradoxien des gegenwärtigen Kapitalismus*, Frankfurt/M. 2002, S. 141–158, hier: S. 156.

bagatellisierten Folgen einer ebenso nomaden- wie monadenhaften, an Mobilitätsforderungen ausgerichteten Lebensführung. berücksichtigt man zusätzlich die sich daran anschließenden Kosten für Gesundheit und Lebensqualität (z. B. emotionale Erschöpfung, Burnout und Depression), eröffnet sich die Fragwürdigkeit des (ökonomisch motivierten Wunschbildes) ›Homo flexibiliensis‹.«[72]

Die Entgrenzung und Flexibilisierung von Arbeit hat aber nicht nur für den einzelnen Beschäftigten mitunter negative Auswirkungen, sie untergräbt in ihrer massiven Durchsetzung zunehmend das Arbeitsrecht als solches und gefährdet damit auch von dieser Seite das Normalarbeitsverhältnis. So ist es denn kein Wunder, dass in den letzten Jahren verstärkt das Konzept der »Flexicurity« diskutiert wurde[73], des-

---

72. R. Wieland & J. Krajewski: Psychische Belastung und Qualifizierung in neuen Arbeitsformen: Zeitarbeit, in: *Wuppertaler Psychologische Berichte*, H. 1 (2002), S. 23. Ein vielleicht harmlos klingendes Beispiel von Flexibilisierung und ihren möglichen Auswirkungen sei hier noch genannt. Albert Vollmer hat aus arbeitspsychologischer Sicht das »Desk sharing« untersucht. Darunter versteht man, dass mehrere Personen sich eine bestimmte Anzahl von Arbeitsplätzen teilen und somit keiner von ihnen mehr über seinen »eigenen« verfügt. Dies ist natürlich erst einmal kostensparend und die Büroform sehr »flexibel«. Vollmer hat nun mehrere Formen von *desk sharing* untersucht, von denen einige durchaus positiv zu bewerten sind, und resümiert: »Die Regulation der Offenheit bzw. des sich Abgrenzens gegenüber anderen ist ein dialektischer Prozess und auch in herkömmlichen Arbeitsumgebungen bedeutungsvoll. Allerdings kommt eine neue Dimension hinzu, wenn man es immer wieder mit neuen Mitarbeitenden zu tun hat, wie dies beim Desk sharing der Fall ist. [...] Die Schwierigkeiten werden verstärkt, wenn hinzukommt, dass man die persönliche Sphäre nicht mehr ohne weiteres durch physische Barrieren schützen kann, wenn man keinen ›eigenen‹ Schreibtisch mehr hat. Das eigene Territorium ist ein Ort, mit dem sich Menschen, einzelne oder Gruppen, identifizieren, soziale Beziehungen innerhalb und zwischen verschiedenen Gruppen gestalten. werden durch Desk sharing territoriale Abgrenzungen aufgehoben, sind neue Formen gefragt, wie Identität zu entwickeln und soziale Beziehungen zu gestalten seien. Einen ›Platz‹ im Unternehmen einzunehmen, den man auch seinen Kindern zeigen kann, stiftet Identität und Zugehörigkeitsgefühle, dessen sich Desk sharer nicht mehr so sicher sind, wie Erfahrungsberichte zeigen.« A. Vollmer: Heimatlos und überall zu Hause? Desksharing aus arbeitspsychologischer Sicht, in: L. Rey (Hg.): *Mobile Arbeit in der Schweiz*, Zürich 2002, S. 69–75, hier: S. 71 f. Vgl. T. Schwab & A. Vollmer: Desksharing. Ein neues Element flexibler Büroorganisation, in: L. Rey (Hg.): *Mobile Arbeit in der Schweiz*, a. a. O., S. 55–68; S. Zinser (Hg.): *Flexible Arbeitswelten. Handlungsfelder, Erfahrungen und Praxisbeispiele aus dem Flexible-Office-Netzwerk*, Zürich 2004.

73. Es sei hier nur ein Bestimmungsvorschlag für »Flexicurity« genannt: »Als Merkmale für Flexicurity werden hier also vor allem gesehen: (1) eine gleichzeitige Förderung von Flexibilität auf dem Arbeitsmarkt, in der Arbeitsorganisation und den Arbeitsbeziehungen einerseits sowie Beschäftigungs- und soziale Sicherheit andererseits; (2) die Flexibilitäts- und Sicherheitsmaß-

sen sich dann auch die Europäische Union annahm, die es zu einem ihrer Schwerpunkte erhob.

Angesichts solcher und anderer Befunde hat Nick Kratzer auch die »Normalarbeit« als Anspruch auf ein »Normalleben« wieder betont. Dieses steht der totalen Verfügbarkeit und Verausgabung der Arbeitskraft entgegen und setzt damit der Entgrenzung selbst Grenzen. Normalarbeit ermöglicht gerade wegen ihrer Standardisierung und gewissen Inflexibilität ein Normalleben, was im Vergleich zur schönen neuen, individualisierten und subjektivierten Arbeitswelt auch seine Vorteile mit sich bringt. »*Traditionelle Normalarbeit* wird deshalb – in ganz bestimmten Aspekten – zu einer *positiven Referenzfolie*, weil in ihr *als Prinzip* die Differenz von ›Arbeitszeit‹ und ›freier Zeit‹ enthalten ist; weil sie bestimmt, oder besser: bestimmbar macht, wann etwas und was überhaupt Mehrarbeit ist, und daß diese *per definitionem* Kür und nicht Pflicht ist; weil sie dem Privatleben gleichsam ›eigenes Recht‹ und damit Planbarkeit gibt und für lebensweltliche Ansprüche und Bedürfnisse wenn schon vielleicht nie genügend, so doch wenigstens einigermaßen ausreichend Zeit einräumt[...]«[74] Ist so etwa die Arbeitszeitflexibilisierung noch vor wenigen Jahrzehnten als eine Forderung der Beschäftigten diskutiert worden, so hat sich jetzt in gewissem Maße der Anspruch umgekehrt.

Aber es ist auch nicht zu leugnen, dass bestimmte Formen entgrenzter und flexibilisierter Arbeit den Bedürfnissen bestimmter Bevölkerungsgruppen entgegenkommen. So resümiert auch die Studie über »Neue Erwerbsformen in Wien« bei der Zufriedenheit der Beschäftigten differenziert: »Hinsichtlich der Zufriedenheit mit der beruflichen Tätigkeit insgesamt fällt auf, dass Neue Selbstständige und EPUs [= Ein-Personen-Unternehmen] den höchsten Anteil an sehr bzw. ziemlich Zufriedenen zu verzeichnen haben. Wiener Erwerbstätige in Standard-Vollzeitbeschäftigungsverhältnissen erzielen zwar einen gleich hohen Wert (83 % sehr und ziemlich Zufriedener), der Anteil der sehr Zufriedenen jedoch ist bei den Vollzeitbeschäftigten niedriger. Am seltensten geben ZeitarbeiterInnen an, mit ihrer beruflichen Tätigkeit zufrieden zu sein. Auch mit ihrer beruflichen Perspektive sind Neue Selbstständige und EPUs

---

nahmen müssen aufeinander abgestimmt sein; (3) die Maßnahmen sollen auf die schwächeren Gruppen in und außerhalb des Arbeitsmarktes konzentriert sein.« U. Klammer u. a.: *Flexicurity. Soziale Sicherung und Flexibilisierung der Arbeits- und Lebensverhältnisse* (Forschungsprojekt im Auftrag des Ministeriums für Arbeit und Soziales, Qualifikation und Technologie des Landes Nordrhein-Westfalen), Düsseldorf 2001, S. 16. Vgl. M. Kronauer & G. Linne (Hg.): *Flexicurity. Die Suche nach Sicherheit in der Flexibilität*, Berlin 2005.

74. N. Kratzer: *Arbeitskraft in Entgrenzung* (wie Anm. 10), S. 217.

am zufriedensten verglichen mit anderen in Neuen Erwerbsformen Beschäftigten. Nur ein Drittel der geringfügig Beschäftigten gibt an, damit zufrieden zu sein.«[75]

8. Prekarisierung

Ohne nun all die bisher diskutierten neuen Arbeitsformen und -verhältnisse pauschal be- oder gar verurteilen zu wollen, kann doch gesagt werden, dass sie als Folge der Deregulierung der Arbeitsmärkte oft verbunden sind mit einem Abbau der Rechtssicherheiten und Durchsetzung von Rechtsunsicherheit z. B. durch fehlende Mitgliedschaften in Arbeitgeber/Arbeitnehmerverbänden, kurzzeitige Einstellungen, Unternehmerwillkür bei Entlassungen und Verfügung über den Einsatz der Arbeitskraft hinsichtlich des Arbeitsortes, der Art der Arbeit und der Arbeitszeiten. Ulrich Beck hat dies als »Brasilianisierung« beschrieben: »Es ist der Einbruch des Prekären, Diskontinuierlichen, Flockigen, Informellen in die westlichen Bastionen der Vollbeschäftigungsgesellschaft. Damit breitet sich im Zentrum des Westens der sozialstrukturelle Flickenteppich aus, will sagen: die Vielfalt, Unübersichtlichkeit und Unsicherheit von Arbeits-, Biographie- und Lebensformen des Südens.«[76]

Dafür eingebürgert hat sich der Begriff der Prekarität oder auch der Flexploitation, und nicht wenige, die in diesen neuen atypischen Arbeitsformen arbeiten müssen, fallen dann auch in die Gruppe der so genannten Working Poor oder leben in ständiger Unsicherheit, irgendwann einmal doch in die Armutsfalle zu tappen. »Die Prekarität ist Teil einer neuartigen Herrschaftsform, die auf der Errichtung einer zum allgemeinen Dauerzustand gewordenen Unsicherheit fußt und das Ziel hat, die

---

75. Arbeitsgemeinschaft L&R Sozialforschung/abif/SORA: *Zufriedenheit* (wie Anm. 64), S. 200f.
76. U. Beck, Modell Bürgerarbeit, in: U. Beck: *Schöne neue Arbeitswelt* (wie Anm. 5), S. 7–198, hier: S. 7. Man könnte dies mit John Gray auch schlicht als Proletarisierung der Mittelschichten beschreiben, wie er es für die amerikanische Gesellschaft getan hat: »Nun wird auch die Mittelschicht mit dem Zustand der wirtschaftlichen Unsicherheit konfrontiert, gegen die es kein Mittel gibt – die aussichtslose Situation, unter der das Proletariat des 19. Jahrhunderts zu leiden hatte. Das heißt nicht, dass die Einkommen der amerikanischen Mittelschicht nicht immer noch viel höher liegen als die von Arbeitern, selbst wenn sie in den letzten zwanzig Jahren nicht mehr gestiegen sind. Doch die Abhängigkeit von immer unsichereren Arbeitsplätzen wächst, und damit gleicht die Mittelschicht immer mehr und mehr dem klassischen Proletariat des 19. Jahrhunderts. Ihre Angehörigen haben ähnliche wirtschaftliche Schwierigkeiten wie die Arbeiter, die weder bei sozialen Institutionen noch bei Gewerkschaften Schutz und Hilfe finden.« J. Gray: *Die falsche Verheißung. Der globale Kapitalismus und seine Folgen*, Berlin 1999, S. 155.

Arbeitnehmer zur Unterwerfung, zur Hinnahme ihrer Ausbeutung zu zwingen. Zur Kennzeichnung dieser Herrschaftsform, die, obschon sie in ihren Auswirkungen stark dem wilden Kapitalismus aus den Frühzeiten der Industrialisierung ähnelt, absolut beispiellos ist, hat jemand das treffende und aussagekräftige Konzept der Flexploitation vorgeschlagen. Dieser Begriff veranschaulicht sehr treffend den zweckrationalen Gebrauch, der von Unsicherheit gemacht wird. Indem man, besonders über eine Konzertierte Manipulation der Produktionsräume, die Konkurrenz zwischen den Arbeitnehmern in den Ländern mit den bedeutendsten sozialen Errungenschaften und der bestorganisierten gewerkschaftlichen Widerstandskraft – lauter an ein Staatsgebiet und eine nationale Geschichte gebundene Errungenschaften – und den Arbeitnehmern in den, was soziale Standards anbelangt, am wenigsten entwickelten Ländern anheizt, gelingt es dieser Unsicherheit, unter dem Deckmantel vermeintlich naturgegebener Mechanismen, die sich schon dadurch selbst rechtfertigen, die Widerstände zu brechen und Gehorsam und Unterwerfung durchzusetzen.«[77]

Was sich insgesamt zeigt, ist, dass Entgrenzung und Flexibilisierung von Arbeit zu Lebensbedingungen und -formen führen, die sich immer weiter von dem entfernen, was ehemals mit Arbeit verbunden wurde: der sichere und abgesicherte Hafen, die so genannte Normalbiographie ohne Armut, in der ein mehr oder weniger selbstbestimmtes Leben möglich war. Robert Castel hat hierfür in seiner historischen Analyse des gestiegenen Identitätswertes von Arbeit drei (Des-)Integrationspotenziale von Erwerbstätigkeit ausgemacht.[78] In der »Zone der Integration« sind fest Angestellte, *freelancer* mit hohem Freiheitsdrang, aber auch unsichere und gefährdete Gruppen wie junge oder ältere Arbeitnehmer in Fortbildung versammelt. Die zweite »Zone der Prekarität« umfasst Menschen, die hoffen, in die erste Zone aufzuschließen, aber auch Menschen, die zwischen Leiharbeit und Arbeitslosigkeit pendeln oder nur zum Familieneinkommen dazu verdienen. Die dritte »Zone der Entkoppelten« umfasst veränderungswillige Arbeitslose, aber auch langzeitarbeitslose, perspektivenlose Jugendliche, die im informellen Sektor Gelegenheitsjobs nachgehen. Erweitert man nun die (Des-)Integrationspotenziale von Erwerbstätigkeit um die Dimension der sozialen Netzwerke, so gelangt man zu einem umfassenden Zonenmodell.[79]

---

77. P. Bourdieu: Prekarität ist überall. Vortrag während der »Recontres européennes contre la précarité«, Grenoble, 12.–13. Dezember 1997. Aus dem Französischen übertragen von Andreas Pfeuffer, unter: http://www.prekarisierung.de/tolleseite/TEXTE/prekarbourdieu.htm, abgerufen am 10.1.2008.
78. R. Castel, *Die Metamorphosen der sozialen Frage. Eine Chronik der Lohnarbeit*, Konstanz 2000.
79. R. Castel, *Die Metamorphosen der sozialen Frage* (wie Anm. 78), S. 360 f.

Die Kriterien, mit denen Prekarität erfasst werden kann, wurden nun in einigen Studien erarbeitet und sie zeigen alle, dass vor allem atypische Beschäftigungsverhältnisse prekär oder von Prekarität gefährdet sind. »Die bivariate Analyse mit Daten des sozio-ökonomischen Panels hat gezeigt, dass unter Beschäftigten mit atypischen Arbeitsverhältnissen Niedrigeinkommen, fehlende Weiterbildungsteilnahme und Beschäftigungsinstabilität häufiger anzutreffen sind als bei Beschäftigten mit NAV [= Normalarbeitsverhältnis]. Dieses Bild zeigt sich durchgehend für den gesamten Beobachtungszeitraum 1989–2005. Die ökonometrische Analyse bestätigt die bei atypischer Beschäftigung im Vergleich zum NAV größeren Prekaritätsrisiken.«[80] Doch lassen sich auch erhebliche Differenzen in den verschiedenen Konzepten von Prekarität feststellen. So verzichten etwa Berndt Keller und Hartmut Seifert in ihrer Analyse auf eine »lebensweltliche Bezüge, sinnstiftende Elemente und statusrelevante Aspekte oder Fragen der Arbeitsbedingungen und -kontrolle integrierende Definition«, da diese schwerer empirisch zu überprüfen ist.[81]

Dahingehend ist auch der Begriff der Prekarität ein historisch-relativer, als auch er, wie jener der Entgrenzung von Arbeit, vornehmlich am Normalarbeitverhältnis bzw. der Normalbiographie orientiert ist. Prekär ist, was in diesem Sinne nicht »normal« ist. Doch genügt man den Begriff der Prekarität, wie auch jenem der Entgrenzung von Arbeit, nicht, wenn man nur auf solche strukturellen Kriterien eingeht, ohne die subjektiven Einstellungen und Empfindungen wie auch Verarbeitung dieser »neuen« Beschäftigungsformen mit einzubeziehen.

In einem weiteren Sinne und explizit nicht nur auf die arbeitsrechtlichen Rahmenbedingungen reflektierend, wurde Prekarität von Ulrich Brinkmann u. a. in fünf Dimensionen unterteilt:[82]

(1) die *reproduktiv-materielle Dimension*: Prekär ist Erwerbsarbeit, wenn eine Tätigkeit, deren Vergütung die Haupteinnahmequelle darstellt, nicht existenzsichernd

---

80. W. Bremer & H. Seifert: *Wie prekär sind atypische Beschäftigungsverhältnisse?* (wie Anm. 66), S. 28.
81. B. Keller & H. Seifert: Atypische Beschäftigungsverhältnisse (wie Anm. 12), S. 20.
82. U. Brinkmann, K. Dörre & S. Röbenback gem. mit K. Kraemer & F. Speidel: *Prekäre Arbeit. Ursachen, Ausmaß, soziale Folgen und subjektive Verarbeitungsformen unsicherer Beschäftigungsverhältnisse*, Bonn 2006, S. 18, unter http://library.fes.de/pdf-files/asfo/03514.pdf, abgerufen am 10.1.2008; Vgl. K. Dörre, K. Kraemer & F. Speidel: Prekäre Arbeit. Ursachen, soziale Auswirkungen und subjektive Verarbeitungsformen unsicherer beschäftigungsformen, in: *Das Argument*, H. 256 (2004), S. 378–397; T. Fuchs: *Arbeit & Prekariat. Ausmaß und Problemlagen atypischer Beschäftigungsverhältnisse. Abschlussbericht* (Forschungsprojekt der Hans-Böcklerstiftung), Düsseldorf 2006, unter: http://www.boeckler.de/pdf_fof/S-2005-722-3-2.pdf, abgerufen am 10.1.2008.

ist und/oder wenn eine Arbeit, die ein Beschäftigter leistet, nicht so vergütet wird, dass das Einkommen dem oder der Arbeitenden ermöglicht, ein gesellschaftlich anerkanntes kulturelles Minimum nach oben zu überschreiten.

(2) die *sozial-kommunikative Dimension*: Erwerbsarbeit ist prekär, wenn die Beschäftigungsform eine gleichberechtigte Integration in soziale Netze ausschließt, die sich am Arbeitsort und über die Arbeitstätigkeit herausbilden. Man kann dieses Kriterium auch auf soziale Netze außerhalb der Arbeitswelt ausweiten. Etwa, wenn die Ausübung einer Tätigkeit den Arbeitenden soziale Verkehrskreise verschließt; oder umgekehrt, wenn die Belastungen und Restriktionen einer Tätigkeit durch Zugehörigkeit zu engmaschigen sozialen Netzen, durch Familie und Verwandtschaft ausgeglichen werden müssen.

(3) die *rechtlich-institutionelle oder Partizipationsdimension*: Damit ist gemeint, dass eine Arbeitstätigkeit die Arbeitenden tendenziell vom vollen Genuss institutionell verankerter sozialer Rechte und Partizipationschancen ausschließt. Tarifliche Rechte, Mitbestimmungsmöglichkeiten, Betriebsvereinbarungen und soziale Schutz- und Sicherungsrechte wie Kündigungsschutz, Rentenversicherung etc. gelten im vollen Umfang in der Regel nur für unbefristete Vollzeitbeschäftigte.

(4) die *Status- und Anerkennungsdimension*: Prekär ist Arbeit auch, sofern sie den Arbeitenden eine anerkannte gesellschaftliche Positionierung vorenthält und mit sozialer Missachtung verbunden ist. Die Anerkennungsproblematik lässt sich allerdings nicht auf die Statusdimension reduzieren. Es handelt sich um eine Sphäre symbolischer Konflikte, die auf vielfältige Weise mit materiellen Interessenskämpfen verflochten ist.

(5) die *arbeitsinhaltliche Dimension*: Von prekärer Beschäftigung kann auch gesprochen werden, wenn die Berufstätigkeit von dauerhaftem Sinnverlust begleitet ist oder wenn sie im Gegenteil zu einer krankhaften Überidentifikation mit Arbeit führt. Moderne Pathologien der Arbeitswelt wie Arbeitswut, Burn-out-Syndrome, Entspannungsunfähigkeit und der Verlust des Privatlebens bezeichnen mögliche Ursachen von Prekarität. Auch dies soll dabei nicht als »eine umfassende oder gar erschöpfende Definition« verstanden werden, sondern vielmehr nur als eine Annäherung.

Eine Typologie atypisch Beschäftigter haben nun Peter Fleissner u. a. erarbeitet, die sich daran orientiert, ob ein Beschäftigungsverhältnis als prekär oder nicht prekär einzustufen ist.[83] Als die zentralen Kriterien von Prekarität wurden dabei anhand einer Literaturstudie festgelegt: (1) geringes Einkommen, (2) mangelnde soziale Absiche-

---

83. P. Fleissner, K. Miko, I. Kaupa, B. Mosberger, E. Simbürger & K. Steiner: *Atypische Beschäftigung* (wie Anm. 67), S. 53–59.

rung, (3) geringe Karrierechance, (4) mangelnde betriebliche Integration und Mitbestimmung und (5) psychische Belastungen. So gelangen die Autorinnen und Autoren schließlich zu vier Idealtypen atypisch Beschäftigter, von denen drei als prekär einzustufen sind:

Typ A: Flexibilisierungsverlierer – unfreiwillig prekär ohne Perspektive auf Veränderung
Einkommensniveau, soziale Absicherung und Beschäftigungsstabilität sind bei diesem Typ gering ausgeprägt. Die Beschäftigung dient nur dem Zweck der Existenzsicherung und ist nicht erfüllend, kann aber auch nicht gewechselt werden.

Typ B: Übergangsorientierte – unfreiwillig prekär mit Perspektive auf Veränderung
Diese Beschäftigten unterscheiden sich von Typ A durch eine Perspektive der Veränderung. Die atypisch/prekäre Beschäftigung wird als Einstiegsmöglichkeit gesehen, die es aber auch rasch wieder zu verlassen gilt, ansonsten droht auch der »Abstieg« zu Typ A.

Typ C: Nicht-Karriereorientiert – (un)freiwillig prekär zugunsten anderer Zielsetzung
Auch hier herrschen die Kriterien des geringen Einkommens, der mangelnden sozialen Absicherung und der geringen Beschäftigungsstabilität vor, aber es könnten auch andere Beschäftigungsformen gewählt werden. Die Gründe, trotzdem in einem atypisch/prekären Beschäftigungsverhältnis zu bleiben, sind unterschiedlich: Familienorientierung, erfüllende Arbeit oder auch gutes Arbeitsklima.

Typ D: Flexibilisierungsgewinner – freiwillig und nicht prekär
Hier finden sich vor allem hochqualifizierte Personen mit hohem »Marktwert«. Die atypische Beschäftigung wird sowohl freiwillig wahrgenommen, ihre Flexibilität und Mobilität geschätzt, als sie auch durchwegs ausreichend, ja überdurchschnittlich entlohnt wird und damit Diskontinuitäten der Beschäftigung ausgeglichen werden können.

Eine genaue Zuordnung von bestimmten atypischen Beschäftigungsverhältnissen zu diesen Typen ist nun nicht möglich, da in Abhängigkeit der persönlichen Lebensumstände verschiedenste Erwerbsformen prekär sein können. »Ob jemand prekär beschäftigt ist, lässt sich nur unter Berücksichtigung struktureller und sozioöko-

mischer Merkmale wie Alter, Bildung, Geschlecht oder ethnische Herkunft sowie unter Abschätzung der beruflichen Zukunftsperspektiven beurteilen.«[84]
Gleich dem Begriff der Exklusion birgt jener der Prekarisierung bzw. der Prekarität die Gefahr der Unschärfe in sich, die sie zu Allzweckworten machen.[85] Prekär, seien es nun Arbeits- oder Lebensverhältnisse, deutet doch daraufhin, dass es noch etwas zu verlieren gibt, man noch nicht am unteren Ende, am Rand der Gesellschaft angekommen ist. Doch was genau hier in Gefahr steht, verloren zu gehen, lässt sich nicht abschließend festlegen. Es ist diese Relativität von Prekarität, die sie schwer zu fassen lässt. Berthold Vogel hat daher zu Recht daraufhin gewiesen, dass »die Prekarität des Wohlstands Wohlstand voraus [setzt], und das Gefühl der Verwundbarkeit kennen nur diejenigen, denen soziale Sicherheit und Stabilität nicht fremd ist.«[86]

---

84. P. Fleissner, K. Miko, I. Kaupa, B. Mosberger, E. Simbürger & K. Steiner: *Atypische Beschäftigung* (wie Anm. 67), S. 60.
85. Robert Castel spricht in Bezug auf den Begriff der Exklusion davon, dass man mit ihm »verfährt wie die alte negative Theologie, die sich darin erschöpft hat zu sagen, was Gott nicht ist [...] Durch die permanente Wiederholung der Litanei des Mangels verdunkelt man die Notwendigkeit, positiv zu analysieren, worin der Mangel besteht.« R. Castel: Die Fallstricke des Exklusionsbegriffs, in: H. Bude & A. Willisch (Hg.): *Exklusion. Die Debatte über die »Überflüssigen«*, Frankfurt/M. 2008, S. 69–86, hier: S. 71. Vgl. auch die sehr aufschlussreichen Überlegungen von Heinz Steinert zum Begriff der »Überflüssigen«: »Wir suchen nach einer neuen, originellen Bezeichnung für diese soziale Position, die gesellschaftlich geläufige Thematisierungen vermeidet. Wir reden also nicht von Armut, auch Arbeitslosigkeit oder selbst Dauerarbeitslosigkeit ist uns zu banal, die gute alte Reservearmee kommt aus mehreren Gründen nicht in Frage, auch die angelsächsischen und französischen Begriffe von Underclass und Exklusion vermeiden wir, weil schon abgenützt. Mit dem allein ist keine Aufmerksamkeit mehr zu bekommen. Wir brauchen aber eine Bezeichnung, die neu ist und also ein neues Phänomen signalisiert, und ein wenig Tabubruch wäre auch nicht schlecht. ›Überflüssigkeit‹ wäre kein ganz ungeeigneter Kandidat.« H. Steinert: Die Diagnosik der Überflüssigen, in: H. Bude & A. Willisch (Hg.): *Exklusion*, a. a. O., S. 110–120, hier: S. 113 f.
86. B. Vogel: Soziale Verwundbarkeit und prekärer Wohlstand. Für ein verändertes Vokabular sozialer Ungleichheit, in: H. Bude & A. Willisch (Hg.): *Das Problem der Exklusion. Ausgegrenzte, Entbehrliche, Überflüssige*, Hamburg 2006, S. 342–355, hier: S. 346. Vgl. »Hier geht es ans Eingemachte. Die Abhängigkeit von Transferleistungen ist jetzt nicht mehr allein das Schicksal einer chronisch alimentierten Randgruppe, die man früher ganz selbstverständlich durchgefüttert hat. Die selbe Abhängigkeit kann jetzt auch jene treffen, die es gewohnt sind, aus eigener Kraft etwas auf die Beine zu stellen. So kommt zusammen, was nicht zusammen gehört: Diejenigen, die bessere Zeiten gesehen haben, und diejenigen, die gar nicht wissen, was das ist. Angehörige der sogenannten neuen Mitte werden an den Rand der Gesellschaft gedrängt, Armut kann jetzt auch jene treffen, die das Projekt des schönen Lebens für sich schon verwirklicht hatten und sich

9. Ursachen

Der hier vorgetragene Wandel von Arbeit, ihre Entgrenzung, Subjektivierung und Flexibilisierung hat nun verschiedenste Ursachen. Einmal ist er eingebettet in die Verschiebungen der globalen Ökonomie, die eine optimale Ausnutzung von Arbeitskraft und Organisation von Arbeit verlangen, um den gesteigerten Ansprüchen der Kunden und des Marktes gerecht zu werden. Die so genannte Globalisierung soll hier mit Hans-Peter Blossfeld u. a. als das Zusammenwirken vier makrostruktureller Entwicklungen begriffen werden: [87]

(1) Internationalisierung der Märkte
(2) Verschärfung des Standortwettbewerbs zwischen den Sozialstaaten
(3) Weltweite Vernetzung dank neuer Informations- und Kommunikationstechnologien
(4) Bedeutungszuwachs von weltweit vernetzten Märkten und die dadurch entstehende Volatilität und Unvorhersehbarkeit

Die Auswirkungen dieser vier Entwicklungen werden von den Autorinnen und Autoren nun zu Recht zwiespältig gesehen.[88] Weiters wird durch technologische Entwicklungen, besonders im Bereich der Informatisierung, und dem Entstehen der so genannten wissensbasierten Ökonomie der Trend zur Entgrenzung, Subjektivierung und Flexibilisierung von Arbeit beschleunigt, weshalb er auch idealtypisch in der so

---

mit den Freiheiten ganz gut auskennen.« G. Schulze: *Die Erlebnisgesellschaft. Kultursoziologie der Gegenwart*, Frankfurt/M.–New York 2005, S. IV.

87. H.-P. Blossfeld, D. Hofäcker, H. Hofmeister & K. Kurz: Globalisierung, Flexibilisierung und der Wandel von Lebensläufen in modernen Gesellschaften, in: M. Szydlik (Hg.): *Flexibilisierung* (wie Anm. 11), S. 23–46, hier: S. 25.

88. »In den vergangenen Jahren hat die Globalisierung damit auf der einen Seite zu Produktivitätszuwächsen und zu einer allgemeinen Verbesserung des Lebensstandards in modernen Gesellschaften geführt. Auf der anderen Seite ist Globalisierung in diesen Ländern auch verbunden mit einer Zunahme unerwarteter Marktentwicklungen in einer sich immer schneller verändernden Weltwirtschaft, mit rapideren sozialen und ökonomischen Wandlungsprozessen, mit einer immer stärkeren abnehmenden Vorhersagbarkeit von ökonomischen und sozialen Entwicklungen und damit einhergehend mit einem wachsenden Bedürfnis auf der Seite der Arbeitgeber und Betriebe, die Arbeitsmarktflexibilität zu erhöhen.« H.-P. Blossfeld, D. Hofäcker, H. Hofmeister & K. Kurz: Globalisierung (wie Anm. 87), S. 25.

genannten New Economy, etwa im IT-Bereich, beobachtet werden kann.[89] Auch der Ausbau der Dienstleistungsarbeit, die Tertiarisierung, ist ein oft genannter Grund, da das hier für weite Teile geltende uno-actu-Prinzip zu einer Heterogenisierung der Beschäftigungsverhältnisse führt.[90] Entgrenzung von Arbeit ist somit einmal, wie bereits gesagt, primär als betriebliche Rationalisierungs- und Reorganisierungsstrategie zu verstehen, die dem Druck des Marktes und der Profitlogik entspringt und dabei in die gesellschaftlich-politisch-rechtlichen Rahmenbedingungen, die ausgenutzt werden können, eingebunden ist.

Dies führt zu einer weiteren Ursache, die in der Politik der Deregulierung, der Erosion des Wolhfahrtsstaates (auch angetrieben durch Schrumpfung und Überalterung der Bevölkerung) und der Schwächung der Gewerkschaften gesehen werden kann. Hierin können auch die zwei »Großen Erzählungen« des Neoliberalismus erblickt werden, die hauptsächlich zur Rechtfertigung des Abbaus und der Transformation des Sozialstaates herangezogen werden.[91] So wird in der Flexibilisierung von Arbeit bzw. ihren Rahmenbedingungen noch immer von manchen ein Allheilmittel gegen Arbeitslosigkeit gesehen, auch wenn dies längst nicht ausgemacht ist. Die allgegenwärtig (medial) verbreitete Angst vor dem Arbeitsplatzverlust kann aber sicher helfen, die Mitarbeiterinnen und Mitarbeiter sowie die Betriebsräte dazu zu motivieren, die Entgrenzung von Arbeit mitzutragen oder sogar einzufordern.[92] Da mit der

---

89. Vgl. etwa: H. Eichmann: Zwischen Selbstverwirklichung und Selbstausbeutung (wie Anm. 48); H. Eichmann: *Arbeiten in der New Economy* (wie Anm. 48); A. Boes & A. Braukowitz: *Arbeitsbeziehungen in der IT-Industrie. Erosion oder Innovation der Mitbestimmung*, Berlin 2002.

90. M. Baethge und I. Wilkens: *Die große Hoffnung für das 21. Jahrhundert. Perspektiven und Strategien für die Entwicklung der Dienstleistungsbeschäftigung*, Opladen 2001; J.I. Gershuny: *Die Ökonomie der nachindustriellen Gesellschaft. Produktion und Verbrauch von Dienstleistungen*, Frankfurt/M.–New York 1981.

91. »Während die Globalisierung im Rahmen der ›Standortkonkurrenz‹ jede Reformmaßnahme legitimiert, die Menschen stärker als bisher Rentabilitätskalkülen und dem Diktat betriebswirtschaftlicher Effizienzsteigerung unterwirft, erzwingt der demographische Wandel scheinbar wie ein Naturgesetz, dass die Bürger/innen in Zukunft kürzer treten, ›den Gürtel enger schnallen‹ und größere Opfer bringen.« Ch. Butterwege: Rechtfertigung, Maßnahmen und Folgen einer neoliberalen (Sozial-)Politik, in: Ch. Butterwege, B. Lösch & R. Ptak: *Kritik des Neoliberalismus*, Wiesbaden 2007, S. 135–219, hier: S. 143.

92. »Erwerbsarbeit um jeden Preis. Um den Preis von Niedriglöhnen etwa, von herabgesetzter Arbeitsplatzsicherheit und mangelhafter sozialer Absicherung, vor allem im Alter. [...] Das Ausgrenzungsproblem wird hier instrumentalisiert, um die sozialen Rechte innerhalb des Erwerbssystems aufzubrechen.« M. Kronauer: *Exklusion. Die Gefährdung des Sozialen im hoch entwickelten Kapitalismus*, Frankfurt/M.–New York 2003, S. 232 f.

Entgrenzung von Arbeit gerade Ressourcen und Potenziale in Anspruch genommen werden, die »normalerweise« außerhalb des Zugriffes durch den Betrieb stehen, ist eine »Zustimmung« der Beschäftigten von Nöten, die unter anderen Rahmenbedingungen vielleicht nicht so leicht zu finden wäre. Soll entgrenzte Arbeit gerade Selbstkontrolle, Selbstrationalisierung und Selbstökonomisierung fördern und hervorbringen, ist eine aktive Beteiligung der Beschäftigten Vorraussetzung des Gelingens von Entgrenzung.[93]

Doch wo sind die Schuldigen? Sind sie überhaupt benennbar oder ist es einfach das Große und Ganze, der geradezu »naturwüchsige« Wandel der Gesellschaft, der neue Zeitgeist, der solches hervorbringt. Die Unternehmen stehen unter Druck, die Beschäftigten stehen unter Druck, gleichfalls die Politikerinnen und Politiker, der (Sozial-)Staat und die Gesellschaft als solche. Hierauf Antworten zu geben, fällt ungleich schwieriger, gerade nachdem die kritische politische Ökonomie ausgedient hat, die Kritik als solche zur bloßen Beschreibung von Mängeln degradiert wird. Man kann wohl mehr oder weniger gut beschreiben, ja überprüfen, *was* falsch läuft, *wen* es trifft, vielleicht sogar, *wohin* es führen wird, aber umso weniger, *wer* dafür an den Pranger zu stellen ist.

Christoph Henning hat aus anderer Perspektive ebenfalls eine recht düstere Bilanz der Entwicklung der Sozialphilosophie der letzten hundert Jahre gezogen, indem er auf eine sich klar abzeichnende Tendenz hingewiesen hat, nämlich dass sich die Sozialphilosophie immer mehr dem Wandel von Normen und Werten zugewendet und in ihnen das Entscheidende gesehen hat. »Die zuweilen recht kruden materiellen Fakten: Leiden, Krankheit und Tod, Hunger, Ausgrenzung und Unterdrückung, rufen weit eher zu einer normativen Betrachtung auf, als die im ganzen doch recht erfreulichen bestehenden Normen. Diese unerfreulichen Fakten ›sollen‹ nicht sein. Es gibt niemandem, der dem abstrakt nicht zustimmen würde – dazu bedarf es keiner weit ausholenden ›philosophischen‹ Begründung. Vielmehr bedürfte es Unter-

---

93. Schon 1984 haben Johannes Berger und Claus Offe festgehalten: »Der Arbeiter muß auch arbeiten wollen; das Grundproblem jeder betrieblichen Organisation der Arbeit besteht demgemäß darin, den Arbeiter als Subjekt der Arbeitskraft zu dieser Mitwirkung zu veranlassen.« J. Berger & C. Offe: Die Zukunft des Arbeitsmarktes. Zur Ergänzungsbedürftigkeit eines versagenden Allokationsprinzips, in: C. Offe (Hg.): »*Arbeitsgesellschaft*«. *Strukturprobleme und Zukunftsperspektiven*, Frankfurt/M. 1984, S. 87–118, hier: S. 92. Man könnte im Anschluss daran auch an Karl Marx erinnern: »In der gesellschaftlichen Produktion ihres Lebens gehen die Menschen bestimmte, notwendige, von ihrem Willen unabhängige Verhältnisse ein, Produktionsverhältnisse, die einer bestimmten Entwicklungsstufe ihrer materiellen Produktivkräfte entsprechen.« K. Marx & F. Engels, *Werke*, Bd. 13, Berlin 1964, S. 8.

suchungen darüber, warum trotz so zahlreich vorhandener Ressourcen und so viel guten Willens Besserungen nicht in Sicht sind.«[94]

Und für die Soziologie und in Hinblick auf die Debatte über die Überflüssigen[95] stellt Heinz Steinert fest: »Die Frage danach, wer da warum welche dieser Eigenschaften und Merkmale überflüssig macht, verschwindet in der Bezeichnung. Sie sind überflüssig für das Große und Ganze, also aus der Perspektive der Gesamtvernunft, um nicht zu sagen, aus der Gottes. Als Soziologen sagen wir natürlich, dass das in einer besonderen Situation akut wird, in der eines Umbruchs, wie wir ihn gerade erleben, aber dieser selbst bleibt unbefragt: Er findet einfach statt, als gesellschaftliche Entwicklung, ohne Akteure. Die ›Wissensgesellschaft‹ setzt sich durch, sie wird nicht betrieben.«[96] Da dem nicht so ist, seien zumindest zwei zitiert, die »etwas bewegen« konnten, Gerhard Schröder und Tony Blair: »Ein Sozialversicherungssystem, das die Fähigkeit, Arbeit zu finden, behindert, muß reformiert werden. Moderne Sozialdemokraten wollen das Sicherheitsnetz aus Ansprüchen in ein Sprungbrett in die Eigenverantwortung umwandeln.«[97]

10. Schluss

»Auf den für den Erlebniskonsum zurechtgemachten innerstädtischen Bahnhöfen beispielsweise lässt sich beobachten, wie Menschen, die selber von Überflüssigkeit bedroht sind, andere, die nur schon etwas tiefer gefallen sind, mit harter Rücksichtslosigkeit

---

94. Ch. Henning: *Philosophie nach Marx. 100 Jahre Marxrezeption und die normative Sozialphilosophie der Gegenwart in der Kritik*, Bielefeld 2005, S. 482; siehe auch dort S. 431: »Natürlich sind diese Tatsachen [Ausbeutung, Leid, Hunger usw.] nach dem natürlichen Empfinden etwas Ungerechtes. Nur ist es, jenseits der Freude am derben Ausdruck, den Marx mit Luther teilt, recht nutzlos, sie so zu nennen, wenn die jeweilige ›Idee der Gerechtigkeit‹ diese Zustände gerade nicht transzendiert (wie Autoren, die sie in einer anderen ›Logik‹ fundieren wollen, annehmen), sondern ihnen allererst entspringt – wie Historiker meist konzedieren. Die ›Idee der Gerechtigkeit‹ gegen diese ökonomische Wirklichkeit aufzubieten, hieße nur, diese Wirklichkeit ideell zu verdoppeln. man kann Missstände ungerecht nennen, nur ist das noch keine Kritik. Dies hilft weder in der Gesellschaftstheorie weiter noch in der Politik – denn das kann jede Seite sagen. Vielmehr haben diese Verhältnisse die bürgerliche Moral auf ihrer Seite.«
95. H. Bude & A. Willisch (Hg.): *Exklusion. Die Debatte über die »Überflüssigen«* (wie Anm. 85).
96. H. Steinert: Die Diagnostik der Überflüssigen (wie Anm. 85), S. 115.
97. G. Schröder & T. Blair: Der Weg nach vorne für Europas Sozialdemokraten. Ein Vorschlag, in: H.-J. Arlt & S. Nehls (Hg.): *Bündnis für Arbeit. Konstruktion – Kritik – Karriere*, Opladen–Wiesbaden 1999, S. 288–300, hier: S. 297.

aus den Räumen halten, in denen es sich die Besserverdienenden gut gehen lassen.«[98] Diese zwar düstere wie auch nicht weltfremde Diagnose von Helmut Bude und Andres Willisch lässt erahnen wohin die Reise von Entgrenzung, Flexibilisierung und Prekarisierung von Arbeit gehen *kann*. Doch sind die Aussichten, seine Arbeitskraft gar nicht zu verkaufen, um nichts besser.[99] So treiben die existenziellen Sorgen, die Verpflichtungen der Familie, den eigenen Kindern und dem Partner gegenüber, aber vielleicht auch nur das Bedrüfnis und der Druck, sich in der Erlebnisgesellschaft[100] durchschlagen zu müssen, immer mehr haben zu wollen und die Trends und *must haves* des eigenen Milieus nicht zu versäumen, den Ausverkauf der Arbeitskraft und des eigenen Selbst an. Die, die eine Arbeit haben, entwickeln Ängste, sie zu verlieren, halten um (fast) jeden Preis an ihr fest und blicken argwöhnisch auf die anderen, die ihnen sowohl potenziell ihre Stelle streitig machen und, solange ihnen dies nicht gelingt, ihrem Leben von den Abgaben und Steuern der Arbeitenden frönen.

So heißt es für die einen immer mehr arbeiten, ihr Leben der Arbeit nicht nur zu unterwerfen, sondern es zur Arbeit zu machen, für die anderen, die keine Arbeit finden, deren Tun nicht bezahlt wird, sich anzubieten oder resigniert zurückzuziehen. «Wer von der Grenzenlosigkeit der Erlebnismöglichkeiten ausgeschlossen bleibt, macht sich unsichtbar. Arbeitslose, Sozialhilfeempfänger, verwitwete ältere Frauen

---

98. H. Bude & A. Willisch: Die Debatte über die »Überflüssigen«. Einleitung, in: H. Bude & A. Willisch (Hg.): *Exklusion. Die Debatte über die »Überflüssigen«* (wie Anm. 85), S. 9–29, hier: S. 23.
99. »Man bleibt lieber ein entfremdeter Arbeiter als entfremdet und arbeitslos.« Ch. Hann: Echte Bauern, Stachanowiten und die Lilien auf dem Felde (wie Anm. 13), S. 51. Und dies auch nicht ohne Grund: »Empirische Untersuchungen belegen, daß insbesondere bei Dauerarbeitslosen psychische Beschwerden wie Ängstlichkeit, Depressivität und fehlendes Selbstvertrauen verstärkt auftreten. Auch psychosomatische Erkrankungen, Drogenkonsum und Suizidversuche sind deutlich häufiger zu beobachten als bei Erwerbstätigen.« St. Schlothfeldt: Ein Recht auf Beteiligung an der Erwerbsarbeit, in: W. Kersting (Hg.): *Politische Philosophie des Sozialstaats*, Weilerswist 2000, S. 372–402, hier: S. 375. Schon klassisch die Studie von Maria Jahoda über die Auswirkungen von Arbeitslosigkeit: »Die Ansprüche an das Leben werden immer weiter zurückgeschraubt; der Kreis der Dinge und Einrichtungen, an denen noch Anteil genommen wird, schränkt sich immer mehr ein; die Energie, die noch bleibt, wird auf die Aufrechterhaltung des immer kleiner werdenden Lebensraumes konzentriert.« M. Jahoda, P.M. Lazarsfeld & H. Zeisel: *Die Arbeitslosen von Marienthal. Ein soziographischer Versuch*, Frankfurt/M. 1975 (zuerst 1933), S. 101.
100. Vgl. u.a. G. Schulze: *Die Erlebnisgesellschaft* (wie Anm. 86); J. Rössel: Die Erlebnisgesellschaft zwischen Sozialstrukturanalyse und Zeitdiagnose, in: *Österreichische Zeitschrift für Soziologie*, Bd. 28 (2003), S. 82–101; U. Winkler (Hg.): *Das schöne Leben. Eine interdisziplinäre Diskussion von Gerhard Schulzes »Erlebnisgesellschaft«*, Thaur 1994; O.G. Schwenk (Hg.): *Lebensstil zwischen Sozialstrukturanalyse und Kulturwissenschaft*, Opladen 1996.

mit geringen Renten, Obdachlose und andere Problemgruppen scheinen diesseits der Statistiken und Pressemeldungen kaum zu existieren. Armut verflüchtigt sich in sauber gefegten Vororten, Behörden und Linienbussen. Bettler in Fußgängerzonen sind unwirklich. An der Vorstellung, daß jeder alles haben kann, orientieren sich sogar diejenigen, denen alles fehlt. Wenigstens nach außen hin versuchen sie, den Anschein normaler Versorgtheit mit allem zu wahren. Armut ist als Ausnahmezustand definiert, auch wenn sie Dauerzustand ist.«[101]

Und manche, so lehrt der Soziologie Helmut Willke, haben sowieso keine Chance mehr, auch wenn sie es versuchen würden: »Das unterste Segment der rund 20 Prozent nicht oder gering qualifizierter und qualifizierbarer Arbeitnehmer ist hoffnungslos. Es wird mit deutlicherer Ausbildung der Wissensgesellschaft immer weniger in der Lage sein, sich durch Arbeit selbst zu erhalten, und mithin die Armutsgrenze unterschreiten und/oder dauerhaft auf zusätzliche Transfereinkommen angewiesen sein.«[102] Wie auch sein Kollege Heinz Bude zu bestätigen weiß: »Der Umstand, dass sie [= die Überflüssigen oder Exkludierten] weder zur Ausbeutung noch zur Rebellion zu gebrauchen [!] sind, lässt sie als reine Kreaturen [!] zurück.«[103] Aber vielleicht können hier die Worte eines anderen Soziologen, Gerhard Schulze, Trost spenden: »Was sich insgesamt zeigt, ist ein gemischtes Bild. Die Erlebnisgesellschaft ist immer noch unterwegs, auch in Zeiten von Hartz IV, globaler Standortkonkurrenz und hoher Arbeitslosigkeit.«[104]

---

101. G. Schulze: *Die Erlebnisgesellschaft* (wie Anm. 86), S. 70.
102. H. Willke: *Systemisches Wissensmanagment*, Stuttgart, S. 363.
103. H. Bude: Die Überflüssigen als transversale Kategorie, in: P.A. Berger & M. Vester (Hg.): *Alte Ungleichheiten – Neue Spaltungen*, Wiesbaden 1998, S. 363–382, hier: S. 368.
104. G. Schulze: *Die Erlebnisgesellschaft* (wie Anm. 86), S. III.

III. INTERESSEN UND VERSTÄNDNIS EINES ZUKÜNFTIGEN ARBEITSMARKTES
Thomas Böhler

Seit dem Ende des Fordismus bauen Unternehmen massiv Personalkosten ab, automatisieren, machen die Betriebe menschenleer. Sie lagern Teile der Produktion aus und schaffen so neue Märkte für Niedriglohnbereiche auf der ganzen Welt; ein mittelfristiger Vorteil für das Transport- und Logistikwesen, für Sektoren wie Managementberatung und den Nichtprofitsektor sogar langfristig. Die staatlichen Unterstützungen fehlen, so wie von neoliberalen Kräften gefordert, wenngleich es Tendenzen zur Sicherung der Daseinsfürsorge unter Regierungsobhut gibt, ausgehend von den Ländern des Südens. Es ist jedoch inzwischen spürbar, dass durch *reengineering* und Werkverträge ausgelagert, Verantwortung für das soziale Wohl auf den Dienstnehmer und die Arbeiterin abgewälzt wird. Durch die Informations- und Kommunikationstechnologie ergeben sich flexible Möglichkeiten des Wissenstransfers, welche Auslagerungen erleichtern. Zu einem Teil sind Firmenchefs aufgrund gefallener Protektionismen dazu gezwungen. Dies hat zur Folge, dass große Bevölkerungsteile in den an bezahlte Erwerbsarbeit gewohnten Ländern neue Finanzierungsmöglichkeiten und vor allem Beschäftigung – bezahlter und unbezahlter Natur – suchen müssen. Unqualifizierte, flexible BilligarbeiterInnen sind nachgefragt und wandern dem Arbeitsangebot nach (z. B. 3,5 Millionen WanderarbeiterInnen allein in Shanghai), genauso wie hoch spezialisierte WissensarbeiterInnen in Arbeitsoasen, den *high tech clusters*.

Der Sockel der rechtlosen, gewerkschaftsfernen AkkordarbeiterInnen ist relativ groß und wird im Dienstleistungssektor genauso üblich, wie er es in der Produktion schon seit längerem ist. Die postfordistische Arbeitswelt lässt Unmut in allen Branchen und Räumen kurzfristig aufflackern. Die neuen Beschäftigungsklassen in zukunftsträchtigen Industriezweigen haben oft von vorne herein einen geringen Vernetzungs- und Selbstorganisationswillen und werden international von anderen Arbeiterbewegungen diskriminiert. Gleichzeitig kommt es manchmal auch zu schwindelerregend schnell erfolgreichen Arbeitnehmerkampagnen.[1] Die Oberschicht der Erwerbsbevölkerung wird hingegen immer dünner, durch den Wettbewerb um Arbeitsplätze annähernd so prekär wie die breite Masse der Beschäftigten. *Jobber* haben sich diese Entwicklung

---

1. Vgl. B. Silver: *Forces of Labor. Arbeiterbewegungen und Globalisierung seit 1870*, Berlin 2005.

durch die Verweigerung fixer Anstellungen zunutze gemacht, müssen sich aber auch vermehrt in Interessensgemeinschaften organisieren. Die Hochspezialisierten charakterisieren sich durch geringe emotionale Bindung zum Arbeitgeber. André Görz betont, dass paradoxerweise die Arbeitszeiten aufgrund des Mangels an Erwerbsarbeit und den damit verbundenen sinkenden Arbeitserträgen steigen. Diese und andere Tatsachen werden der Bevölkerung durch den öffentlichen Diskurs in Form korrekten Journalismus und durch angepasste Forschung verschleiert, speziell die Tatsache, dass der normale Erwerbsverlauf für kaum jemanden mehr normal ist.[2]

So zeigt sich einem die Gegenwart der Arbeitswelt, nach Lektüre wichtiger theoretischer Abhandlungen zur Zukunft der Arbeit. Deren Analyse und insbesondere das Einschätzen bestehender und angedachter Zukunftsszenarien ist Aufgabe dieses Beitrages. Um dies zu tun, ist der Versuch nötig, einen realistischen Querschnitt durch die heterogene Welt der Arbeit zu ziehen. Die Identifikation der Handlungslogik verschiedener Akteurinnen und Akteure und deren Wirkung auf das System *Arbeitsmarkt* steht dabei im Mittelpunkt. Sie soll jedoch mit einer Prognose zukünftiger Märkte, vom Fahrrad als Transportmittel Nr. 1 bis zum Bau von Ökostädten (wie das Beispiel von Dongtan vor Shanghai), verknüpft bleiben und demographische Entwicklungen berücksichtigen. Diese stellen die Situation Europas als weitaus stärker entmachtet dar, als unsere theoretische und politische Auseinandersetzung mit dem Arbeitsmarkt Glauben macht. *Amexica* und *Chindien* stellen die beiden Märkte mit dem größten Wirtschaftspotenzial dar, während Afrikas Bevölkerungsentwicklung (Schätzungen sprechen von 2 Mrd. Einwohnerinnen und Einwohnern im Jahr 2050) und Europas und Chinas Überalterung das zweifelsohne notwendige politische Umdenken im Bezug auf Zuwanderung und soziale Sicherung diskontinuierlicher Erwerbslaufbahnen noch gar nicht abzusehen erlaubt.

Wie André Görz weiters betont, ist das Politische im Rückstand, die hier skizzierten, bereits vollzogenen und internalisierten gesellschaftspolitischen Veränderungen, die mit der Atypisierung der Erwerbsarbeit einhergehen, in Rechte für den Einzelnen umzuwandeln. Stattdessen wird versucht, unbezahlte Arbeit (Haus-, Erziehungs- oder Pflegearbeit) in den bezahlten Arbeitsmarkt zu integrieren.[3] Seiner Ansicht nach hätte das geringere Angebot an Arbeit zu neuen Netzwerken selbstorganisierter Arbeit führen können, doch »diese Befreiung der Arbeit und diese Ausweitung des öffentlichen Raumes haben aber nicht stattgefunden. Denn sie hätten eine andere Zivilisation, eine andere Gesellschaft und eine andere Ökonomie vorausgesetzt, in

---

2. A. Görz: *Arbeit zwischen Misere und Utopie*, Frankfurt/M. 2000, S. 74 ff.
3. A. Görz: *Arbeit zwischen Misere und Utopie* (wie Anm. 2), S. 91.

der die Macht des Kapitals über die Arbeit und der Vorrang der Rentabilitätskriterien beseitigt wären.«[4] Doch wie entwickelt sich die Arbeitswelt der Zukunft, in welchem Verhältnis steht sie zu gesellschaftlichen und geopolitischen Strategien und Entwicklungen? Wie wichtig wird Erwerbsarbeit in Zukunft überhaupt noch sein?

1. Der Arbeitsmarkt und sein Umfeld

Tatsächlich war Arbeit über lange Zeit mit Unfreiheit assoziiert und bestand in der Form von Knechtschaft und Sklaverei. Erst in der Neuzeit hat sich die freie Lohnarbeit im Rahmen radikaler gesellschaftlicher Veränderungen unterschiedlich schnell durchgesetzt, wenngleich unfreie Arbeit bis heute in Form der *neuen Sklaverei* (Menschenhandel, Zwangsprostitution, Kindersoldaten etc.) existiert. Die Allgemeine Menschenrechtserklärung garantiert in Artikel 3 das Recht auf Freiheit der Person und betont in Artikel 4 ausdrücklich das Verbot von Sklaverei, Leibeigenschaft und Sklavenhandel.

Damit ist die Sklaverei heute zwar offiziell abgeschafft (zuletzt 1980 in Mali), jedoch betont der Sklavereiforscher Kevin Bales, dass es in Wirklichkeit »für Sklavenhalter sogar von Vorteil [ist], nicht rechtmäßige Besitzer zu sein, da sie so die Sklaven völlig ihrer Kontrolle unterwerfen können, ohne eine wie auch immer geartete Verantwortung für sie zu übernehmen«.[5] Laut offiziellen Regierungsangaben fristen in Brasilien 25.000 »Landarbeiter« ein sklavenähnliches Dasein, die Dunkelziffer liegt weit höher.

Mit einem nationalen Aktionsplan zur Ausrottung der Sklaverei hat Brasiliens Bundesregierung 2003 auf diesen Missstand reagiert und führt seither zahlreiche Kontrollen speziell in Landwirtschaftsbetrieben in armen Bundesstaaten durch und versucht, bewusstseinsbildende Maßnahmen in der Bevölkerung zu setzen.[6] Ein ILO-Bericht geht von weltweit 12 Millionen Sklaven aus, davon 360.000 in OECD-Ländern.[7]

---

4. Ebenda, S. 13.
5. G. Delvaux de Fenffe: *Sklaverei*, 2006, unter: http://www.planet-wissen.de/pw/Artikel,,,,,,,1024 7F2711F85590E0440003BA5E08D7,,,,,,,,,,,,,.html#103351BF96E84DDAE0440003BA5E08D7.
6. Vgl. Presidência de la República do Brasil: *Plano Nacional Para a Erradicação do Trabalho Escravo*. Brasília 2003, unter: http://www.ilo.org/public/portugue/region/ampro/brasilia/trabalho_forcado/brasil/iniciativas/plano_nacional.pdf.
7. ILO [International Labour Organization]: *A Global Alliance against Forced Labour. Global Report under the Follow-up to the ILO Declaration on Fundamental Principles and Rights at Work 2005*, Genf 2005.

Weltweit gebe es 218 Millionen Kinder im Alter von 5–17 Jahren, die einer täglichen Vollerwerbsarbeit nachgehen.[8]

Gerade in diesem Kontext scheint es stimmig zu sein, wenn André Görz davon spricht, dass die Menschen durch Sozialleistungen noch nicht mit der kapitalistischen Arbeitsgesellschaft ausgesöhnt werden konnten. Durch die erstarkte Rolle des Staates (Bürokratisierung, Schaffung von Arbeit) kam es langfristig im Laufe des letzten Jahrhunderts jedoch gerade zum Gegenteil der damit verbundenen Absichten, nämlich der vollständigen Kommerzialisierung und Ausrichtung am Markt. Auch die Oligopolisierung großer Unternehmen und die Rolle der Technisierung und Digitalisierung haben die Strukturen der Arbeitswelt entscheidend mitbestimmt.

1.1. Schöne neue Arbeitswelt

Die weltweite Vereinheitlichung des Kapitalismus beruht auf einer verstärkten Vernetzungsstruktur und enormen Kommunikations- und Informationsmöglichkeiten, die für einen Teil der Weltbevölkerung zugänglich sind. Der Dienstleistungssektor gewann an großer Bedeutung; nach dem Ende des Sozialismus gewann die Marktwirtschaft an beinahe globaler Durchsetzungskraft, durch die WTO wurde der Welthandel angekurbelt und unter einen gemeinsamen politischen Rahmen gestellt. Nachfragestrukturen differenzierten sich lokal und passten sich international gleichzeitig an, Kosten für Kommunikation und Transport sanken, ausländische Direktinvestitionen gewannen an Bedeutung. Durch all diese Entwicklungen kam es zu einer verstärkten Abhängigkeit, geringerer Gestaltungsmöglichkeit durch nationale AkteurInnen, zu gewaltigen Strukturveränderungen und zu einem unausweichlichen Standortwettbewerb. Die Entscheidungssituation entsprach dem von Margaret Thatcher formulierten Mangel an Optionen (»There is no alternative!«), der bis heute wirtschaftspolitisch als Rahmenbedingung akzeptiert wird.

Diese Entwicklungen passierten nicht abrupt, wie folgende Aussage von Karl Marx und Friedrich Engels vor über 150 Jahren über die weltweite Ausdehnung des Kapitalismus zeigt: »Das Bedürfnis nach einem stets ausgedehnteren Absatz für ihre Produkte jagt die Bourgeoisie über die ganze Erdkugel. Überall muß sie sich einnisten, überall anbauen, überall Verbindungen herstellen [...]. Die Bourgeoisie reißt

---

8. ILO [International Labour Organization]: *The End of Child Labour: Within Reach. Global Report under the Follow-up to the ILO Declaration on Fundamental Principles and Rights at Work 2005*, Genf 2006.

durch die rasche Verbesserung aller Produktionsinstrumente, durch die unendlich erleichterten Kommunikationen alle, auch die barbarischsten Nationen in die Zivilisation. [...] Sie zwingt alle Nationen, die Produktionsweise der Bourgeoisie sich anzueignen, wenn sie nicht zugrunde gehen wollen; sie zwingt sie, die sogenannte Zivilisation bei sich selbst einzuführen.«[9]

Die Erfindung moderner Kommunikations- und Transportmittel sowie neuer Technologien beschleunigte die Weltentwicklung, die den so genannten postfordistischen Kapitalismus geprägt hat. Innovation, Flexibilität und Fortschritt wurden wichtige Elemente eines globalen Denkens, das die Vielfalt des Mysteriums Weltentwicklung zu überziehen begann. Ein neues Dispositiv befand sich im Entstehen, das durch die Internationalisierung ökonomischer Prozesse angetrieben wurde. Ein Dispositiv deshalb, weil auch seine Gegner darin Raum fanden, etwa wenn sie »the wisdom of ›thinking little‹«[10], wie sie von Mahatma Gandhi, Ivan Illich und anderen vorgelebt wurden, betonten. Ihrer Meinung nach können »globale Kräfte«[11] sich nur über die lokale Ebene konkretisieren, und es ist auch der lokale Ort, an dem diesen gegenüber getreten werden kann. Die Gefahr dieser Kräfte liegt den Kritikern dieser Wirtschaftsordnung nämlich darin, dass sie Formulierungen hervorbringt, welche die gesamte Menschheit betreffen können, aber immer im Interesse einer kleinen Gruppe stehen.[12]

Das Dispositiv ist demnach die Glokalisierung, wie sie von Elmar Altvater und Birgit Mahnkopf beschrieben wurde: »Die Globalisierung [...] hat die andere Seite der notwendigen Anpassung mit dem Ziel der Erzeugung von wettbewerbsfähigen Produktionsbedingungen ›vor Ort‹, am ›Platze‹. Somit wäre es am angemessensten, die Widersprüchlichkeit von globalem Wettbewerb und lokaler (bzw. regionaler) Wettbewerbsfähigkeit als eine Beziehung der ›Artikulation‹ von globalen und lokalen Verhältnissen zu erfassen. Daher handelt es sich bei den modernen Tendenzen der Weltgesellschaft eher um ›Glokalisierung‹ als um Globalisierung.«[13]

---

9. K. Marx & F. Engels: *Werke*, Bd. 1. Berlin 1974, S. 29 f.
10. G. Esteva & M. S. Prakash: From Global Thinking to Local Thinking, in: M. Rahnema & V. Bawtree (Hg.): *The Post-Development Reader*, London 1997, S. 278–289, hier: S. 279.
11. Zu globalen Kräften zählen insbesondere Prozesse, die selten in Frage gestellt werden. Kritiker sehen etwa die Allgemeine Erklärung der Menschenrechte (AEMR) als eine solche Kraft, die trotzdem – oder gerade deswegen – als »colonial tool for domination« verwendet werden kann. G. Esteva & M. S. Prakash: From Global Thinking to Local Thinking (wie Anm. 10), S. 282.
12. Ebenda, S. 285.
13. E. Altvater & B. Mahnkopf: *Grenzen der Globalisierung. Ökonomie, Ökologie und Politik in der Weltgesellschaft*, Münster 1996, S. 30.

Die Glokalisierung wird als Chance und als Übel gesehen, als Möglichkeit, sich wirtschaftlich in großem Stil zu etablieren, als machtpolitische Durchsetzung der gegebenen Weltordnung. Die Gleichzeitigkeit von globaler und kleinräumlicher Entwicklungskomponente machte es möglich, das alte Dispositiv der Entwicklung abzulösen. Die nachholende Entwicklung von armen Weltregionen wurde aber nur durch die Angst vor ihrer Übermacht ersetzt und nicht durch die kurzfristige und punktförmige Ausprägung von Wettbewerbsvorteilen und Geschäftsmöglichkeiten, wie sie m. E. eher zu sehen ist. Wirtschaftlich bedeutet die glokale in erster Linie eine neoliberale Sichtweise. Zunehmende Liberalisierung zerstört vorhandene Subsistenzwirtschaften, schafft die Notwendigkeit, sich als Individuum im kapitalistischen Produktions- und Konsumptionssystem zu behaupten und als Gesellschaft in den globalen Wettbewerb einzutreten. Am bezeichnendsten ist Glokalisierung in den Nord-Süd-Beziehungen feststellbar, wo Direktiven aus den Geberländern als Bedingungen für die weitere Unterstützung (aber auch die weitere Ausbeutung) durch die Empfängerländer gestellt werden.

Dieser Strukturwandel hin zu einer glokalen Weltwirtschaft ermöglichte dem transnationalen Unternehmen, die Position eines machtvollen Hauptakteurs einzunehmen: wissens- oder arbeitsintensive, dienstleistungsbezogene Branchen haben unter den Zwängen des Wettbewerbs und den Möglichkeiten eines nunmehr global vernetzten Marktes expandiert. Unterschiedlichste Organisationsformen, die Bildung strategischer Allianzen und die enge Bindung zwischen diesen Großbetrieben und nationalen Regierungen hat zu einer Machtkonzentration auf Seiten wohlhabender Entscheidungsträgerinnen und -träger geführt. Die Lebens- und Arbeitsbedingungen der Arbeitnehmerinnen und -nehmer dieser Unternehmen (und ihrer Zulieferindustrie) waren teilweise mit grundlegenden Menschenrechten nicht vereinbar, was zivilgesellschaftliche Organisationen zur Aufdeckung von Missständen bewegt hat.

Die weltweite Vernetzung der Wirtschaft wurde zunächst durch einen hohen Grad an Technisierung ermöglicht und durch die Massenproduktion von Billiggütern finanziert. Diese Innovationen entsprechen einer postindustriellen Revolution, sowohl für Produktion, Vertrieb und Vermarktung, als auch für den Arbeitsmarkt und den Bürger als Produzent und Konsument. Während Kaufkraft und Märkte hätten wachsen sollen, steht die Welt heute vor dem Problem der Massenarbeitslosigkeit, dem Rückgang der Kaufkraft und einer Überproduktion. Durch den starken Wettbewerbsdruck kam es zu einer Verschlechterung des Lohnniveaus und der Arbeitsnormen, aber auch zu Einsparungen bei den Transferzahlungen, welche die Mitbestimmung der Bürgerinnen und Bürger zusehends gelähmt haben. Sozialpolitische Reformen hinken hinterher, die Gesetzgebung passt sich an das neue *patchwork*-Leben nur schwer an und benachteiligt schwache und abhängige Personengruppen. Das reicht vom Scheidungsrecht über die Sozialhilfe bis zur Abschaffung der Erbschaftssteuer im August 2008 in Österreich.

Die Vernetzung und Technisierung im Unternehmertum hatte jedoch ebenso zur Folge, dass *Arbeit* heute in fast keinem Berufsfeld mehr einer automatisierten Routinetätigkeit gleichkommt. So müssen etwa Mitarbeiterinnen und Mitarbeiter von Supermärkten ständig neue Aufgaben zu ihrem Kerngeschäft als Regalbetreuer oder Kassierer übernehmen. Dazu zählt etwa die Betreuung, Durchführung und Kontrolle hochkomplexer logistischer Abläufe, das Kundenbeschwerdesystem, die Buchhaltung oder die Lieferantenbetreuung inklusive Rechnungslegung. Der Postbeamte muss nicht nur Brief- und Paketsendungen entgegennehmen und verteilen, sondern auch als Bankangestellter, Mobilfunkberater, Glückwunschkartenverkäufer und PC-Berater fungieren.

Nicht nur in ihrer theoretischen Untersuchung wurde *Arbeit* immer mehr zu einem sozialen Phänomen, denn heute ist damit hauptsächlich die Notwendigkeit des lebenslangen Fortbildens, des Flexibel- und Mobilseins und des vorsichtigen Abwägens zwischen Eigen- und Firmeninteressen verbunden. Zudem bedeutet Arbeitspolitik auch ein Eingreifen in betriebliche Sozialstrukturen.[14] Die eigentliche schöpferische Tätigkeit steht im Hintergrund, nicht nur, weil ein Großteil der Menschen in der westlichen Welt ohnehin nur noch einer geistigen Tätigkeit (im Sinne des Dienstleistungssektors) nachgeht, sondern auch, weil ein Großteil der Firmenverantwortung sukzessive an die Arbeitnehmerinnen und -nehmer abgetreten wird. Eigenverantwortung im Wettbewerb um den eigenen Arbeitsplatz ist vielerorts ein gängiges Spiel.[15]

---

14. Vgl. u. a. S. Balzert, M. Kuhlmann & H. J. Sperling: Konzepte innovativer Arbeitspolitik: zusammenfassende Ergebnisse einer Untersuchung, in: *SOFI-Mitteilungen* Nr. 31, Dezember 2003, S. 7–28, unter: http://www.sofi-goettingen.de/fileadmin/SOFI-Mitteilungen/Nr._31/balzert-kuhlmann-sperling.pdf.

15. Die Bezeichnung als Spiel ist auch insofern passend, als die Sprache in der Arbeitswelt oft suggeriert, dass es sich um eine imaginäre, fantastische Welt handelt, die eng an das anknüpft, was als »Spaßgesellschaft« bezeichnet wird: Neue Lehrlinge sind mit den »Spielregeln« des Hauses konfrontiert, der Enthusiasmus von MitarbeiterInnen kann durch ergonomische »fun-Möbel« gesteigert werden, CEOs in der Freizeitindustrie schwören ihre Kader darauf ein, das Firmenimage zu leben, Tombolas, Firmenfeste, Strategiespiele unter *Junior Professionals* als versteckte Auswahlverfahren und ähnliche rhetorisch-strategische Aktionen bedienen den Glauben, dass MitarbeiterInnen als »core-asset« kontinuierlich motiviert, umworben und im Glauben gehalten werden müssen, dass die Führung alles zur Erreichung weicher und konsensorientierter Arbeitsabläufe beiträgt und die Arbeitnehmerinnen und -nehmer bestmöglich fördert. Rückwirkend

Nicht nur die großen *player*, sondern auch viele kleine Unternehmen konnten durch eine aufopfernde Arbeitsethik und die Notwendigkeit zur Wettbewerbsfähigkeit Nischenmärkte erobern, spezialisierte Komponenten von Produkten und Leistungen zuliefern oder durch interkulturelle Kompetenz punkten. Das von Elmar Altvater und Birgit Mahnkopf als Glokalisierung bezeichnete Dispositiv betont eben diese kulturelle Verwurzelung in Zeiten zunehmender Mobilität, lokale Produktion durch internationale Wettbewerbsfähigkeit, nationalstaatliche Kompetenzabgabe auf supranationale und regionale Strukturen und die soziologischen Prozesse aufgrund lokaler Arbeit und globalen Kapitals. Glokal organisiert zu sein, bedeutet, spezifische netzartige Verbindungen aufzubauen, wie sie in multinationalen Unternehmen beobachtet werden können.

Die Arbeitnehmerinnen und -nehmer werden gezwungen, glokal zu denken, das heißt, dialektisch zwischen lokalen und globalen Positionen zu pendeln. Die für die Glokalisierung übliche Gleichzeitigkeit scheinbar widersprüchlicher Prozesse beschreibt Saskia Sassen mit der *Global City*[16], wenn sie von der Dezentralisierung von Produktionsstandorten und der Rezentralisierung bestimmter Dienstleistungen in wenigen Städten, dem Wachstum von sehr schlecht und sehr gut bezahlten Beschäftigungsfeldern, Zuwanderung und Gentrifizierung spricht. In den von ihr angesprochenen globalen Städten wird die Zentralisierungsfunktion ausgeführt, welche der globale Produktionsprozess benötigt. Dort ist in spezifischen lokalen Milieus das Globale erfahrbar.

1.2. Unternehmen, Wachstumsdruck und der Ausverkauf öffentlicher Güter

Die Maximierung von Profit und die Minimierung von Kosten ist die Grundlogik des Unternehmertums. Wenn sie sich in einer Konkurrenzsituation befinden, ist dies auch schlüssig. Massenproduktion durch Arbeitsteilung, technischer Fortschritt, Investition in *Humankapital* sind folglich sinnvolle Aktivitäten. Um wirtschaftlich aktiv zu werden, muss ein bestimmtes Anfangskapital gespart werden. Wird es während der Sparphase weiterverliehen, erhält der Sparer einen Zins und Zinseszins auf das Geld, gerade auch, damit Geld im Umlauf bleibt. Für den Aufbau eines Unternehmens sind aber meist auch Kredite notwendig, die mit exponentialen Zinsrückzahlungen

---

heißt dies für letztere, sich vermehrt wieder dem Unternehmen als Familie anzunehmen und alles dazu beizutragen, diese Ziele zu erreichen.
16. S. Sassen: *The Global City: New York London Tokyo*, Princeton 1991.

verbunden sind. Das verliehene Geld steht Einlagen von Sparenden gegenüber, die exponentielle Zinsen auf ihr Geld erhalten; positive und negative Guthaben korrelieren miteinander. Um die notwendige Zinslast jedoch decken zu können, muss das Unternehmenswachstum mit dem Wachstum der Zinsen korrelieren. Wirtschaftswachstum ist also in einem System mit Geldzins und Bodenrente ein Muss; ihre Bedeutung für die Unterbindung von Arbeitslosigkeit (Okunsches Gesetz) ist ebenfalls zentral.

Peter Knauer hat das Verhältnis von Zinssystem und Wirtschaftswachstum wie folgt veranschaulicht: »Die Zinsträchtigkeit des Geldes läßt sich nur bei einem andauernden exponentiellen Wirtschaftswachstum überhaupt verkraften. Es verhält sich damit wie mit einem Motor, der nur dann nicht ins Stottern kommt, wenn man immer mehr Gas gibt. Das kann nicht lange gut gehen; ein solcher Motor wird auseinanderfliegen. In der Technik schrillen bei exponentiell wachsenden Größen sehr bald die Alarmsignale; aber in der Wirtschaft macht man sich in solchen Fällen offenbar keine großen Gedanken. Ein ständiges (und damit exponentielles) Wirtschaftswachstum wird sogar als Staatsziel ausgegeben! Ein »stetiges« Wirtschaftswachstum von 3%, wie es erforderlich ist, um die Zinsträchtigkeit des Geldes zu verkraften, würde alle 23 Jahre eine Verdoppelung des jeweiligen Standes und damit innerhalb von 235 Jahren bereits eine Vertausendfachung bedeuten. Aber so weit will niemand denken.«[17]

Tatsächlich ist Wirtschaftswachstum aber nur beschränkt möglich[18], genauso wie Ressourcen nur limitiert vorhanden sind. Trotz der Anpassung der Zinssätze, der Entschuldungsinitiativen von Entwicklungsländern und der zunehmenden Langfristigkeit von Verschuldungssystemen nimmt die Verschuldung sehr stark zu. Sie führt zu einer wachsenden Anzahl von Privat- und Unternehmenskonkursen und ist einer der wichtigsten Gründe für steigende Arbeitslosigkeit und Verarmung der Bevölkerung. Gleichzeitig steigt die Staatsverschuldung weltweit exponential an und ist aufgrund des Versorgungsgedankens des Staates auch nur schwer zu stoppen. Die defizitäre Handlungsweise von Regierungen wurde mit den von wirtschaftlicher Effizienz angetriebenen Unternehmen zu einem bipolaren Bogen, der die Wirtschaftswelt nachhaltig bestimmte.

Im Dokumentarfilm »The Corporation« wird das Großunternehmertum als überwältigende Lebensform präsentiert, welche sowohl als Glaubenssystem, Handlungs-

---

17. P. Knauer: Arbeitslosigkeit durch einen Systemfehler unserer Geldes, in: J. Hoffmann (Hg.): *Irrationale Technikadaptation als Herausforderung an Ethik, Recht und Kultur – Interdisziplinäre Studien* (Ethik – Gesellschaft – Wirtschaft 3), Frankfurt/M. 1997, S. 244–264, hier: S. 251.
18. Vgl. D. H. Meadows: *The Limits of Growth. A Report for the Club of Rome's Project on the Predicament of Mankind*, London 1973.

direktive wie auch als Unterscheidungs- und Abgrenzungsmittel ins Spiel kommt und von einer enormen Verhandlungsmacht geprägt ist. Als juristische Person erhielten Unternehmen schon früh Bürgerrechte als *corporate citizens*, da sie etwa in den USA nach dem 14. Verfassungszusatz (*Citizenship, Privileges or Immunities, Due Process and Equal Protection Clause*) gegen Diskriminierung vorgingen. Der Text besagt, dass der Staat keiner Person das eigene Leben, die Freiheit oder den Besitz rauben kann, so wie dies gegenüber schwarzen Sklaven über lange Zeit geschehen war. Firmen gaben sich nun aber auch als Personen aus und klagten, weitaus zahlreicher als ehemalige Sklaven, den Staat um Einhaltung dieses Rechts. Trotz der Einführung der beschränkten Haftung wurden Unternehmen vermehrt personalisiert und emotionalisiert. Die oben skizzierte Gewinnlogik der Privatwirtschaft führte zur Schaffung von *sweatshops* und Sonderproduktionszonen in Billiglohnländern, die billige Arbeitskraft als einzig wettbewerbsfähigen Produktionsfaktor einsetzen können. Die Ausbeutung der Mitarbeiterinnen und Mitarbeiter nach westlichen Standards, hohe Korruption und die Nachrangigkeit von Umweltschäden waren die Folge.

Die gestärkten multinationalen Unternehmen konnten es schließlich mit immer stärkeren Staaten aufnehmen, und ihr durch Quersubventionierungen ermöglichtes billigstes *bidding* resultierte in einer starken Verwebung der Firmen in nationale uns supranationale Angelegenheiten der öffentlichen Verwaltung, Versorgung und Sicherheit. Ihre weltweiten Direktinvestitionen ermöglichen die Erschließung neuer Produktions- und Absatzmärkte. Weltweit gibt es 61.000 dieser Multis mit über 900.000 Tochterunternehmen.[19] Für Entwicklungsländer spielen sie eine Rolle als Kapital- und Arbeitgeber, teilweise beteiligen sie sich auch in der Stärkung des Bildungswesens, dem Transfer moderner Technologien und der Stärkung der Finanz- und Wirtschaftsstruktur und einer »Dienstleistungsinfrastruktur«.[20]

In vielen Industrieländern setzen sie sich merklich in bisher unüblichen Lebensbereichen ein: Das Beispiel des privaten Anbieters von Flüchtlingsbetreuung in Traiskirchen, *European Homecare*, entspricht zwar nur einem mittleren Betrieb, der in Deutschland und Österreich tätig ist, er steht aber paradigmatisch für den Primat wirtschaftlichen Erfolgs, auch wenn das Produkt die Abschiebung von Asylwerberinnen und -werbern ist. Als Bestbieter gewann die Firma gegenüber dem Konsortium aus Caritas, Rotem Kreuz und Diakonie, das auf einem kostspieligen, aber umfassen-

---

19. UNCTAD [United Nations Conference on Trade and Development]: *World Investment Report: The Shift Towards Services*, New York–Genf 2004.
20. C. Wörmann & G. Schall: *Multinationale Unternehmen als Motoren der Armutsbekämpfung*, Berlin o. J., unter: http://www.age-berlin.de/unternehmen_armutsbekaempfung.pdf.

den psychosozialen Betreuungsangebot für Asylsuchende beruhte. Ich erwähne dieses Beispiel, weil damit auch die freie Meinungsäußerung der Mitarbeiterinnen und Mitarbeiter im Flüchtlingsheim Traiskirchen nachhaltig beeinflusst wurde. Es kann davon ausgegangen werden, dass die Angestellten und das Unternehmen *European Homecare* keine Kritik an der Österreichischen Asylpolitik üben werden.

Die Liberalisierung des Marktes für Bereiche der Daseinsvorsorge führt seit geraumer Zeit zu einem großen Druck auf öffentliche Anbieter. Ausgangspunkt dieser auch als »neoliberale Revolution« bekannten Versuche der Effizienzsteigerung war eine breit angelegte Privatisierungswelle unter Margaret Thatcher in England. Zuerst wurden verstaatlichte Produktionsbetriebe privatisiert, dann die Telekommunikation (1984), das öffentliche Bussystem (1985), Gasversorgung (1986), Wasser- und Stromversorgung (1990), Eisenbahnen (1996) und Atomkraftwerke (1997). Blairs *New Labour* setzte diese Strategie fort, sodass heute kaum noch öffentliche Dienstleistungen, inklusive Gesundheitsversorgung und soziale Dienste, sowie Gefängnisse, Müllabfuhr und Straßenreinigung, unter staatlicher Hoheit sind. Zudem wurden zahlreiche Gesetze und Verordnungen aufgehoben, die den Versorgungsgedanken der Betriebe festschrieben. Ähnliche Entwicklungen zeichnen sich heute in ganz Europa ab. So stehen auch Schulen unter Privatisierungsdruck, wobei das holländische Beispiel der privat geführten, aber zur Gänze öffentlich finanzierten Schule zum Nachdenken anregt und eine gute Basis für die Ausbildung der Kinder einer verängstigten Mittelschicht darzustellen scheint. Die Ökonomisierung der Daseinsfürsorge, Gesundheitsversorgung und Bildung geschieht in Europa unter dem Schlagwort der Harmonisierung, sodass der Zugang gesichert und die Flexibilität der Arbeitskräfte erhöht wird. Sie stellt aber gleichsam eine Abschlankung des Staates und eine Ausweitung des Effizienzkriteriums als Leitgedanke in der Lebensführung dar. Gleich wie ein Unternehmen muss das Individuum bislang selbstverständliche Leistungen zukaufen, es entsteht eine Zweiklassenbetreuung und ein weitmaschigeres soziales Netz.

Dieser Sozialliberalismus ist auch in den Ländern des Südens seit Beginn der 1980er Jahre voll im Gange. Mittels Strukturanpassungsprogrammen der Weltbank – als Mindestkriterium für die Entschuldung der Nationalregierung – wird die Öffnung der Absatz- und Produktionsmärkte, die Abschaffung von Subventionen für Rohstoffe oder unverarbeitete Materialien und die Ausrichtung der eigenen Versorgungsbereiche nach rein wirtschaftlichen Kriterien vorgeschrieben. Dies hat zum Beispiel zur Folge, dass die Baumwollindustrie in Westafrika keine Unterstützung bei Schocks (Dürre, Preissturz etc.) erfährt und Dörfer mit 5–10 ha Anbaugebiet in Burkina Faso im Schnitt 80 € im Jahr (!) mit Baumwolle verdienen. Viele von ihnen müssen diese traditionelle Arbeit aufgrund ihrer defizitären Bilanz aufgeben.

Häufig treten multinationale Konzerne zu diesem Zeitpunkt als Käufer auf und versuchen, funktionierende Industrien und Produktionen billig und breit angelegt aufzukaufen. Damit erhöhen sie sowohl ihr ökonomisches als auch ihr politisches Potenzial, wie am Beispiel der Baumwolle als *cash crops* nahe liegend ist. Teilweise werden die Unternehmen von Muttergesellschaften subventioniert, hauptsächlich um den Mitbewerb am Markt in die Enge zu treiben. Die Arbeitenden arbeiten meist weiterhin auf eigenes Risiko; ihr rechtlicher oder sozialer Status verbessert sich nicht. Im Falle ihrer Anstellung sind – wie viele Beispiele beweisen – Arbeitnehmerinnenrechte ein Tabuthema. Es gibt zwar in fast jedem Unternehmen einen *code of conduct*, doch ist es die weltweite politische Agenda, die Wirtschaftswachstum und Wettbewerbsfähigkeit[21] regelmäßig über die Ziele der Mindestsicherung und der Lebensqualität ansetzt.

Stichele, Bizzari und Plank argumentieren etwa, dass die Lissabon-Agenda primär die Interessen großer Unternehmen vertritt und die Zielsetzungen der Vollbeschäftigung, des sozialen Zusammenhalts und des nachhaltigen Umweltschutzes zugunsten einer auf geringen Kosten und Standards basierenden Wirtschaft vernachlässigt.[22] Ihrer Meinung nach ist eine aggressive Lobby-Politik über Beratungsfirmen und Rechtsvertretungen dafür verantwortlich, dass der Abbau von Zöllen, nicht-tarifären Handelshemmnissen wie Regulierungen und die Reduktion von Produktionskosten *einseitig* forciert wird.[23]

Der Gebrauch einer rhetorischen Vorgehensweise, die Entwicklung, Armutsminderung, Zugang zu Gütern und Dienstleistungen für die BürgerInnen in den Mittelpunkt stellt, stieß jedoch zusehends auf Widerstand. Kohr dokumentiert diesen Widerstand im Rahmen der WTO-Landwirtschaftsverhandlungen und bezeichnet diese Rhetorik als trojanisches Pferd der OECD-Länder, um in Märkte der Entwicklungsländer einzudringen, was die Vertreibung von Millionen von Kleinbauern, den

---

21. Beachtenswert ist dabei, wie Begrifflichkeiten mit der Zeit ausgehöhlt werden. Ursprünglich wurde Wettbewerbsfähigkeit von der OECD als Prozess definiert, wonach ein Land Güter und Dienstleistungen nach den Vorgaben des internationalen Marktes herstellen kann, dabei aber gleichzeitig das reale Einkommen der Bevölkerung aufrecht erhalten bzw. erhöhen kann. Vgl. E. Walter: Closing the UK's Competitiveness Gap, in: European Association of National Productivity Centres (Hg.): *Europe Productivity Ideas*, Brüssel 1995.
22. Relevant ist auch, dass diese Vernachlässigung bei gleichzeitiger Betonung der Wichtigkeit dieser nunmehr nachrangigen Ziele erfolgt.
23. M. V. Stichele, K. Bizzari & L. Plank: *Corporate Power over EU Trade Policy: Good for Business, Bad for the World*. Brüssel 2006, S. 6, unter: http://www.somo.nl/html/paginas/pdf/Corporate_power_over_EU_2006_EN.pdf.

Bankrott von *infant industries* und den versperrten Zugang zu europäischen Landwirtschaftsmärkten zur Folge gehabt hat.[24]

Auch das Eingehen neuer Allianzen und Initiativen zwischen öffentlicher Hand und privaten AkteurInnen hat mehrheitlich letztere gestärkt. Auch wenn in *Public Private Partnerships* (PPP) Ressourcen mitunter effizienter eingesetzt und Projekte schneller abgeschlossen werden, stehen sie häufig in einem Zielkonflikt zwischen Gemeinwohl und Gewinnorientierung. Dennoch setzen sie sich auch im öffentlichen Versorgungsbereich durch. Dies sowohl in Europa (z.B. *facility management* in Schulen und Universitäten, militärischer Verteidung [*defence PPPs*], Abfallwirtschaft [*waste management*], Ausbau und Renovierung des Transportwesens, wie U-Bahnen oder die Verwaltung von Krankenhäusern) als auch in den Ländern des Südens. Bereits das *Industry Cooperative Programme* (ICP), eine Tochter des Welternährungsprogramms in Rom, wollte zwischen 1966 und 1979 vor dem Hintergrund damals drohender Ernährungskrisen landwirtschaftliche Innovation, Agrarproduktion und -logistik, sowie ländliche Entwicklung voranbringen.[25]

Die internationale Entwicklungshilfe kooperiert im Rahmen des *Global Compact* mit der Privatwirtschaft. Unternehmen verpflichten sich zur sozialen Verantwortung und zur Erfüllung sozialer und ökologischer Mindeststandards. Für die ArbeitnehmerInnen bedeutet dies eine höhere Wahrscheinlichkeit, dass ihre Menschenrechte nicht verletzt werden, sie das Recht auf gewerkschaftliche Betätigung und Kollektivverhandlungen zugesprochen bekommen, bezüglich ihrer Beschäftigung nicht diskriminiert werden und Zwangs- und Kinderarbeit von ihrem Arbeitgeber bekämpft wird.[26]

In eine ähnliche Kerbe schlägt auch die Initiative der sozialen Verantwortung von Unternehmen. Sie scheint für viele Betriebe heute jedoch primär eine Notwendigkeit darzustellen, um die gesellschaftliche Legitimation für die unternommene Tätigkeit aufrecht zu erhalten. *Corporate Social Responsibility* (CSR) verkommt zu einer Marketingstrategie, welche den Betrieb als einen komplexen, aber gewissenhaften Akteur positioniert. Es steht dabei je nach Betrieb die Herkunft der Rohstoffe, die Belastung der Umwelt, die Transparenz der Betriebstätigkeit etwa bezüglich Wettbewerbsver-

---

24. M. Kohr: All Doha Talks Suspended at WTO as G6 Ministerial Collapses. Third World Network/TWN Info Service on WTO and Trade Issues, Genf: 24. Juli 2006, zit. in: M. V. Stichele, K. Bizzari & L. Plank: *Corporate Power over EU Trade Policy* (wie Anm. 23), S.14.
25. A.G. Friedrich & V.E. Gale: *Public-Private Partnerships Within The United Nations System. Now and Then*, Bielefeld 2004.
26. Vgl. unter: http://www.unglobalcompact.org.

zerrung, Korruption, Verbraucherinteressen, aber auch die Rolle der MitarbeiterInnen im Mittelpunkt. Dabei wird zwar oft ihr Fortbildungs- und Flexbilitätswille vorausgesetzt[27], jedoch stellen globale Vereinbarungen (wie die Grundsatzerklärung der ILO über multinationale Unternehmen und Sozialpolitik 1977/2000) eine Basis für einen geregelten Umgang mit MitarbeiterInnen in Unternehmen dar: Erhöhung der Beschäftigungsmöglichkeiten und -normen, Förderung der Chancengleichheit, Vermeidung willkürlicher Entlassungen, Fortbildungen, vorsichtige Überlegungen zu Mindestlöhnen, Arbeitsschutz, Arbeitnehmerverbände etc.[28]

Weltweit für Aufsehen gesorgt hat Bolivien im Umgang mit der Übermacht multinationaler Konzerne im Jahr 2000. Zunächst startete das US-amerikanische Unternehmen *Bechtel* in Boliviens Provinz Cochabamba den Versuch, das Trinkwasser zu privatisieren. Das Unternehmen musste jedoch nach schweren Unruhen einen Rückzug antreten; diese entstanden, nachdem der lokale Widerstand in Form einer Vereinigung von Bauern/Bäuerinnen, ArbeiterInnen und StudentInnen nach einer Vervielfachung der Wasserpreise und einem Ausbleiben des Leitungsausbaus sehr groß war. 2004 geschah das gleiche in La Paz' Vorstadt El Alto, wo *Suez Lyonnaise des Eaux* das Trinkwassernetz nicht ausbaute, obwohl sie dies in einem äußerst lukrativen Vertrag festgeschrieben hatte.[29] Das Selbstvertrauen der Bevölkerung verhalf bereits im Jahr zuvor zum Sturz der Regierung, welche die Privatisierung von Erdöl und Erdgas stillschweigend in den 1980er Jahren vorbereitete und seitdem ausnützte. Nach der Amtseinführung des indigenen Präsidenten Evo Morales wurde die Erdöl- und Erdgasindustrie verstaatlicht, und die Einnahmen lagen 2006 mit knapp einer Milliarde Euro doppelt so hoch wie im Vorjahr.[30]

Die Privatisierung des öffentlichen Bereichs schreitet trotz vieler negativer Beispiele voran. Es ist weltweit zu beobachten, dass der Versorgungsgedanke aus der Logik der Anbieter vermehrt verschwindet und in einer Preissteigerung bzw. Qualitätsminderung für die Endkunden (nicht mehr Patienten, KlientInnen etc.) mündet, denn die grundlegende Idee des Wettbewerbs als natürlichen Regulator des freien

---

27. Vgl. Econsense [Forum Nachhaltige Entwicklung der Deutschen Wirtschaft]: *Corporate Social Responsibility – Ein Memorandum für Kreativität und Innovation*, o. O. 2004, unter:http://www.econsense.de/_PUBLIKATIONEN/_ECONSENSE_PUBIK/images/CSR-Memorandum_dt.PDF.
28. Vgl. unter: http://www.ilo.org/public/english/employment/multi/
29. Vgl. W. Chávez: Dossier Wasser: Unrentable Kundschaft in Bolivien, in: *Le Monde Diplomatique*, dt. Version, 11.3.2005.
30. APA [Austrian Press Agency]: Einnahmen aus Öl- und Gasgeschäft verdoppelt, in: *derstandard.at*, 16.3.2007.

Marktes zu engagieren, funktionierte aufgrund quasimonopolistischer Zustände, Kartellbildungen und Absprachen nicht mehr. Die schwachen Staaten konnten oder wollten den ausländischen Investoren häufig keine Mindeststandards in der Leistungserbringung entgegenhalten. Schließlich dürften im Privatisierungsprozess nämlich nicht nur die internationalen Investoren, sondern kurz- und mittelfristig auch die lokalen Eliten profitiert haben.

All das gibt zu denken. Wohin führt die Logik der Marktprivatisierung? Welche Rolle haben diese politischen Entwicklungen für die BürgerInnen, besonders für diejenigen ohne ausreichende Finanzressourcen? Umgekehrt, wie können sie – wenn sie wollen – ausreichende Finanzressourcen erwirtschaften, wenn sie monopolähnlichen, mit der Politik kooperierenden Unternehmensverbänden und einer Atomisierung ihrer eigenen Solidargemeinschaften gegenüber stehen? Welche Rolle kann Arbeit in diesem Kontext heute spielen?

2. Das Verständnis von Arbeit

2.1. Arbeit als Lifestyle

Erwerbsarbeit stellt ein Grundkriterium für soziale Identifikation dar. Neben der materiellen Grundausstattung dient Arbeit zur Bestätigung einer erfolgreichen Lebensführung. Michael Aßländer betont, dass das moderne Arbeitsverständnis nicht Folge, sondern vielmehr Ursache für die Entwicklung einer neuzeitlichen Ökonomie mit ihren technischen, wirtschaftlichen und sozialen Konsequenzen ist. Damit entwickelt er Arbeit zu einem Kulturbegriff, der genauso wie die Vorstellungen von Familie und Moral ständigen Veränderungen unterliegt.[31]

In einer Betrachtung der zukünftigen Entwicklung des Phänomens Arbeit (speziell auch, was dessen Mangel angeht) ist es, wie bereits angedeutet, sinnvoll, von einem sozialen Phänomen auszugehen und ganzheitliche, über den Arbeitsmarkt hinaus gehende Überlegungen anzustellen. Prinzipiell ist der Arbeitsplatz sozialer Raum, an dem – oft auch schon virtuell – Menschen verschiedenster Hintergründe zusammentreffen und miteinander kommunizieren, Handel betreiben, Aufgaben erledigen. Dort zeigen sich Ausgrenzungsmechanismen und Rassismen genauso wie neue Koalitionen, Zwischenräume und Engpässe. Richtig ist, dass Arbeit die Berufstätigkeit

---

31. M. Aßländer: *Von der vita activa zur industriellen Wertschöpfung. Eine Sozial- und Wirtschaftsgeschichte menschlicher Arbeit*, Marburg 2005.

der BürgerInnen umschreibt und sowohl körperliche als auch geistige Tätigkeiten umfasst, die durch ein Regelwerk gerahmt sind. Dieses umfasst traditionellerweise einen Arbeitsvertrag, durch welchen Inhalt, Durchführung, Zeit, Dauer und Ort der Arbeitsleistung geregelt werden. Kollektivverträge für viele Berufsgruppen werden zwischen Arbeitgeber- und Arbeitnehmerverbänden verhandelt. Zankapfel dabei ist meist die Höhe der Arbeitsvergütung bzw. die Arbeitszeit. Im herkömmlichen Sinn bedeutet Arbeiten das Aufnehmen eines Arbeitswegs, in eine Fabrik oder ein Büro, das Zusammentreffen mit ArbeitskollegInnen und GeschäftspartnerInnen, Besprechungen mit Vorgesetzten, das Ausverhandeln neuer Arbeitsziele, das Durchführen von Projekten, das Aufnehmen von Dienstreisen etc. In diesen Abläufen, die in den seltensten Fällen unveränderlichen Routinetätigkeiten entsprechen, bildet sich nicht nur eine eigene Organisationshierarchie mit den verschiedensten Koalitionen und Absichten, sondern auch ein Wertesystem heraus, das die professionalisierte Arbeitswelt seit langer Zeit prägt. In Summe: Erwerbsarbeit wurde vom Mittel zur Einkommensgenerierung und Voraussetzung für die Daseinsbewältigung zunächst zu einem identitätsbildenden Phänomen (Prestige, politische Couleur etc.) und schließlich zu einem Fetisch der Selbstbefriedigung in einer zunehmend atomisierten Gesellschaft. Das geht sogar so weit, dass Arbeitstätigkeit als Heilmittel gegen Liebeskummer und Einsamkeit propagiert wird, wenngleich darin unter Umständen die Ursache für den emotionalen Zustand selbst zu finden ist.

Zweifelsohne stellt in den Ländern der nördlichen Hemisphäre der Lebensbereich *Arbeit* einen, wenn nicht für viele Menschen *den* Mittelpunkt des Daseins dar. Im Abendland bestimmt *Arbeit* die soziale Selbstwahrnehmung und Identität des Menschen nachhaltig. Die einsetzende Massenproduktion und der starke Massenkonsum der 1970er Jahre hat uns zu Produzenten und Konsumenten werden lassen, welche ihr Glück durch das Einhalten einer für die gesamte Gesellschaft gültigen Arbeitsethik und durch die Fähigkeit, Luxusgüter kaufen zu können, erreicht haben. Workaholics, Single-Haushalte und -partys, eine ausgeklügelte Unterhaltungs- und Freizeitindustrie für die erfolgreichen metrosexuellen Männer in der Quarterlife-Crisis und die durch Haushalt, Job und Nachwuchs geforderten, durch ihre eigene Emanzipation unter Zugzwang geratenen Frauen waren die Leitlinie der Werbeindustrie, an der sich die Bevölkerung tatsächlich ein Vorbild nahm.[32] Diese Entwicklung hatte gleichsam eine Sogwirkung, welche von der westlichen Welt ausging und sie damit

---

32. Auch hier herrscht jedoch eine Dynamik, denn die Hochphase der *workaholics* ist bereits vorbei. In den USA räumten 1991 18% der Erwerbsbevölkerung der Arbeit den höchsten Stellenwert in ihrem Leben ein, gegenüber 38% im Jahr 1955 (*The Gallup Monthly*, H. 9/91).

internationalisierte. Freilich sieht die Realität für einen Großteil der Menschen auf der Welt, aber auch für einen Großteil der Menschen in OECD-Ländern, heute gravierend anders aus. Insbesondere spiegelt sich die soziale Realität der Menschen in der Form ihrer Daseinsbewältigung. Und damit in Verbindung steht zunächst die Art und Weise, wie sie ihre Grundbedürfnisse befriedigen können. Für viele Menschen geht dies einher mit der Frage nach ihrer Erwerbsarbeit.

Aus einem Interview mit Peter Haase, dem Geschäftsführer der Coaching-Gesellschaft der Volkswagen AG, ist zu entnehmen, dass eifrig Arbeitende Arbeitslosigkeit und Reichtum in ein und demselben Akt erzeugen: »Je größer ihre Produktivität und ihr Arbeitseifer, desto stärker wachsen die Arbeitslosigkeit, die Armut, die Ungleichheit, die soziale Ausgrenzung und die Profitrate. Je tiefer sie sich mit der Arbeit und den Erfolgen ihrer Firma identifizieren, um so mehr tragen sie dazu bei, die Bedingungen ihrer eigenen Unterwerfung herzustellen und aufrechtzuerhalten sowie die Konkurrenz zwischen den Firmen zu intensivieren und also den Leistungsdruck immer mörderischer zu machen, die Beschäftigungsverhältnisse – einschließlich der eigenen – immer prekärer und die Herrschaft des Kapitals über die Arbeiter und über die Gesellschaft immer unwiderstehlicher.«[33] Die Identitätsfindung über den Arbeitsprozess kann damit Arbeit als Lebensgrundlage prekarisieren. Doch wann gilt Arbeit überhaupt noch als Lebensgrundlage und unter welchem Druck steht dieser alles entscheidende Produktionsfaktor, der damit beschäftigt ist, das ganze menschliche Dasein zu vereinnahmen?

2.2. Arbeit als Lebensgrundlage

Eigentlich bedeutet bezahlte Arbeit zunächst Lebensgrundlage und die Aussicht auf ein finanzielles Auskommen: Arbeit gibt Sicherheit, macht das Leben planbar und beeinflusst Familien- und Gesellschaftsstrukturen. Der Lebensstandard ist eindeutig durch die Erwerbssituation geprägt. Eine typische europäische Perspektive ist die folgende: »In der Arbeit die eigenen Kräfte entfalten und durch sie den Lebensunterhalt bestreiten zu können, betrachten wir als Bestandteil eines guten Lebens, das zu führen der Arbeitslose verhindert ist.«[34] Die Beschäftigungsquote der 15 bis

---

33. P. Haase: Artikel vom 20. Oktober 1995, in: *Die Zeit*, S. 27, zit. nach: A. Görz: *Arbeit zwischen Misere und Utopie* (wie Anm. 2), S. 27.
34. M. Faber & T. Petersen: *Gerechtigkeit und Marktwirtschaft – das Problem der Arbeitslosigkeit*, o. O. 2006, S. 1, unter: http://www.uni-kassel.de./fb7/ivwl/forschungskolloquium/faber.pdf.

64jährigen liegt in Europa bei etwa 63% (Frauen: 56%, Männer: 71%), bei den 55- bis 64jährigen nur mehr bei knapp 42%. Die Erwerbsbevölkerung umschließt jedoch auch die Arbeitslosen, welche im Schnitt knapp 8% dieser Gruppe ausmachen. Für die etwa eine Milliarde Arbeitsloser weltweit ist diese Grundlage nicht gegeben.[35] Arbeitslosigkeit ist das vorrangige politische Problem in Europa, besonders in Deutschland. Juan Somavia, Direktor der Internationalen Arbeitsorganisation, betont, »[...] dass Wirtschaftswachstum allein die globalen Arbeitsmarktprobleme nicht zu lösen vermag.«[36] Dies mag daran liegen, dass nach jeder Rezession ein Sockel an Arbeitslosigkeit zurückbleibt, der bei wirtschaftlichem Aufschwung nur langsam abgebaut werden kann.[37] Wie also das Problem angehen?

Bürokratie, Überregulierung, Mangel an Investitionstätigkeit, fehlendes Wirtschaftswachstum und hohe Lohnnebenkosten sind nur einige Erklärungsmuster für Arbeitslosigkeit. Neoliberale Erklärungen beziehen sich auf störende Interventionen von Staat und Gesellschaft, andere fordern die Regulierung des Marktes, damit seine sozialen Grundlagen nicht untergraben werden können. Prinzipiell entsteht Arbeitslosigkeit, wenn die Bedingungen der angebotenen Arbeitskraft mit der Personalnachfrage (aufgrund falscher Qualifikation oder falscher Beschäftigungsbedingungen) nicht mehr übereinstimmen. Je größer der Arbeitsmarkt und der freie Personenverkehr sind, umso häufiger wird die Gefahr der Substitution von MitarbeiterInnen durch billigeren Ersatz sein.

Je nach politischer Theorie kann Arbeitslosigkeit entweder innerhalb des kapitalistischen Systems auf Kosten sozialer Sicherheit oder auf Kosten eines freien Marktes verringert werden. Der Wettbewerb um Arbeit erscheint für andere die selbstzerstörerischen Tendenzen des Kapitalismus offen zu legen und die Möglichkeiten des Zugangs zu Wohlstand und sozialer Anerkennung von der Erwerbsarbeit abzukoppeln.[38] Das Menschenbild des *homo oeconomicus*, das sich als herkömmliches Modell menschlichen Verhaltens in den Wirtschaftswissenschaften durchgesetzt hat, würde, so Faber und Petersen, sogar dafür plädieren, Arbeitslose durch Transferleistungen zu entschädigen, statt unrentable Arbeitsplätze aufrecht zu erhalten. Demgegenüber stehen die

---

35. J. Rifkin: *Das Ende der Arbeit und ihre Zukunft*, Frankfurt/M. 2000.
36. EPO [Entwicklungspolitik Online], ILO: *Arbeitslosigkeit weltweit auf neuem Höchststand*, o. O. 2006, unter: http://www.epo.de/index.php?option=com_content&task=view&id=1354&Itemid =34.
37. G. Diendorfer: *Arbeitslos. Veränderungen und Probleme in der Arbeitswelt*, Wien 1994.
38. N. Baur: *Soziologische und ökonomische Theorien der Erwerbsarbeit. Eine Einführung*, Frankfurt/M. 2001, S. 24.

Argumente eines gemeinschaftlichen Gesellschaftsmodells, wonach Eigenständigkeit, die Möglichkeit zur Ausbildung der eigenen Fähigkeiten im Rahmen einer Beschäftigung und die Beitragsleistung zu gemeinschaftlichen Zielen im Mittelpunkt stehen.[39] Das Recht auf Arbeit, also das »Recht, bei freier Berufswahl und Sicherung der menschlichen Würde arbeiten zu können«, ist in Artikel 23 der Allgemeinen Erklärung der Menschenrechte festgeschrieben und in dieser Tradition zu sehen. Die Frage nach dem Umgang mit und der Rolle von arbeitslosen Menschen ist damit noch lange nicht geklärt und soll uns in der weiteren Diskussion beschäftigen.

Die Arbeitslosenforscherin Marie Jahoda beschrieb schon vor dem Zweiten Weltkrieg die Resignation der Arbeitslosen, die sich »[...] als ein fast völliges Erlahmen jeglicher Eigeninitiative [...]«[40] manifestiert. Ihre Beschreibung der »[...] Ausarbeitung von Systemen für das Fußballtoto«[41] erinnert an die große Anzahl von Sportwettlokalen und die hohen Umsätze von Lotteriegesellschaften, wie sie heute existieren, und damit an ähnliche Milieus, wie sie im Österreich und England der 30er- und 40er-Jahre existierten. Dabei stellte sie die Zunahmen permanenter Zukunftsängste und die damit verbundene deprimierte Arbeitsatmosphäre in den Mittelpunkt.[42]

Neben das Phänomen der Arbeitslosigkeit reiht sich jedoch ein weiteres, das an dieser Stelle diskutiert werden kann, wenn man davon ausgeht, dass Armut und soziale Ausgrenzung die zu behandelnde Folge dieser Phänomene darstellen. Aufgrund der stark veränderten Arbeitsbedingungen und -formen ist *Arbeit* zwar eine notwendige, aber oft nicht mehr hinreichende Bedingung zur Erfüllung einer zufrieden stellenden Lebenslage.[43] *Working poor* ist Schlagwort und Schreckgespenst einer sozialen Realität, die außerhalb der europäischen Sozialstaaten seit langem bekannt ist und auch dort zu einem Massenphänomen wurde:[44] mehreren Teilzeitbeschäftigungen und Arbeiten

---

39. M. Faber & T. Petersen: *Gerechtigkeit und Marktwirtschaft* (wie Anm. 34), S. 6.
40. M. Jahoda, P.M. Lazarsfeld & H. Zeisel: *Die Arbeitslosen von Marienthal. Ein soziographischer Versuch*, Frankfurt/M. 1975 (zuerst 1933), S. 30.
41. M. Jahoda, P.M. Lazarsfeld & H. Zeisel: *Die Arbeitslosen von Marienthal* (wie Anm. 40), S. 31.
42. Ebenda, S. 103 f.
43. In diesem Zusammenhang werde ich die private Verschuldung und die Art der Messung von Lebensstandard, Armut und wirtschaftlicher Leistungsfähigkeit näher ausführen.
44. In Österreich bestand 2005 bei 8% der erwerbstätigen Bevölkerung eine Armutsgefährdung (Statistik Austria 2006). Das Armutsrisiko liegt bei PensionistInnen trotz aller Transferleistungen bei 13%, bei in Ausbildung befindlichen Personen bei 19%, bei Hausfrauen und -männern bei 22% und bei Arbeitslosen bei 32% (Statistik Austria 2006) und damit weit höher als bei der erwerbstätigen Bevölkerung. Eine Studie ergibt, dass 9,5% der Wiener und 8,4% der Bundeslandbevölkerung in Österreich vom Phänomen *working poor* betroffen sind. Dies bedeutet, dass 63% der

im informellen Sektor nachzugehen, gehört für einen Großteil der Weltbevölkerung zur Arbeitsrealität. Dass sie trotz Erwerbstätigkeit unterhalb der Armutsgrenze liegen, mag damit zu tun haben, dass diese oft willkürlich festgesetzt ist und wenig aussagt. Nichtsdestotrotz ist der Umstand erschreckend, dass trotz einer langen Geschichte der Sozialgesetzgebung und der Gewerkschaftsbewegungen, die sich für ArbeitnehmerInnenrechte eingesetzt haben, ein existenzsichernder Lebensunterhalt der arbeitenden Bevölkerung in vielen Ländern unter Druck ist. In dessen Erreichen liegen jedoch einige Schwierigkeiten, wie etwa das Beispiel der Kinderarbeit nahe legt. Deren Bekämpfung bedeutet nämlich gleichzeitig den Entzug der Lebensgrundlage bzw. das Abdriften der Arbeitenden in den informellen oder illegalen Sektor. In vielen armen Familien besteht nicht die realistische Chance zwischen Erwerbsarbeit oder Schulbesuch des Nachwuchses. Insofern ist, nicht nur bei diesem Beispiel, jede Diskussion um den Zusammenhang zwischen Erwerbsarbeit und Lebensstand in einen größeren Rahmen sozialpolitischer Maßnahmen zu stellen. An der Spitze stehen der freie Zugang zum Arbeitsmarkt, die Schaffung von menschlichen Arbeitsbedingungen und der Kampf gegen Abhängigkeitsverhältnisse jeder Art.

Armut trotz Arbeit unter der Bedingung allgemeinen Mangels an Arbeit stellt geopolitisch sicher eine der größten Herausforderungen unserer Zeit dar. Mindestens drei Aspekte der veränderten Arbeitslandschaft scheinen mit diesem Phänomen in Verbindung zu stehen: einerseits der Zuwachs am Anteil der Menschen, die im informellen Sektor, in Teilzeitarbeit[45] und befristeten Arbeitsverhältnissen beschäftigt sind, andererseits der weiterhin große Unterschied zwischen Einkommen für Männer und für Frauen (vgl. *equal pay for equal work*-Initiativen) und schließlich die schlechte Stellung von ArbeitnehmerInnen in ihren Beschäftigungsverhältnissen. Dies zeigt sich sowohl in den Ländern des Südens, kann aber auch im Kontext der Instrieländer veranschaulicht werde, konkret etwa am Beispiel des österreichischen Bundeslandes Tirol.

1. Weltweit ist ein Großteil der Bevölkerung im informellen Sektor der Wirtschaft tätig (55% in Lateinamerika, 45–85% in verschiedenen Teilen Asiens, über 80% in Afrika, Charmes 1998). Die Löhne im informellen Sektor sind meist sehr gering, sei

---

armutsgefährdeten Personen in Erwerbshaushalten leben (!) [9,5% der Wiener sind ca. 142T, 8,4% der Bundesländer sind etwa 588T (gesamt: ca. 730T). bei einer Armutsgrenze von 13% leben knapp über 1,1 Mio. ÖsterreicherInnen darunter, die 730T sind also ein Anteil von 66%!].
45. In Österreich kamen 2001 auf 3,064.000 Vollzeitbeschäftigte 620.000 Teilzeitbeschäftigte (Statistik Austria: Mikrozensus 2001).

es für Taglöhner, Angestellte oder Selbständige, für Straßenverkäufer oder Heimarbeiterinnen. Auch die Arbeitsbedingungen sind durchwegs schlecht.[46] In vielen Fällen entspricht die Tätigkeit im informellen Sektor der Unfähigkeit, durch Subsistenzwirtschaft ein Auskommen zu finden. Es ist bemerkenswert, dass *Arbeit* in den seltensten Fällen das bedeutet, was in Europa darunter verstanden wird: ein Regelwerk aus Richtlinien zur Arbeitsplatzsicherheit, zum Verhalten im Krankheitsfall, bei Arbeitsunfällen, im Fall von Streitigkeiten, einem Betriebsrat, der die Interessen der ArbeitnehmerInnen vertritt. Freilich ist dieses Vertretungsinstrument ein Schlüssel zur Garantie der ArbeitnehmerInnenrechte. Es ist breit dokumentiert, dass die Sozialstandards der Erwerbsarbeitenden weltweit unter Beschuss stehen, auch wenn sich ArbeitnehmerInnen zusehends vernetzen (z.b. Weltarbeitnehmervertretung bei DaimlerChrysler).

Auch in den OECD-Ländern stellt der hier als Schwarzarbeit bezeichnete Sektor ein Problem dar, das staatlich bekämpft wird. Schließlich reduzieren sich das Steueraufkommen und die Summe an Sozialversicherungsbeiträgen massiv. Für die Jahre 1990–1993 prognostizierte Friedrich Schneider einen Schattenwirtschaftsanteil von 27% für Griechenland, 20% für Italien, ca. 15% für Spanien und Portugal, jedoch nur Werte um die 6% für Norwegen, Österreich und die Schweiz. Der OECD-Schnitt mit 12% stellte das untere Ende seines weltweiten Vergleichs dar.[47]

Der Anteil der Teilzeitbeschäftigten (weniger als 30 Wochenarbeitsstunden) ist insbesondere in den westlichen Ländern seit den 1970er-Jahren stark angestiegen. Im EU15-Schnitt wuchs der Anteil allein zwischen 1990 und 2004 von 13,3% auf 17,4%, im OECD-Schnitt von 11,1% auf 15,2%.[48] Teilzeitarbeit wurde als flexibles Mittel zur Vereinbarung von Beruf und Familie, zur Reduktion von Arbeitslosigkeit und zur Erhöhung wirtschaftlicher Effizienz und Leistungsfähigkeit (z. B. erhöhte Ladenöffnungszeiten etc.) angepriesen. Die Leitlinien für Beschäftigung der Europäischen Union empfehlen Sozialpartnern und öffentlichen Institutionen die Förderung von Teilzeitbeschäftigung als Mittel zur Modernisierung der Arbeitswelt.[49] Gleichzeitig

---

46. M. Carr & M. A. Chen: *Globalization and the Informal Economy: How Global Trade and Investment Impact on the Working Poor*, WIEGO (Women in Informal Employment: Globalizing & Organising), o. O. 2001, S. 17, unter: http://www.wiego.org/papers/carrchenglobalization.pdf.
47. F. Schneider: Ist Schwarzarbeit ein Volkssport geworden? Ein internationaler Vergleich des Ausmaßes der Schwarzarbeit von 1970 bis 1997, in: S. Lamneck & J. Luedtke (Hg.): *Der Sozialstaat zwischen Markt und Hedonismus*, Opladen 1999, S. 293–318.
48. OECD: *OECD Factbook*, Paris 2006.
49. Europarat: Beschluss des Rates der Europäischen Union vom 22. Juli 2003 über die Leitlinien für beschäftigungspolitische Maßnahmen der Mitgliedsstaaten (2003/578/EG), unter: http://europa.eu/eur-lex/pri/de/oj/dat/2003/l_197/l_19720030805de00130021.pdf.

liegen aber die Gehälter bzw. der Stundenlohn in Teilzeitbeschäftigungen tendenziell unter denen von Vollerwerbsjobs. 47 % der Frauen und 32 % der Männer in Teilzeitbeschäftigungen liegen im untersten Einkommensfünftel der Vergleichsbevölkerung.[50]

Am Beispiel des Bundeslandes Tirol zeigt sich besonders deutlich, wie die Zahl atypischer Arbeitsverhältnisse in den letzten Jahren angestiegen ist: Die Zahl der geringfügig Beschäftigten ist seit 1998 um 31 % (27.792), die Zahl der freien Dienstnehmer seit 2000 um 23 % (6.739) und die Zahl der neuen Selbständigen seit 2002 um 25 % (3.993) angestiegen.[51] Der Großteil der in Teilzeit beschäftigten Personen sind Frauen, auch in der Europäischen Union: Während 2002 6,6% der Männer (1992: 4,2%) teilzeitbeschäftigt waren, waren es 33,5% (1992: 28,8%) der Frauen. 2002 waren über 30% der Frauen in allen Altersgruppen teilzeitbeschäftigt.[52] Besonders hoch war der Anteil im Dienstleistungs- und Sekretariatsdienst.[53] Hauptgrund für die Teilzeitbeschäftigung war bei Frauen der Unwille einer Vollzeitbeschäftigung nachzugehen (32,2%) und der Erziehung von Kindern bzw. Pflege Erwachsener (31,5%). Während nur 7,6% der Frauen angaben aufgrund von Fortbildungen in Teilzeitbeschäftigungen angestellt zu sein, taten dies 23,6% der Männer.

2. Es herrscht ein rechtlicher Grundsatz bezüglich der Entgeltgleichheit bei Männern und Frauen bei gleichwertiger Arbeit (EG-Vertrag 1999, Artikel 141). Die Differenz beträgt jedoch nach wie vor bis zu 30%, unabhängig von Branche und Hierarchieebene. Der durchschnittliche so genannte *gender gap* beträgt in der EU 16%, 12% im öffentlichen und 21% im privaten Sektor.[54]

In Tirol sank das Einkommen bei Arbeiterinnen zwischen 2005 und 2006 um durchschnittlich 3,1%. 75% aller geringfügig Beschäftigten waren Frauen. Während männliche Arbeiter durchschnittlich 2.068 € (inklusive 13. und 14. Gehalt) und männliche Angestellte durchschnittlich 2.959 € verdienten, lagen die Durchschnitts-

---

50. C. Fagan & B. Burchell: *Gender, Jobs and Working Conditions in the European Union*, Dublin (European Foundation for the Improvement of Living and Working Conditions), 2002.
51. AK Tirol: *Die Lage der Arbeitnehmerinnen und Arbeitnehmer in Tirol*, Innsbruck 2007, S. 5, unter: http://www.ak-tirol.com/pictures/d51/Lage-2007.pdf.
52. Eurofound [European Foundation for the Improvement of Living and Working Conditions]: *Part-time work in Europe*, Dublin 2006, unter: http://www.eurofound.eu.int/ewco/reports/TN0403TR01/TN0403TR01.pdf.
53. C. Fagan & B. Burchell: *Gender, Jobs and Working Conditions in the European Union* (wie Anm. 50).
54. EPSU [European Federation of Public Service Unions]: *Closing the Gender Gap: EPSU / PSI Equal Pay Survey*, o. O. 2004, unter: http://www.epsu.org/IMG/pdf/En_revised_Sept_3_equal_pay_summary.pdf.

zahlen bei Frauen bei 1.366 € und 1.650 €. Die Einkommenszuwächse waren bei männlichen Angestellten der oberen Einkommensdezile am höchsten. Die AK konstatiert, auch auf Basis der folgenden Tabelle: »Das Monatseinkommen der Frauen ist um ein Drittel geringer als das der Männer; [...] Frauen arbeiten fast zwei Monate länger fürs selbe Geld als Männer«.[55]

	Beschäft. Pers.	10%	20%	30%	40%	50%	60%	70%	80%	90%
Männl. Arb.	936.567	1.260	1.588	1.783	1.940	2.096	2.254	2.431	2.661	3.043
Weibl. Arb.	464.899	645	821	990	1.151	1.289	1.428	1.575	1.739	1.981
Männl. Anges.	735.464	1.389	1.945	2.331	2.691	3.078	3.511	3.953	NB	NB
Weibl. Anges.	945.036	834	1.102	1.333	1.568	1.813	2.067	2.353	2.724	3.370

Quelle: AK Tirol: *Die Lage der Arbeitnehmerinnen und Arbeitnehmer in Tirol*, Innsbruck 2007, S. 27, unter:http://www.ak-tirol.com/pictures/d51/Lage-2007.pdf.

Neben den Durchschnittsgehältern liegen Frauen auch beim Ausbildungsniveau, bei der Dauer ihrer Beschäftigung[56] und bei der Beteiligung am Arbeitsmarkt insgesamt hinter den Männern. Viele Studien geben als Ursache für den ungleichen Umgang mit Männern und Frauen das nach wie vor stark vertretene, androzentrische Weltbild an.[57] Die Männerdominanz steht dabei auch in Verbindung mit der hohen Wertschätzung von Frauen, die ihre Familie (Haushalt, insbesondere aber Kinderbetreuung und -erziehung) in ihren Lebensmittelpunkt stellen. Die christlich-sozial motivierte Ansicht, Frauen müssten bei ihren Kindern bleiben, stammt aus einem überholten Weltbild des *male breadwinner* und steht der Tatsache gegenüber, dass ein Einkommen den Haushalt häufig nicht mehr finanziert. Für beide Geschlechter wird, und darauf werde ich später noch eingehen, eine rechtliche Grundlage diskontinuierlicher Erwerbsarbeitsbiographien als Basis einer gerechteren Entlohnung

---

55. AK Tirol: *Die Lage der Arbeitnehmerinnen und Arbeitnehmer in Tirol* (wie Anm. 51), S. 5 f.
56. In Tirol ist jede zweite Arbeiterin kürzer als neun Monate beschäftigt. AK Tirol: *Die Lage der Arbeitnehmerinnen und Arbeitnehmer in Tirol* (wie Anm. 51), S. 7.
57. Vgl. K. Heitzmann: Armut ist weiblich! Ist Armut weiblich? Gedanken zur sozioökonomischen Armutsforschung aus feministischer Sicht, in: K. Heitzmann & A. Schmidt (Hg.): *Frauenarmut. Hintergründe, Facetten, Perspektiven*. Frauen (Forschung und Wirtschaft, Bd. 11), Frankfurt/M. 2001, S. 121–136.

und einer Neuorientierung in den unbezahlten Bereichen von Haushaltsführung, Kindererziehung und Pflege dienen. Jedenfalls scheint die Rolle von Frauen widersprüchlich gesehen zu werden: Mikrokredite und ermöglichte Berufstätigkeit auf der einen, Mehrfachbelastung und erhöhte Verantwortung auf der anderen Seite. Inwieweit emanzipatorische Bewegungen die Reform der Frauenarbeit beeinflussten, bleibt dabei eine äußerst spannende Frage, auch für zukünftige Arbeitsmarktpolitik, in der *rural women entrepreneurs* in Entwicklungsländern und Frauen in Führungskräften eine größere Bedeutung haben werden; genauso zeichnet sich aber kein Rückgang bei der Feminisierung der Armut ab. Dies kann zu einem Teil aus der Abhängigkeit von Lebenspartnern erklärt werden, in die sich Frauen als Verantwortliche (was Haushalt, Kinder, etc. betrifft) begeben. Es sind auch Männer, die für die offensichtlichen Haushaltsausgaben (wie Miete) aufkommen, während Frauen sich subtiler verausgaben (Taschengeld, Schulgeld, Kleidung für Kinder etc.).[58]

3. Die schlechte machtpolitische Stellung in den Beschäftigungsverhältnissen ist ein dritter Punkt, der im Zusammenhang mit arbeitenden Armen zu erwähnen ist. Ausgangspunkt einer schlechten Verhandlungsbasis der Arbeitnehmerverbände scheint eine starke Schieflage bei der Vermögens- und Einkommensverteilung in einer Region zu sein, weil damit auch eine Asymmetrie in der politischen Verhandlungsposition verbunden ist. In Tirol teilt sich das einkommensstärkste Fünftel der Bevölkerung die Hälfte der Lohnsummen, während auf das einkommensschwächste Fünftel nur 2,3 % aller ausbezahlten Löhne fallen.[59] Während in Österreich 1 % der Gesamtbevölkerung 33 % des Gesamtvermögens besitzt, haben die nächsten 9 % weitere 35 % und die restlichen 90 % der Bevölkerung 32 % des Gesamtvermögens zur Verfügung.[60] Zur gleichen Zeit nahm die Belastung des Faktors Arbeit überproportional stark zu: zwischen 1992 und 2005 sind die Einnahmen aus der Lohnsteuer um 68 % angewachsen, die Unternehmenssteuern (Körperschafts-, Einkommens- und Kapitalertragssteuer) nur um 24 %.[61]

Die Übersicht der Tiroler Arbeiterkammer über die Lage der ArbeitnehmerInnen in Tirol 2007 zeichnet ein düsteres Bild für die Situation der ArbeitnehmerInnen. Sie entkräftet etwa den Mythos, dass Produktivität und Lohnniveau zusammenhän-

---

58. Im Falle von Trennungen bleibt in dieser Konstellation häufig der Mann in der Wohnung und die Frau mit den Kindern (vgl. Wohnungslosigkeit von Frauen in Mitteleuropa, die oft verdeckt ist.)
59. AK Tirol: *Die Lage der Arbeitnehmerinnen und Arbeitnehmer in Tirol* (wie Anm. 51), S. 5.
60. Ebenda, S. 7.
61. Ebenda, S. 14.

gen. So habe etwa das reale Bruttoeinkommen der ArbeitnehmerInnen 2005 nur um 0,9% gegenüber 2000 (um 12,3% gegenüber 1990) zugenommen, während die Produktivität um 5,3% (um 29,9% gegenüber 1990) zugenommen hat. Bemerkenswert sind regionale Unterschiede, etwa was Beschäftigungsdauer, Arbeitslosigkeit und Lohnniveau betrifft.[62]

In vielen Weltregionen nimmt die Vernetzungstätigkeit mit der sozialen Lage Erwerbstätiger ab, während gewerkschaftlich unorganisierte Personengruppen zur neuen Arbeiterklasse wurden. Ihnen begegnet die traditionelle Arbeiterschaft mit Misstrauen und Rassismus und unterbindet eine Internationalisierung der Arbeiterbewegung.[63] Die vielen ArbeiterInnen in den sogenannten *sweatshops* betonen trotz der Schieflage zwischen Gehältern und Profiten, dass diese Arbeit besser sei als alle ihre Alternativen.[64] Das damit verbundene internationale Lohndumping *kann* sie nicht interessieren: sie tun alles, um Jobs zu halten. Unter manchen Managementregimen (wie etwa der *just-in-time*-Produktion) wurde die Position der Arbeiter jedoch verbessert, weil das Kapital anfälliger gegenüber Unterbrechungen des Produktionsflusses wurde[65], was auch eine innerbetriebliche Stärkung zur Folge haben konnte. Und natürlich gibt es ein großes Heer von Personen, die nicht in *sweatshops* arbeiten, sondern in dem, was wir *McJobs* nennen. Das heißt aber zum Beispiel, dass sie Bauern/Landarbeiter und Lehrer zugleich sind, dass sie Autos reparieren und Taxi fahren. Die Organisation ihres Arbeitsalltags hat sich durch moderne Technologie bereits massiv verbessert, wie etwa am Beispiel der Verbreitung des Mobiltelefons in Afrika gezeigt wurde.[66]

Zusammenfassend kann festgestellt werden, dass der freie Zugang zum Arbeitsmarkt aufgrund des Mangels an offiziellen Beschäftigungsverhältnissen begrenzt ist und besonders im Bereich der ungebildeten Arbeitskräfte üblich ist. Die Gefahr ihrer Ausbeutung ist deshalb so groß, weil sie nur ihre eigene Arbeitskraft anbieten können. Bleiben sie trotz Arbeit unter der Armutsgrenze oder ist diese Grenze selbst ein Mittel zur Schaffung von Druck auf die als arm definierte Bevölkerung, um aktiver in den Wettbewerb am Arbeitsmarkt zu treten? Dazu einige Gedanken.

---

62. Ebenda, S. 5.
63. B. Silver: *Forces of Labor* (wie Anm. 1), S. 222.
64. S. Joekes: A Gender-Analytical Perspective on Trade and Sustainable Development, in: UNCTAD (Hg.): *Trade, Sustainable Development and Gender*, New York–Genf 1999, S. 33–59.
65. Vgl. B. Silver: *Forces of Labor* (wie Anm. 1), S. 212.
66. Vgl. den Weltjournalbeitrag über Handys in Kenia. Es wurde gezeigt, dass per Handy Überweisungen getätigt, Marktpreise abgefragt und Fahrzeuge mit Pannen lokalisiert, aber auch Angestellte (etwa der Kuhhirte, der die Kühe der Lehrerin beaufsichtigt) kontaktiert werden können. Vom »Überspringen einer Phase der industriellen Revolution« war die Rede.

2.2.1. Die Ausbeutung des Faktors *Arbeit*

Der globale Wettbewerb um Standorte, Lohnkosten und Produktionsmittel stellt sowohl UnternehmerInnen als auch Regierungsmitglieder unter einen großen Druck. Für sie stellt sich die Frage, wo die Grenze des Erträglichen zwischen einem Einbruch der Wirtschaft (etwa durch Unternehmensabwanderungen) und dem Absinken der Lebensqualität der BürgerInnen liegt. Das ganze Erwerbssystem ist von einer zunehmenden Prekarisierung geprägt.[67] Prekäre Arbeitsverhältnisse bedeuten hauptsächlich einen Mangel an Planbarkeit des eigenen Lebens. Den kurzfristigen Arbeitsverträgen, der Leiharbeit, Projektmitarbeit und ähnlichen Beschäftigungskonstellationen fällt eine längerfristige Lebensplanung häufig zum Opfer; all das führt zu Unsicherheit, Angst und Isolation vieler Gesellschaftsmitglieder. Heinz Bude betont die Gefahr des sozialen Ausschlusses aufgrund der Verweigerung des kulturellen Anschlusses an die Mehrheitsgesellschaft und weist damit auf eine Sorge hin, die eben nicht nur die Menschen in prekären Beschäftigungsverhältnissen beschäftigt, sondern die ganze Gesellschaft in einem Gefühl der Unsicherheit verharren lässt: »So legt sich in den Alltagstheorien sozialer Selbsteinstufung über die alte, keineswegs überholte Unterscheidung von oben und unten eine neue, die Leute ungemein beunruhigende Unterscheidung von drinnen und draußen.«[68]

Zweifelsohne müssen Arbeitnehmerinnen und -nehmer heute vermehrt eigenverantwortlich handeln. Dies hat positive und negative Auswirkungen und prägt das Phänomen der Prekarisierung und der *entsicherten Gesellschaft* nachhaltig: neben desintegrierenden Aspekten der Arbeitswelt können prekäre Arbeitsverhältnisse auch zu ihrer Restrukturierung beitragen, wenn entsprechende Rahmenbedingungen gegeben sind. Die *Generation Praktikum* muss etwa trotz hoher Qualifikationen und beträchtlicher Flexibilität unbezahlt arbeiten, weil ihnen der Zugang zu regulären Arbeitsverhältnissen versperrt bleibt; sie hat nur so die Chance, erste Berufserfahrung zu erhalten, einen roten Faden im Lebenslauf fortzuziehen, Kontakte zu knüpfen und eventuell übernommen zu werden.[69]

---

67. Als Prekarisierung wird der Erosionsprozess des Normalarbeitsverhältnisses bezeichnet, aus dem auch Formen prekärer Arbeit hervorgehen. Vgl. den Beitrag von Gottfried Schweiger in diesem Band (S. 39–71).
68. H. Bude: Das Phänomen der Exklusion, in: *Mittelweg*, Bd. 36 (2004), H. 4, S. 3–15, hier: S. 12 f.; Vgl. auch: H. Bude: *Das Problem der Exklusion*, Hamburg 2006.
69. Vgl. M. Mörchen: *Praktikum als prekäre Beschäftigung – Ausbeutung oder Chance zur Integration?* (Sozialforschungsstelle Dortmund, Beiträge aus der Forschung Nr. 49), Dortmund 2006.

Die angesprochenen Rahmenbedingungen erweisen sich jedoch als eher ungünstig. Laut österreichischem Armuts- und Reichtumsbericht sind die Realnettolöhne und -gehälter zwischen 1988 und 2002 teilweise sogar gesunken, speziell bei den unteren Einkommensgruppen.[70] Ebenfalls ist der Anteil der ArbeitnehmerInnenentgelte am Bruttoinlandsprodukt (»Lohnquote«) von 56,7% (1981) auf 51,1% (2003) gesunken, obwohl die Anzahl der ArbeitnehmerInnen um 400.000 und der Anteil der Betriebsüberschüsse und Selbständigeneinkommen anteilig am BIP um 6% in diesem Zeitraum zugenommen hatte. Der Bericht folgert, dass sich der Einkommenszuwachs von Unternehmen und Selbständigen vom Wirtschaftswachstum entkoppelt. Zudem wuchsen die Geldvermögen der Wirtschaft (nichtfinanzielle Kapitalgesellschaften) zwischen 1996 und 2003 dreimal so stark an wie die Geldvermögen der Privaten, das Geldvermögen der Finanzwirtschaft wuchs doppelt so stark wie die Geldvermögen von Wirtschaft und Privaten zusammen.[71]

Die Abgabenbelastung des Produktionsfaktors Arbeit ist gegenüber dem Produktionsfaktor Kapital angestiegen. Eine deutsche Studie besagt, dass die relative Belastung beider Faktoren 1970 noch zwischen je 14 und 15% lag und 1990 für Arbeit 17,2% und für Kapital nur noch 10,5% ausmachte.[72] Eine OECD-Studie wies sogar nach, dass der US-amerikanische Fiskus zwischen 1991 und 1997 31% des Kapitaleinkommens einhob, während dies in Deutschland, Norwegen und Finnland nur 20%, in Frankreich 24% ausmachte.[73]

2.2.2. Armut *trotz* Arbeit?

Wie wir bereits gesehen haben, bedeutet die veränderte Arbeitswelt, dass Menschen vermehrt in atypischen, unsicheren Beschäftigungsverhältnissen stehen, Frauen nach wie vor stark benachteiligt sind und die Position der ArbeitnehmerInnen als Akteur in dieser Landschaft zusehends schwächer wird. Ich möchte einen Aspekt erwähnen, der m. E. im Zusammenhang mit dem Phänomen *working poor* zu selten an-

---

70. ÖGPP [Österreichische Gesellschaft für Politische Bildung]: *Armuts- und Reichtumsbericht für Österreich*, Wien 2004, S. 6f., unter: http://www.diezukunft.at/media/diezukunft/de_at/cover/Armutsbericht.pdf.
71. ÖGPP [Österreichische Gesellschaft für Politische Bildung]: *Armuts- und Reichtumsbericht für Österreich* (wie Anm. 70), S. 12ff. und 36ff.
72. K. Ballarani & R.-L. Ganter: *Belastung der Produktionsfaktoren Arbeit und Kapital durch Steuern und Sozialversicherungsabgaben* (Veröffentlichungen des ifm, Grüne Reihe, Nr. 16), Mannheim 1993.
73. Economist: Taxing the poor to pay the poor, *Economist*, Bd. 371 (Nr. 8369), 4. März 2004, S. 80.

gesprochen wird, nämlich die private Haushaltsverschuldung. Armut bedeutet laut Definition zwar häufig Einkommensmangel, doch ist eine Betrachtung der privaten Verschuldung ein wichtiger Indikator einer Bestandsaufnahme des Status Quo einer Gesellschaft.

In vielen Ländern macht die private Haushaltsverschuldung mehr als das jährliche Bruttoinlandsprodukt aus, und ein Großteil der aufgenommenen Kredite wird für Hausbau bzw. Wohnungskauf verwendet. So zeigt eine OECD-Studie, dass in Kanada, Neuseeland und den USA über 80% der Haushalte mit Haushaltsvorständen unter 35 Jahren verschuldet sind. Die Haushalte mit dem höchsten Einkommensanteil in den USA, Großbritannien, Neuseeland und Schweden sind zu über 80% verschuldet, gleichzeitig verzeichnen die Haushalte mit den niedrigsten Einkommen den größten Zuwachs an Verschuldung.[74] In Österreich weist die private Verschuldung laut österreichischem Armuts- und Reichtumsbericht zwischen 1995 und 2003 einen Zuwachs von 62,4 auf 88,9 Mrd. € (+47%) auf. Der Anteil der privaten Schulden am BIP lag jedoch mit knapp 40% weit unter Ländern wie Deutschland (73,3%), Portugal (82,2%) oder den Niederlanden (95,5%). Zu berücksichtigen ist auch ein in diesem Bericht unterstellter Zusammenhang zwischen Wirtschafts- und Schuldenwachstum.[75]

Neben diesen Daten existiert eine ausführliche Analyse der privaten Schuldenlasten bei den SchuldnerInnenberatungen. Die österreichische Zentrale lässt mit ihrer Jahresstatistik für 2005 aufhorchen, wenn sie entgegen der üblichen Ansicht darauf verweist, dass nur 8% ihrer KlientInnen aufgrund von Wohnraumbeschaffung und -ausstattung überschuldet sind. Vielmehr gelten in ihrer Bestandsaufnahme Selbständigkeit (24%) und Arbeitslosigkeit bzw. Einkommensverschlechterung (20%) als Hauptgründe, wenngleich die Komplexität und Heterogenität der Überschuldung ausgewiesen wird. Dieses Ergebnis verweist auf ein klares Auftreten von Armut trotz Erwerbstätigkeit.

Laut dem hier zitierten ersten Österreichischen Schuldnerbericht ist die Zahl der Beratungen von 39.000 (2003) auf 46.600 (2005) rasant angestiegen, genauso wie die Zahl der Privatkonkursanträge (mit 6.694 im Jahr 2005 entspricht dies +15,5% gegenüber dem Vorjahr). 2005 gab es österreichweit über 960.000 Fahrnisexekutionen (also die Verwertung beweglicher Sachen) und über 775.000 Forderungsexekutionen,

---

74. OECD: *OECD Economic Outlook*, No. 80: *Special Chapter: Has the rise in debt made the households more vulnerable?* Paris 2006, S. 216 f., unter: http://www-oecd.org/dataoecd/19/39/37740324.pdf.
75. ÖGPP [Österreichische Gesellschaft für Politische Bildung]: *Armuts- und Reichtumsbericht für Österreich* (wie Anm. 70), S. 40 f.

welche die Lohnpfändung bis zum Existenzminimum von 662,– € im Einpersonenhaushalt im Jahr 2005 vorsieht.[76]

In den Ländern des Südens spielt ebenfalls die private Verschuldung eine große Rolle, wenngleich meist nur von der Entschuldung staatlicher Akteure die Rede ist (*debt relief* im Rahmen der HIPC-Initiative[77]). Die derzeitige Blüte der Mikrokreditidee, welche im Jahr 2006 mit dem Friedensnobelpreis für Muhammad Yunus und die bengalische Grameen-Bank geehrt wurde[78], lässt nur wenige kritische Stimmen aufkommen. Als ich kürzlich ein landwirtschaftliches Projekt im Nordwesten Burkina Fasos besuchte, wurde mir mit Stolz erzählt, dass die Zinsraten für die Kleinkredite der Bauern hier nur 10 % betragen und die Rückzahlungsquoten fast überall bei 100 % lagen. Die Mitgliedschaft im Kleinkreditprogramm ist stark umworben, stellt es doch für viele die einzige Chance auf Ernährungssicherheit durch selbständige Arbeit dar. Die gemeinschaftlich angelegten Felder werden individuell bearbeitet und vermarktet. Kleinunternehmertum ist hier eine Realität, die sowohl zu einer erhöhten Abhängigkeit von der Nachfrage und Kaufkraft der KundInnen, dem Wetter, billigem (gentechnisch manipuliertem?) Saatgut etc. führt als auch zu einer aktiven Veränderung der wirtschaftlichen Grundlagen von der Subsistenzwirtschaft hin zu einem kompetitiven Markt. Schließlich hat diese Form der neuen Selbständigkeit auch soziologische Auswirkungen auf die Dorfgemeinschaften, die noch gar nicht abzusehen sind. Jedenfalls kommt es zu einer Form der Ich-AG, die dem neoliberalen Wirtschaftsmodell entspricht und über Schuldenregime eine Abhängigkeit schafft, welche die Ausbeutung des Faktors Arbeit weiterhin ermöglicht.

In diesem Sinne berichtet Chanida Chanyapate Bamford von der Aufnahme von Übergangskrediten vieler Kleinbauern in Thailand, die im März jeden Jahres ihre Mikrokreditraten nicht zurückzahlen können. Da diese auch für das Schulgeld der Kinder, seit neuestem auch für Waschmaschinen verwendet werden, haben Wucherer (5–10 % Zinsen pro Monat) leichtes Spiel. Die Mikrokredite werden folglich vermehrt in die Rückzahlung der Schulden als in die Steigerung der wirtschaftlichen Produktivität und in die Ernährungssicherung investiert. Die Verschuldung geht dabei so weit, dass Kreditnehmer in einem Schuldnerklub Mitglied sein sollen, um den Kredit zu versichern. Stirbt nämlich ein Kreditnehmer, so wird die vom Klub

---

76. ASB Schuldnerberatungen: *Schuldenreport Wien 2006*, unter:http://www.schuldnerberatung.at/equal/newsystem/schuldenreport06.pdf.
77. *Highly Indebted Poor Countries* (vgl. Weltbank Online: www.worldbank.org/poverty)
78. Begründung: »[…] für ihre Anstrengungen, wirtschaftliche und soziale Entwicklung von unten zu fördern.« unter: nobelprize.org

ausbezahlte Summe nicht nur für das Begräbnis, sondern auch für die Deckung des Mikrokredits herangezogen.[79]

Private Verschuldung ist ein Kriterium für finanzielle Armut, das in den theoretischen Analysen noch zu wenig Beachtung findet. Ökonomisch gesehen bedeutet sie meist einen Konsummangel bzw. die Notwendigkeit auf Unterstützung von außen, sozial die Entstehung einer abgeschirmten, privaten Parallelwelt, in der Scham und Aussichtslosigkeit sowie der Wille zur Vertuschung und weiteren Verschuldung überwiegen können. Gerade in kostspieligen, von der Gesellschaft erwarteten Ereignissen (in Indien etwa Hochzeit, Mitgift und Begräbnisse) werden private Geldverleiher mit hohen Zinssätzen kontaktiert.[80] Ohne Zweifel würde die Einbindung dieses Faktors in Armutsberechnungen ein anderes Bild der Armutssituation in vielen Ländern der Welt bewirken. Sie wäre legitim, weil die Ver- und Überschuldung eine wesentliche Armutsursache ist, einen wesentlichen Faktor langfristiger und tiefer Verarmung darstellt und weil eine öffentliche Debatte mehr Spiel- und Handlungsraum für die individuell Betroffenen eröffnen könnte. So würde auch die Diskussion um die Zukunft der Arbeitswelt eine neue Perspektive erhalten.

2.2.3. Armut *durch* Armutsmessung?

Die Art und Weise, wie Lebensstandard, Armut und wirtschaftliche Leistungsfähigkeit gemessen werden, stellt unter anderem die Basis für arbeitsmarktpolitische Maßnahmen, aber auch für Hilfsleistungen und Reformprogramme dar. Je mehr Menschen sich in Armut befinden, umso größer ist der Zugzwang für die nationale und internationale Politik. Doch ab wann ist dieser Druck vorbei? Und hat sich zu diesem Zeitpunkt der Lebensstandard der betroffenen Personen nachhaltig verbessert? Welche Rolle spielt in der wissenschaftlichen Auseinandersetzung mit dem Phänomen Armut der Faktor Erwerbsarbeit? Welchen Einfluss hat die daraus resultierende Sozialpolitik auf den Arbeitsmarkt, sprich: Kann ein neoliberales Modell der Erwerbsarbeit Armut verhindern?

---

79. C. C. Bamford: Micro Credit Equals Micro Debt, in: *focusweb*, o. O. 2000, unter: http://www.focusweb.org/publications/2000/Micro%20Credit%20Micro%20Debt.htm.
80. Anirudh Krishna zitiert ein Interview mit einem Dorfbewohner in Ajimer, Indien, der nach dem Tod des Vaters unter Zugzwang stand. Er sagte: »Menschen unserer Kaste haben uns gesagt: Die Seele eures Vaters wird hilflos vor den Himmelstoren warten und nicht eintreten können. Wenn ihr nicht das richtige tut, verflucht ihr seine Seele in die ewige Verdammnis.« (Übersetzung des Autors) A. Krishna: Escaping Poverty and Becoming Poor: Who Gains, Who Loses, and Why? In: *World Development*, Bd. 32(1), January 2002, S. 121–136.

Dass Personengruppen trotz Erwerbsarbeit arm sind und Transferleistungen effizient gegen das Auftreten von Armutsinzidenz sind, wurde bereits festgestellt. Arbeit wird als Allheilmittel gegen Armut angesehen, obwohl bereits das Ende der Arbeit[81] prognostiziert wird, sich die Formen der Erwerbsarbeit drastisch verändern und die anwachsende Zahl der Arbeitslosen kaum in den Griff zu bekommen ist.

Wie soeben bei der privaten Verschuldung angeschnitten, spielt die theoretische Betrachtung (Definition, Messung, *policy-building*) von gesellschaftspolitischen Phänomenen eine große Rolle für das daraus erwachsende Selbstverständnis. Armutsmessung ist Mahner und Vorbild für zukünftige Entwicklung, welche sie auf einen rein materiellen Sockel stellt.

Basis der Armutsberechnungen, wie sie etwa im Statistikset des UN Entwicklungsprogramms angewandt wird, stellt die Einkommensarmut dar. Sie wird für Entwicklungsländer mit einer absoluten Armutsgrenze von einem bzw. zwei US-Dollar pro Tag und Person angegeben. Für die entwickelten Länder existieren nationale Armutsgrenzen, die sich auf Basis des Medianeinkommens berechnen lassen und damit einen relativen Charakter haben: Wer weniger als 60% oder 50% dieses Medianeinkommens zur Verfügung hat, gilt als *armutsgefährdet*. Einige soziokulturelle Faktoren (Wohnung, Kleidung, Nahrung, sozialer Zusammenhalt etc.) werden eingerechnet und bei Erfüllen als *akute Armut* bezeichnet.[82] Die Armutsgrenzen in den westlichen Industrieländern sind damit normativ festgelegt, durch PolitikerInnen, ExpertInnen, den Zensus und natürlich auch wissenschaftliche Standards – materielle Aspekte bleiben im Vordergrund, noch viel mehr bei der weltweit größten Kampagne zur Armutsminderung, die Millennium-Entwicklungsziele, welche eine absolute Armutsgrenze angenommen haben. Es wird damit betont, dass ein bestimmter Anteil der Bevölkerung von weniger als einem oder zwei US-Dollar in lokaler Kaufkraft pro Tag und Kopf lebt. Diese Armutsgrenze ist ebenfalls normativ festgesetzt, genauso wie die Armutsbekämpfungsstrategie der VN politisch verhandelt wurde. Die Verringerung der Anzahl der Menschen, die weniger als einen Dollar pro Tag zur Verfügung haben, bedeutet in vielen stark unterentwickelten Ländern vielmehr die Einführung von Geldwirtschaft und die Auflösung von Subsistenz- und Tauschwirtschaft. Während die Daten ursprünglich zur Armutsmessung, also hauptsächlich zu Vergleichszwecken angelegt waren, hat sich das Millenniumsentwicklungsziel Nr. 1,

---

81. J. Rifkin: *Das Ende der Arbeit und ihre Zukunft* (wie Anm. 35).
82. Vgl. z. B. BMSG [Bundesministerium für soziale Sicherheit und Generationen]: *Bericht über die soziale Lage 2003–2004*, Wien 2004, unter: http://www.bmsk.gv.at/cms/site/liste.html?channel=CH0338.

die Armutsbekämpfung, verselbständigt und bedeutet heute die Integration peripherer Gemeinschaften in die marktwirtschaftlich ausgerichtete Wirtschaftsordnung. Dies hat massive Auswirkungen auf die Lebens- und Arbeitszusammenhänge der betroffenen BürgerInnen.

Die internationale Armutsmessung berechnet das zur Verfügung stehende Einkommen. So hilft zum Beispiel die Auflistung der Bevölkerung nach Einkommensquintilen oder -dezilen zu veranschaulichen, wie hoch der Anteil an Einkommen bzw. Ausgaben der jeweiligen Gruppe am Gesamteinkommen bzw. den Gesamtausgaben einer Bevölkerung tatsächlich ist. So wurde etwa für 2000 berechnet, dass in Österreich die ärmsten 10% der Bevölkerung 3,3% des Volkseinkommens und die reichsten 10% der Bevölkerung 23% des Volkseinkommens zur Verfügung haben. Für Kolumbien lag die Zahl für den Anteil der Ärmsten bei 0,7%, der Reichsten bei 46,9%. Dieses Land wird folglich als ungleicher in der Einkommensverteilung bezeichnet.[83]

Dadurch wird der monetäre Armutsbegriff als objektiv, von außen messbar und auf das Individuum beziehbar angenommen; durch die damit verbundene Vergleichbarkeit wurde das Prinzip der Nutzenmaximierung in den Vordergrund gerückt.[84] Interessant bleibt, dass es sich dabei *nur* um Statistik handelt, die je nach Annahmen anders ausfallen kann. So baute Kakwani eine Armutsgrenze auf den lokalen Kosten für eine Mahlzeit und auf dem Median von 19 Armutsgrenzen von Niedrigeinkommensländern in den 1990er-Jahren auf.[85] Dabei stellt er fest, dass die beiden berechneten Grenzen zu einer weit höheren Armutsinzidenz führen, als die »$1-a-day«-Grenze. Die politisch-normative Festsetzung dieser Grenze wird damit augenscheinlich. Lapa betont, dass absolute Armutsgrenzen als materielle Kategorien soziale Bedürfnisse ignorieren und damit für Betroffene eine irrelevante Kategorie darstellen.[86]

Die monetäre Prägung der Armutsmessung seit den 1970er-Jahren hängt mit den Argumenten der *trickle-down*-These zusammen, d.h. dass wirtschaftliches Wachstum

---

83. HDR [Human Development Report]: *Beyond Scarcity: Power, Poverty, and the Global Water Crisis*, New York 2006.
84. C.R. Laderchi, R. Saith & F. Stewart: *Does It Matter that We Don't Agree on the Definition of Poverty? A comparison of Four Approaches* (Working Paper Number 107, Queen Elizabeth House, University of Oxford), Oxford 2003, S. 8.
85. N. Kakwani: New Global Poverty Counts, in: *In Focus*, Brasilia: UN International Poverty Centre, September 2004.
86. Lapa: *Poverty Definitions*, o. O. 2004, unter: http://www.lapa.org.uk/poverty/definitions/definitions.htm.

auch untere Einkommensgruppen früher oder später erreichen wird. Dieser Zusammenhang ist jedoch keineswegs bewiesen. Lustig, Arias und Rigolini schließen aus der Analyse von 65 Länderdatensets, dass »[...] in some countries and over some periods there is a significant drop in poverty as the economy grows; in others the response is much less appreciable. How quickly growth can reduce poverty depends both on the initial income distribution and how it evolves over time. In countries with more unequal distributions the same growth rate makes far less of a dent in poverty.«[87] Nichtsdestotrotz besteht eine Beziehung zwischen Wirtschaftswachstum und Armutsminderung, auch wenn diese nicht eindeutig und pauschalisierbar ist. Gallup et al. betonten: »[I]t is disappointing that income distribution does not systematically improve with growth.«[88] Qualität und Verteilung des Wirtschaftswachstums sind jedoch ausschlaggebend.

Gleichermaßen zeigt sich, dass die statistische Erfassung des Wirtschaftswachstums in einer Gesellschaft ebenfalls dem unterliegt, was als grundlegend definiert wird. Der alternative *Genuine Progress Indicator* (GPI) stellt etwa ein Alternativmaß zum Bruttoinlandsprodukt dar, in dem Robert Costanza et al. 26 Kategorien auf eine Art und Weise berücksichtigten, die der daraus resultierenden gesellschaftlichen Wohlfahrt positiv oder negativ zugerechnet wurden. Das Maß bezieht zum Beispiel Hausarbeit, Freiwilligenarbeit und den Nutzen von Straßenbau genauso mit ein wie die Kosten für Kriminalität, Scheidungen, Verlust von Freizeit und die Kosten von Arbeitslosigkeit, Pendelverkehr und Umweltschäden. Investitionstätigkeit und Kreditvergabe können positiv und negativ gewertet werden.[89] Auch Herman Daly und John Cobb haben neben den Vorzügen des Wirtschaftswachstums auch die dadurch verursachten Kosten angesprochen, die nicht in die Wirtschaftsleistung eines Landes einberechnet werden.[90] Der Vergleich von GPI und BIP zeigt, dass, der Gesamtfortschritt der Gesellschaft weit hinter dem zurückbleibt, was das Maß des BIP angibt:

---

87. N. Lustig, O. Arias & J. Rigolini: *Poverty Reduction and Economic Growth: A Two-Way Causality* (Inter-American Development Bank. Sustainable Development Department Technical Papers Series), Washington/DC 2000, S. 2.
88. J. L. Gallup, S. Radelet & A. Warner: *Economic Growth and the Income of the Poor* (Working Paper 36, Consulting Assistance on Economic Reform II (CAER II) Project), Cambridge 1999, S. 23.
89. R. Costanza et al.: Estimates of the Genuine Progress Indicator (GPI) for Vermont, Chittenden County and Burlington, from 1950 to 2000, in: *Ecological Economics*, Bd. 51 (2004), S. 139–155, hier: S. 142 f.
90. H. E. Daly & J. B. Cobb: *For the Common Good. Redirecting the Economy Toward Community, the Environment, and a Sustainable Future*, Boston 1994.

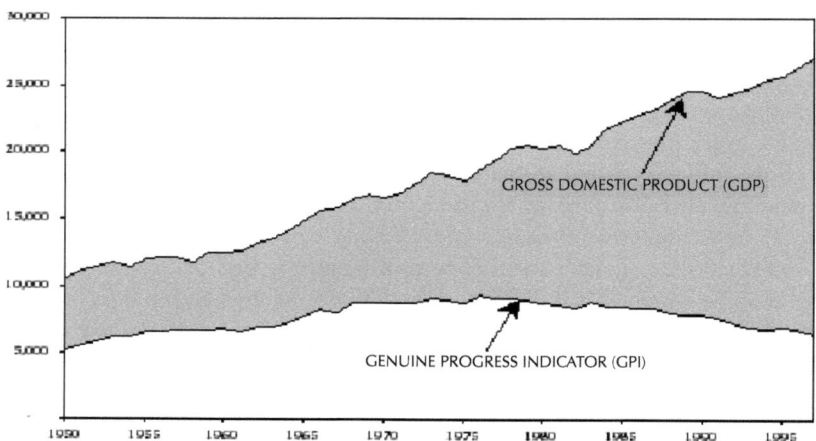

Abb. 1: Der Genuine Progress Indicator (GPI) im Vergleich zum Bruttoinlandsprodukt (BIP)
Quelle: http://www.redefiningprogress.org/projects/gpi/updates/gpi1998_exe-sum.html

Die Messung der Wirtschaftsleistung einer Gesellschaft ist heute primär vom Bruttoinlandsprodukt geprägt. Ähnlich steht es um die Indikatoren in der Armutsmessung. Die dort eingeführten monetären Armutsgrenzen haben mehrere Bedeutungen: Einerseits unterscheiden und trennen (lat. finis, Grenze) sie Arme von Nicht-Armen, sie stellen die Grundlage für die Erstellung von Armutsprofilen aber auch von rechtlichen Ansprüchen dar, sie helfen, Veränderungen zu beobachten und die öffentliche Aufmerksamkeit weiterhin auf das Phänomen Armut zu lenken.[91] Sie konzentrieren sich meist auf Haushalte und deren Konsumverhalten bzw. Einkommenssituation; nur selten basieren sie auf Individuen und den tatsächlichen Bedürfnissen.[92] Einkommen als Basis für Armutsgrenzen hat einige Nachteile. Dem *UNDP Technical Support Paper on Poverty Indicators* folgend beinhalten diese Berechnungen weder Einkommen aus nichtbepreister Subsistenzarbeit noch kostenfreie Sozialleistungen

---

91. J.O. Lanjouw: Behind the Line: De-Mystifing Poverty Lines, in: *Poverty*, Module 3: *Poverty Measurement: Behind and Beyond the Poverty Line* (Technical Support Document, UNDP), New York 1997, S. 7, unter: http://www.undp.org/poverty/publications/tsd/tsd3.pdf.
92. M. Roemer & M.K. Gugerty: *Does Economic Growth Reduce Poverty?* (Technical Paper, Working Paper 5, Consulting Assistance on Economic Reform II (CAER II) Project), Cambridge 1997, S. 6.

und Unterstützungen aus öffentlichen Gütern. Auch die Kosten für rationierte Güter in Form von Wartezeiten werden nicht inkludiert.[93]

Trotzdem wird aus Gründen der Präzision und Durchführbarkeit fast ausschließlich der monetäre Ansatz verwendet. Der *Headcount Index* (HCI) bestimmt die Armutsinzidenz anhand des Anteils der Bevölkerung mit einem Einkommens- oder Ausgabenanteil unter der monetären Armutsgrenze.[94] Um Verbesserungen oder Verschlechterungen zu messen, wird mit dem *Poverty Gap Index* (PGI) die Armutstiefe in Form der Einkommenskluft zwischen dem Einkommen aller Mitglieder einer Einheit und der unterstellten Armutsgrenze errechnet. Da diese als Durchschnittswert den Schärfegrad nicht erfasst, wird der *Squared Poverty Gap Index* (PGI2) oder die Foster-Greer-Thorbecke-Berechnung[95] herangezogen, die durch Anwendung des quadrierten PGI mehr Gewicht auf die Ärmsten legt und durch die Bevölkerungsgröße dividiert. Roemer und Gugerty betonen, dass selbst innerhalb der monetären Armutsberechnungen gravierende Unterschiede entstehen können, wenn sich die Einkommensverteilung in einer Gesellschaft verändert.[96] Lanjouw betont die übertriebene Bedeutung von Armutsgrenzen: »[…] This is probably because of the perceived importance of seemingly-precise quantitative poverty rates. However, in recent years it has been increasingly recognized that poverty lines unavoidably retain an element of arbitrariness, and further that poverty measures inevitably embody some implicit or explicit normative judgements which need not appeal to everyone.«[97]

Ein zweiter Schwerpunkt in der Armutsmessung ist die Ungleichverteilung von Einkommen in einer Gesellschaft. Sie wurde mathematisch dargelegt, wenngleich so die weitaus bedeutsamere Vermögensverteilung außer Acht blieb. Jedenfalls halfen Gini-Koeffizient und Lorenz-Kurve, zu vergleichen und zu visualisieren.[98] Klaus Deininger und Lyn Squire erstellten ein viel verwendetes Datenset zur Messung von

---

93. R. Dessallien: *Poverty*, Module 1: *Poverty Indicators* (Technical Support Document, UNDP), New York 1995, S. 11f,. unter: http://www.undp.org/poverty/publications/tsd/tsd1.pdf.
94. M. Roemer & M. K. Gugerty: *Does Economic Growth Reduce Poverty?* (wie Anm. 92), S. 7.
95. E. Thorbecke, J. Foster & J. Greer: A Class of Decomposable Poverty Measures, in: *Econometrica*, Bd. 52(3), May 1984, S. 761–766.
96. M. Roemer & M. K. Gugerty: *Does Economic Growth Reduce Poverty?* (wie Anm. 92), S. 8.
97. J. O. Lanjouw: Behind the Line (wie Anm. 91), S. 10.
98. Die Berechnung des Gini-Ungleichheitskoeffizient (GUK): Zunächst bedarf es der Erstellung der Lorenz-Kurve. Diese besteht aus normalisierten Datenpaaren (Bevölkerung, b_j | Einkommen v_j), die als (x_i, y_i)-Paare nach der Formel $x_n = \sum_{j=1}^{n} b_j$ und $y_n = \sum_{j=1}^{n} v_j$ dargestellt werden. Wenn A die Fläche unter der 45-Grad-Geraden und B die Fläche unter der Lorenz-Kurve bezeichnet, so berechnet sich der GUK auf Basis der größenmäßig sortierten Paare $[\frac{v_i}{b_i} \geq \frac{v_{i-1}}{b_{i-1}}]$ wie folgt: GUK=$\frac{A-B}{A}$.

Einkommensungleichheit.[99] Als relatives Maß gibt es zwar einen guten Überblick (in Skandinavien liegt er bei 0,25, in Asien zwischen 0,3 und 0,4 und in Afrika und Lateinamerika über 0,5) und macht Länder direkt vergleichbar (z. B. hatten im WDI 2003 Deutschland und Indien den gleichen Wert mit 0,38), ein geringer Gini-Koeffizient muss aber nicht bedeuten, dass es sich um eine egalitäre Gesellschaft handelt, sondern kann auch davon ausgehen, dass die wohlhabenden Schichten vergleichsweise nicht sehr einkommensstark sind. Lustig et al. stellten fest, dass bei einem Gini-Koeffizient von 0,6 Wachstum Armut nur halb so rasch mindert wie bei einem Gini-Koeffizienten mit 0,2.[100]

In vielen Ländern Europas wird bei der Berechnung des Gini-Koeffizienten die Unterscheidung zwischen Markteinkommen und verfügbarem Einkommen vollzogen, um die Effekte der staatlichen Umverteilung zu überprüfen. Häufig ist in Folge die Ungleichheit der Markteinkommen höher als die Ungleichheit bei verfügbaren Einkommen, insbesondere in den unteren Einkommensdezilen. Dabei schlägt sich unter anderem auch die Arbeitslosigkeit nieder. Sozialtransfers haben also einen nachweislich großen armutsmindernden Effekt, der in der Armutsmessung teilweise vollkommen ausgeklammert bleibt.

Soziale Transferleistungen vom Kindergeld über die Eigenheimzulage bis zum Heizkostenzuschuss stellen in den mitteleuropäischen Sozialstaaten ein elementares Mittel zur Umverteilung dar und bieten Schutz vor Armutsgefährdung oder dem Phänomen der *working poor*. Karin Heitzmann und Michael Förster betonen, dass 1999 Sozialleistungen in Österreich ein Drittel des Haushaltseinkommens aller und die Hälfte des Haushaltseinkommens für die unter der Armutsgrenze lebenden Menschen ausmachte. Diese Quote ist seit 1994 stark angestiegen und besteht zu einem Großteil aus Pensionszahlungen und familienbezogenen Transferleistungen. 1999 waren 11% der Bevölkerung armutsgefährdet, ohne Sozialleistungen läge der Wert bei 41%. Außerdem wurde die Armutsdauer durch Sozialtransfers massiv vermindert.[101]

Sehr häufig wird in der Debatte um Transferleistungen und um den »Sozialstaat neu« davon ausgegangen, dass arbeitslose Menschen zu wenig Eigenbemühungen

---

99. K. Deininger & L. Squire: A New Dataset Measuring Income Inequality, in: *World Bank Economic Review*, Bd. 10 (1996), S. 565–591. Das Datenset selbst ist unter http://www.worldbank.org/research/growth/dddeisqu.htm einsehbar.
100. N. Lustig, O. Arias & J. Rigolini: *Poverty Reduction and Economic Growth* (wie Anm. 87), S. 2.
101. M. Förster & K. Heitzmann: Einkommensarmut und akute Armut in Österreich, in: BMSG: *Bericht über die soziale Lage 2001–2002*, Wien 2002, S. 186–209.

aufbringen.¹⁰² Die Kosten für den Faktor Arbeit erscheinen für die Unternehmen zu hoch, während erwerbslosen Personen Passivität und überhöhte Ansprüche vorgeworfen werden.¹⁰³

In Deutschland wird die (Langzeit-)Arbeitslosigkeit im Niedriglohnbereich als das größte Arbeitsmarktproblem angesehen.¹⁰⁴ Am Beispiel der Hartz-IV-Reform kann das gängige Bild von Arbeit als Rettungsanker im internationalen Wettbewerb nachgezeichnet werden: Mindestlöhne und Lohnnebenkosten sollten gesenkt und Beschäftigungsquoten angehoben werden. Das Prinzip der *workfare* wurde offensiv betrieben, was die Inanspruchnahme von Transferleistungen wie Sozialhilfe oder Arbeitslosenunterstützung mit rigiden Auflagen verband. Es wird dabei die Ausweitung und Förderung von Arbeitsverhältnissen im Niedriglohnsektor verfolgt. Untertarifliche Bezahlung scheint generell salonfähig zu werden, wie sich auch in der Debatte um Studiengebührenerlass gegen gemeinnützige Arbeit für 6 €/h in Österreich bemerkbar macht. Grell, Sambale und Eick betonen, dass dies unter den neuen Schlagworten *Modernisierung, soziale Inklusion* und *gerechte Verteilung von Lebenschancen* geschieht. In ihrem Vergleich des deutschen mit dem US-amerikanischen Modell stellen sie fest, dass *workfare* in den USA zwar erfolgreich in der Bekämpfung der »Sozialhilfeabhängigkeit« und der Einkommensarbeit war, jedoch »[…] der Bevölkerungsanteil, der arbeitet und trotzdem unter die Armutsgrenze fällt, in 12 Bundesstaaten seit 1996 zum Teil erheblich (zwischen 7 und 40 Prozent) angestiegen« ist.¹⁰⁵

Die Wirkung der wissenschaftlichen Auseinandersetzung mit Armut und sozialer Ausgrenzung führte dazu, dass in den westlichen Industriestaaten damit zunehmend der Ausschluss aus dem Arbeitsmarkt assoziiert wird.¹⁰⁶ Gleichsam werden Sozialtransfers vermehrt nur noch mit Erwerbseinkommen kombiniert beanspruchbar. Die Frage nach der Gerechtigkeit des sozialen Transfersystems ist zunehmend verschwommen. In Österreich ist ein liberales Gerechtigkeitsprinzip (bei Pensions- und Arbeitslosen-

---

102. W. Eichhorst, Soziale Gerechtigkeit – aktivieren statt alimentieren. Stimmen zur Zukunft der Arbeit, in: *Personalwirtschaft* 9/2005, unter: http://www.iza.org/personal_wirtschaft/0905.pdf.
103. W. Streeck & R. Heinze: An Arbeit fehlt es nicht. Die bisherige Beschäftigungspolitik ist gescheitert, eine radikale Wende unumgänglich. In: *Der Spiegel* Nr. 19, 10. Mai 1999, S. 38–45.
104. H. Schneider: Erste Erfahrungen mit Hartz-IV – Ordnungspolitische Evaluation, in: Konrad-Michael Borchard (Hg.): *Strategien für mehr Arbeit*, Sankt Augustin 2005, S. 141–147.
105. B. Grell, J. Sambale & V. Eick: Workfare zwischen Arbeitsmarkt- und Lebensstilregulierung. Beschäftigungsorientierte Sozialpolitik im deutsch-amerikanischen Vergleich, in: *Prokla*, Dezember 2002, S. 557–577, hier: S. 568.
106. R. Levitas: The Concept of Social Exclusion and the New Durkheimian Hegemony, in: *Critical Social Policy*, Bd. 46 (1996), Nr. 16, S. 5–20.

versicherung) durch eine egalitaristische Gerechtigkeitsauffassung (etwa bei Krankenversicherung) ergänzt, d.h. in manchen Bereichen stehen eingezahlte Beiträge in einem direkten Verhältnis mit den zustehenden Leistungen, in anderen nicht.[107]

Es scheint, als hätte die wissenschaftliche Auseinandersetzung mit dem Phänomen Armut eine hegemoniale Wirkung, die von privatwirtschaftlichen AkteurInnen zunehmend ausgenützt wird. Dies zeigt sich auf dem internationalen Arbeitsmarkt durch die Werbe- und Rekrutierungstätigkeit multinationaler Unternehmen, die den Wettbewerb zwischen BewerberInnen um Jobs gutheißen. Für Entwicklungsländer heißt dies, dass ungelernte, aber billige Arbeitskräfte eingestellt und gleichzeitig große Konsummärkte neu erschlossen werden können. Häufig wird argumentiert, dass sich Staaten der internationalen Liberalisierung nicht widersetzen können und dass es die BürgerInnen selbst sind, welche diese Öffnung wünschen. Inwieweit Globalisierung überhaupt gewollt oder aufgezwungen ist, bleibt ein Streitpunkt. Vielmehr geht es jedoch um die Art und Weise, wie dieses Phänomen gestaltet werden kann. Die Betrachtung der Wirkungen auf und von allen AkteurInnen lässt mich Folgendes festhalten:

Prinzipiell ist eine Messung von finanzieller Armut eine gute Annäherung, produziert jedoch eine Sichtweise, die ständig relativiert gehört. Der Mangel an statistischen Daten über weiche Armutsfaktoren (z.B. sozialer Ausschluss) bedarf größerer Aufmerksamkeit. Der monetäre Armutsbegriff in der Armutsmessung muss durch Konzepte wie soziale Ausgrenzung, Partizipation der Zielgruppen o. ä. ersetzt werden. Teilweise ist dies bereits mit dem Senschen Konzept der Verwirklichungschancen geschehen.[108] Dieses muss erweitert werden, um lebenswichtige Grundelemente, wie Schlaf, den Julia Stabentheiner gerade in Alltagsbiographien in Entwicklungsländern erwähnt hat.[109]

Außerdem bleibt zu bemängeln, dass Angestellte und ArbeiterInnen im Süden als *armutsbereinigt* gelten, sobald sie mehr als einen bzw. zwei US-Dollar pro Tag

---

107. K. Heitzmann: *Verteilungsgerechtigkeit und Umverteilungspositionen in Österreich*, Linz 2004, unter: http://www.dioezese-linz.at/.../data/sozialreferat/2004-07-12_Download_Verteilungsgerechtigkeit_Heitzmann.doc.

108. IAW [Institut für Angewandte Wirtschaftsforschung]: *Schlussbericht an das Bundesministerium für Gesundheit und Soziale Sicherung. Operationalisierung der Armuts- und Reichtumsmessung*, Tübingen 2003, unter: http://www.bmg.bund.de/nn_603382/SharedDocs/Publikationen/Forschungsprojekte-Lebenslagen/a-322-10266,templateID=raw.property=publicationFile.pdf/a-322-10266.pdf.

109. J. Stabentheiner: *Vom guten menschlichen Leben. Martha C. Nussbaums Fähigkeitenansatz. Zusammenschau und Kritik*, Innsbruck 2006.

verdienen, wenngleich das Phänomen der arbeitenden Armen bereits im Norden so deutlich ist. Das gleiche gilt für nichterwerbstätige BürgerInnen, die mehr als diesen Betrag zur Verfügung haben. Eine Verquickung mit relativen Ansätzen wie im Norden ist sinnvoll, auch weil dadurch eine Überwindung der bipolaren Armutsbetrachtung (Nord – Süd) herbeigeführt werden könnte. Die Messung der Armutstiefe müsste nicht nur »nach unten«, sondern auch »nach oben« durchgeführt werden, um zu sehen, wie weit Menschen von der Armutsgrenze entfernt sind.

Statistische Ungereimtheiten verwundern: Es belief sich die Summe der unter der 1 US-Dollar-Armutsgrenze lebenden Menschen für Burkina Faso 1994 62,7%, für 1998 jedoch nur 29,2%, dazwischen gibt es keine Messung.[110] Hierbei wird die Macht statistischer Daten offensichtlich, die überbewertet ist und die Stimmen der betroffenen Personen zusehends unterdrückt.

Es bleibt hervorzuheben, dass die Selbstbewertung der von Armut betroffenen Gruppen, wie sie etwa Pierre Bourdieu[111] betont hat, nach wie vor wenig Einzug in die wissenschaftliche Auseinandersetzung mit Armut hat. Obwohl sich die Betrachtungsweise hin zu einer Armutsminderung mit partizipativem Charakter entwickelt, erscheint eine Beteiligung der Zielgruppen äußerst problematisch. Diese zu thematisieren, wäre jedoch ein Lösungsansatz, der auch in der Debatte um Arbeitszeitmodelle oder in Grundeinkommensdiskussionen vonnöten wäre, um die Betroffenen als ExpertInnen selbst zu Wort kommen zu lassen.[112] Die breite Debatte um die Auseinandersetzung mit dem Phänomen Armut und dessen Folgen auf das neue Selbstverständnis der Zielgruppen[113] regt dazu an, auch im Bereich der Arbeitsmarktpolitik mehr Bewusstsein gegenüber den Folgen der Diskussionen auf die betroffenen Menschen zu richten.

---

110. Vgl. die Millennium Indicators unter: http://mdgs.un.org/unsd/mdg/SeriesDetail.aspx?srid=580.
111. P. Bourdieu: *Die feinen Unterschiede. Kritik der gesellschaftlichen Urteilskraft*, Frankfurt/M. 1987, S.187.
112. Im Bereich der Armutsforschung sind mir einige derartige Ansätze bekannt (z.B. Desai 2002, Narayan 2000), im Bereich der Arbeitsmarktpolitik jedoch nicht.
113. Helena Norberg-Hodge betont, dass bei ihrem ersten Besuch 1975 in Ladakh, Indien, das Konzept der Armut kaum bekannt war. »Heute,« sagt sie, »ist es Teil der Sprache.« Als sie ein peripheres Dorf vor acht Jahren besuchte, fragte Helena einen jungen Ladakhi nach den ärmsten Haushalten in der Gegend. «Wir haben keine armen Haushalte im Dorf,« lautete die stolze Antwort. Kürzlich sah Helena den selben Ladakhi mit einem amerikanischen Touristen und hörte: »Wenn sie uns nur helfen könnten, wir sind so arm!« M. Rahnema: Development, in: W. Sachs (Hg.): *The Development Dictionary*, London 1992, S.161 (Übersetzung des Autors).

3. Die sozialen Folgen und einige methodische Lösungsansätze

Sowohl Arbeit als *lifestyle* als auch als Basis der Existenzsicherung hat tief greifende Auswirkungen auf die Lebenswelt der Menschen. In ihr treten Kreativität genauso zu Tage wie der alltägliche Frust und der Wunsch, sich Luft zu machen.

Traditionelle Arbeitswelten lösen sich auf; altes Wissen verschwindet, weil es als unbrauchbar eingestuft wird. Arbeit trägt besonders stark zum Wandel von Familien- und Haushaltsstruktur bei, wie bei den neuen Haushaltstypen erkenntlich ist, genauso wie zur Strukturveränderung der Städte.[114] Gleichzeitig ist die Rede von Bildung als Basis für die Innovationsgesellschaft, deren Kategorien keinen Platz für althergebrachte *coping strategies* mehr haben. Daraus entsteht viel Frust, der sich zwischen den Generationen, speziell aber an den Schnittpunkten zwischen Kulturen, Religionen und Geschlechtern niederschlägt. In den Diskussionen um die Zukunft der Arbeitswelt werden so vielfältige Themen wie die Entwertung der Geschichte inklusive der Erinnerung an Genozide und deren Lehren, alternative Wirtschaftsformen und die Rückkehr zu den eigentlichen, dem Menschen innewohnenden Grundbedürfnissen selten geführt. Gerade einmal die Verantwortung gegenüber zukünftigen Generationen und der Umwelt spielt in Form der Nachhaltigkeitsdebatte und der unternehmerischen Verantwortung (CSR) eine Rolle, verkümmerte aber zu einem Wettbewerbsfaktor am Markt. Dies ist ein typischer Prozess der hegemonialen Marktmacht, welche alternative Projekte unter dem Deckmantel liberaler Absichten zu vereinnahmen weiß.

Zwar haben die verschiedenen Formen der Modernisierung im Bereich von Bildung und Gesundheit weltweit große Fortschritte mit sich gebracht. In den mindestens genauso wichtigen Bereichen Frauenförderung und Verringerung von häuslicher Gewalt stehen diese Erfolge jedoch überwiegend noch aus. Die Mehrfachbelastung von Frauen ist in Agrargesellschaften (Kindeserziehung, Wasser holen, Nahrungsmittelanbau und -verarbeitung, Suche nach Feuerholz etc.[115]) wie in der modernen Dienstleistungsgesellschaft (Dreigliedrigkeit von Kindeserziehung, Haushaltsführung und Berufstätigkeit) groß. Es entstehen neue Krankheitsbilder, Depressionen

---

114. Vgl. H. Häußermann (Hg.): *An den Rändern der Städte*, Frankfurt/M. 2004.
115. HDR [Human Development Report]: *Beyond Scarcity* (wie Anm. 83), S. 47; Eine Studie besagt, dass in Afrika geschätzte 40 Mrd. Stunden jährlich für das Wasserholen aufgewendet werden, was der Gesamtarbeitszeit in einem Jahr entspricht. R. Lenton, A.M. Wright & K. Lewis: *Health, Dignity, and Development: What Will It Take?* (UN Millennium Project Task Force on Water and Sanitation), London–Sterling 2005.

hängen oft mit beruflichen *burn out*-Phasen zusammen und die psychosoziale Determinante nimmt in der Medizin eine zunehmend wichtige Stellung ein.

Genauso ist nur teilweise ersichtlich, inwieweit die Ausrichtung auf eine wettbewerbsorientierte Wirtschaftspolitik mit schwachen Staaten zu einem höheren Lebensstandard der BürgerInnen beitragen kann. Trotz der bereits angedeuteten Reserviertheit gegenüber Armutsgrenzen verdeutlicht die letzte Auswertung der Millenniumsentwicklungsziele, dass in den GUS-Ländern, den Übergangsländern Südosteuropas, in Nordafrika und Westasien der Prozentsatz der Menschen unterhalb der Armutsgrenze von einem US-Dollar pro Tag und Kopf trotz der vielen Bemühungen angestiegen ist. In Afrika südlich der Sahara ist der Satz kaum zurückgegangen, die absolute Zahl besagt einen Anstieg von 140 Millionen Menschen unterhalb der Armutsgrenze. Deutliche Rückgänge gibt es in Asien hauptsächlich aufgrund des Wirtschaftsbooms in der Volksrepublik China und in Indien.[116] Dass dieser mit einem Mangel an Mindeststandards der ArbeiterInnen und deren Rede- und Versammlungsfreiheit sowie innen- und außenpolitischen (Taiwan, Kaschmir) Gewaltkonflikten und enormen Umwelt- und eventuell auch Klimaschäden verbunden sein kann, bleibt zu bedenken.

Eine konkrete soziale Folge auf Metaebene ist die Entstehung und Verstärkung globaler Bewegungen im Kampf um Lebensbereiche, die mit der Arbeitswelt in enger Verbindung stehen: Antiglobalisierung und Altermondialisation sind Bewegungen, die von der Besteuerung der Finanzmärkte (Tobin-Steuer) über die Verankerung von Ethikkodizes und arbeitsrechtlicher Mindeststandards bis hin zur Bekämpfung der WTO-Vertragswerke GATT, GATS und TRIPS in spezialisierten Untergruppen arbeiten, sich vernetzen und öffentlichkeitswirksam auftreten. Dabei lehnen sie sich an das Konzept der Glokalisierung an, indem sie regionale Bewegungen, wie die Zapatisten in Chiapas, Mexiko, als theoretisches Lehrbeispiel für andere soziale Räume anwenden und Arbeit dabei zu einem Querschnittsthema machen.

Allerdings ist der damit einhergehende Optimismus gleich wieder einzubremsen, wie die im iberoamerikanischen Raum beheimatete Organisation *La Haine* betont, als sie in einem offenen Brief die Einladung zum Weltsozialforum ablehnte: »Wir können deshalb nicht an diesen Foren teilnehmen, weil diese – bewußt oder nicht – im Austausch für ein wenig Teilhabe am neokapitalistischen Besäufnis mit den Unterdrückern zusammenarbeiten. Wir kennen diese für das System notwendige Rolle der Lähmung

---

116. UN [United Nations]: *The Millennium Development Goals Report 2006*, New York 2006, unter: http://mdgs.un.org/unsd/mdg/Resources/Static/Products/Progress2006/MDGReport2006.pdf.

von Widerstand durch Versprechungen mehr als zur Genüge«.[117] Ihr Bewusstsein des vereinnahmenden Charakters globaler Bewegungen steht dem Handlungswillen vieler in der Bewegung der alternativen Globalisierung tätigen Menschen gegenüber, welche Toleranz zwischen linken Gruppen als Ausgangspunkt für eine starke Alternative zur neoliberalen Wirtschaftspolitik ansehen. Ohne Zweifel wird das zivilgesellschaftliche Engagement in Bereichen der Außenpolitik (siehe Irakkrieg), der Entwicklungspolitik (wohl seit *USA for Africa*) und Sozialpolitik weitergehen. In der zuletzt genannten Sparte ist jedoch zu bemerken, dass sich das Engagement der Bürgergesellschaft als »merkwürdig wirtschafts*frei*« äußert: »Die Wirtschaftstätigkeit selbst [...] scheint nun aus der Bürgergesellschaft verschwunden und einem – politisch kaum mehr als zugänglich betrachteten – diffusen ›Markt‹ zugeschlagen.«[118]

Die Beziehung zwischen Zivilgesellschaft und Staat ist zunehmend verworren, etwa was die bereits angesprochenen Partnerschaften mit der Privatwirtschaft (PPPs bzw. Neokorporatismus) und die Privatisierung bzw. Ökonomisierung der Daseinsvorsorge angeht. In diesem Sinne meint Ralf Dahrendorf, »[...] dass die Schaffung sozialer Kohäsion von Staats wegen nahezu notwendig Gefährdungen der Freiheit mit sich bringt.«[119] Dementsprechend wird in Ulrich Becks Risikogesellschaft den zwei Gesichtern der Arbeitswelt, der Freiheit und der Möglichkeit, dem Risiko und der Gefahr Rechnung getragen.[120]

Einfache Antworten sind an dieser Stelle nicht möglich. Einige Hinweise, die gewissermaßen eine Methode der Vorgehensweise mitbegründen helfen können, scheinen mir jedoch angebracht:

1. Die Zukunft der Arbeitswelt und der Sozialpolitik bedarf der Einbindung derjeniger, die unter den Strukturveränderungen leiden. Dies hilft zur Bestandsaufnahme aus der Sicht »von unten«, so wie es auch in der Armutsforschung vollzogen wird. Eine distanzierte Analyse von Leid, Isolation, Abgestumpftheit und Verweigerung kann keine ausreichenden Lösungsansätze bieten, denn die Sichtweisen der Ausge-

---

117. Rojinegro: *Warum wir nicht am Weltsozialforum teilnehmen werden*, o. O. 2003, unter: http://www.germany.indymedia.org/2003/01/38424.shtml.
118. M. Opielka: *Sozialpolitik in einer Bürgergesellschaft*. Vortrag zur Fachtagung »Bürgergesellschaft und Sozialstaat« der Heinrich-Böll-Stiftung am 15./16.2.2002, S. 2, unter: http://www.uni-halle.de/d/abteil/arbm/Broschueren/Opielka%20Sozialpolitik.pdf.
119. R. Dahrendorf: Über die Machbarkeit einer guten Gesellschaft, in: J. Allmendinger (Hg.): *Gute Gesellschaft? Verhandlungen des 30. Kongresses der Deutschen Gesellschaft für Soziologie in Köln*, Opladen 2001, S. 1330–1337, hier: S. 1335.
120. Vgl. U. Beck: *Die Risikogesellschaft. Auf dem Weg in eine andere Moderne*, Frankfurt/M. 1996.

schlossenen sind konstruiert und lähmend: Zum ersten werden die Menschen, die im System nicht mehr als funktionstüchtig anerkannt werden, nicht als konstruktive PartnerInnen im Lösungsfindungsprozess angesehen. Zum zweiten haben sie nur eingeschränkten Zugang zu Institutionen bzw. unzureichende rechtliche Vertretung. Zum dritten werden sie als faul, unaufmerksam, lasterhaft und schuldig, was ihre Situation betrifft, be- bzw. damit auch entwertet.[121]

Diese und andere Feststellungen sind grobe Vorurteile, die aus der Distanz zwischen EntscheidungsträgerInnen und der großen Anzahl von Menschen, deren Lebensqualität schier unzufriedenstellend ist, entstehen. Es sind die darin enthaltenen Mythen, welche die Machtasymmetrie zwischen alternativenlosen ArbeiterInnen und gesellschaftlichen EntscheidungsträgerInnen sowie die optimistische Grundtendenz der Marktwirtschaft als Ganzes aufrecht zu erhalten hilft. Selbstvertretungs- und -befähigungsmechanismen (z.B. *people first*-Initiativen) sind zwar im Entstehen, doch sind es die Gewerkschaften, Betriebsräte, Sozialvereine und Volkshochschulen, psychosozialen Betreuungseinrichtungen und Arbeitsämter und -vermittler, wo sich das Wissen um die schlechten Umstände der Arbeitswelt heute befindet. Dort liegen die Lösungen für das Arbeitsmarktproblem. Ein Wiederaufleben der Unternehmensdemokratie ist nötig, denn – so drückt dies Michael Schumann aus –: »innovatives, nachhaltiges Management ist nicht ohne Mitbestimmung zu haben.«[122]

2. Es erscheint ebenfalls notwendig, die »GewinnerInnen« und insbesondere die »zwischen den Fronten Kämpfenden« dann zu Wort kommen zu lassen, wenn sie bereit sind, gesamtgesellschaftliche Reformen unter Berücksichtigung von Punkt 1 mitzuplanen. Gleichzeitig muss ihr Handeln unabhängig beobachtet und Fehlverhalten (Korruption, Bestechung und andere unlautere Praktiken) bestraft werden. Hochqualifizierte Fachkräfte, flexible Unternehmer in zukunftsträchtigen Branchen und wohl auch ExpertInnen im *Not-for-Profit*-Sektor zählen zu den Nutznießern gegenwärtiger Entwicklungen, weil sie die Ressourcen für den Wettbewerb mitbringen,

---

121. Durch das Phänomen der *working poor* hat sich dieses Vorurteil teilweise zerschlagen: »For many years, poverty has been considered the ›stigma‹ of inactive persons, with the underlying assumption that it could only result from laziness or disability. The main rationale was to emphasize that lack of work was the explaining factor for poverty, and therefore also the main way out of poverty.« R. Peña-Casas & M. Latta: *Working poor in the European Union* (European Foundation for the Improvement of Living and Working Conditions), Luxemburg 2004, S. 3.

122. M. Schumann: Mitbestimmung als Medium ressourcenorientierter, innovativer Unternehmenspolitik, in: *SOFI-Mitteilungen*, Nr. 33, Dezember 2005, Göttingen, S. 7–15, unter: http://www.sofi-goettingen.de/fileadmin/SOFI-Mitteilungen/Nr._33/Schumann-neu.pdf.

dem sie sich aussetzen müssen. Auch sie sind dem Druck der Wirtschaftsordnung auf vielfältige Weise ausgesetzt, und auch sie sehen globale Entwicklungen als ungerecht an und gehören als PartnerInnen der Lösungsfindung anerkannt und kritisch inkludiert. Die wirklich »Kämpfenden« (i. S. v. *struggling*) sind die Klein- und Mittelbetriebe, die sowohl dem globalen Markt als auch restriktiven nationalen Steuer- und Abgabenregimen ausgesetzt sind. Deren Innovationsfähigkeit ist oft gering, die Suche nach neuen Marktnischen oder Absatzmärkten überfordernd.[123]

Der deutsche Mittelstand hat zwischen 2000 und 2004 durchschnittlich 47% der Unternehmenssteuern gezahlt, der Rest stammt von den wenigen großen Unternehmen. Die Unternehmenssteuerreform, die für Deutschland geplant ist, senkt zunächst die Steuerlast der Kapitalgesellschaften auf maximal 29,8%, Personenunternehmen werden durch eine Thesaurierungsbegünstigung[124] entlastet.[125] Die Reform scheint aber Personengesellschaften mit einem Betriebsvermögen zwischen 210.000 und 400.000 € zu benachteiligen[126] und eher Kapitalgesellschaften (etwa durch die KöSt-Senkung) zu bevorzugen. Auch die Erbschaftssteuerreform in Österreich im März 2007 wurde als Mittelstandsentlastung deklariert, wenngleich über zwei Drittel dieser UnternehmerInnengruppe noch nie geerbt hat.[127]

---

123. K.-P. Buss & V. Witke: Ostdeutsche Klein- und Mittelbetriebe im Schatten der »Leuchttürme«, in: *SOFI-Mitteilungen*, Nr. 32 (2004), Göttingen, S. 97–102, unter: http://www.sofi-goettingen. de/fileadmin/SOFI-Mitteilungen/Nr._32/buss-wittke.pdf.
124. Nicht entnommene – also im Unternehmen belassene – Gewinne von Personenunternehmen (Mitunternehmer und Einzelunternehmer) werden auf Antrag ganz oder teilweise mit einem ermäßigten Steuersatz von 28,25% (zzgl. Solidaritätszuschlag) versteuert (Thesaurierungsbegünstigung). Zur Berechnung der Höhe des nicht entnommenen Gewinnes ist der nach § 4 Abs. 1 und § 5 EStG ermittelte Gewinn um den Saldo der Entnahmen und Einlagen zu kürzen. Der Steuerpflichtige kann den Antrag, solange der entsprechende Einkommensteuerbescheid noch nicht bestandskräftig ist, jederzeit widerrufen. Diese Ausgestaltung des Antragsrechts ist notwendig, um den Steuerpflichtigen nicht einem unkalkulierbaren Risiko bei Wahl der Thesaurierungsbegünstigung – insbesondere, wenn es im Folgejahr zu unvorhersehbaren Verlusten kommt – auszusetzen.
125. KfW [Kreditanstalt für Wiederaufbau] (Hg.): *Mittelstandsmonitor. Jährlicher Bericht zu Konjunktur- und Strukturfragen kleiner und mittlerer Unternehmen*, Frankfurt/M. 2007, S. 181, unter: http://www.mittelstandsmonitor.de/download/mimo/archiv/MittelstandsMonitor_2007/Mittelstandsmonitor_2007.pdf.
126. *Ngo-online*, Angeblich 250.000 Firmen bei Unternehmenssteuerreform im Nachteil, Online-Ausgabe vom 21. März 2007, unter: http://www.ngo-online.de/ganze_nachricht. php?H=N&Nr=15580.
127. M. Bachner: Gusi war schneller, in: *derstandard.at*, Online-Ausgabe vom 21. März 2007, unter: http://derstandard.at/?url=/?id=2814291.

3. Das Thema Arbeit ist mit Angst verbunden (Angst vor Unternehmensabwanderung, Lohndumping, Arbeitsplatzverlust, einem immer weitmaschigeren Sozialnetz) und stellt eine Erwartungshaltung dar, welche Uwe Jean Heuser als »eigentliche Globalisierungsfalle« bezeichnet hat.[128] Tatsächlich schaffen die geschwächte Position des Staates, sein hinterlassenes Vakuum im Bereich der ArbeitnehmerInnenvertretung und des kollektiven Verantwortungsgefühls für die Versorgung mit Grundleistungen sowohl bei neoliberalen und neokonservativen Positionen, die große Konkurrenz um Arbeit – auch trotz guter Ausbildung und Verbindungen – und die Ökonomisierung des Sozialen, des Bildungssektors und des privaten Lebens ein mulmiges Gefühl. Die zu erwartenden Anstrengungen, die mit sprung- und lückenhaften Karrieren assoziiert werden, und das Vakuum sind enorm. Die Motivation lautet: »Geht es der Wirtschaft gut, geht es uns allen gut.« Die Verquickung persönlichen Wohlbefindens mit gesamtgesellschaftlichem Funktionalismus geht dabei zu Lasten des ersteren. Der Umgang mit unserer Angst ist populistisch und bedarf fachspezifischer und heterogener Rückzugsräume, in denen ein kreativer Austausch aller AkteurInnen miteinander vonstatten geht.

4. Lösungen gestalten?

»Eine andere Welt ist möglich.« So lautet der Slogan der alternativen Globalisierungsbewegung. Sie stellt eine Basis für (teilweise utopische) Vorschläge für die Zukunft der Arbeitswelt dar. Sie sieht die kapitalistische Gesellschaft als prinzipiell sehr konfliktreich und sorgt für Identitätsprobleme, wie sie mit dem Begriff der Prekarisierung bereits beschrieben wurden. Dabei entstehen Brüche an den Grenzen der Zielsetzungen dieser Gesellschaft: Bin ich hoch oder überqualifiziert? Bin ich ein flexibler Arbeiter oder ein Migrant?

Sie ist auch insofern widersprüchlich, als in ihr gleichzeitig Gebrauchs- und Tauschwerte geschaffen werden.[129] Die Diskursmacht der einflussreichen, meist wohlhabenden BürgerInnen ist groß und lehnt alle Debatten an die internationale Wettbewerbfähigkeit der heimischen Wirtschaft an. Viele Lösungsansätze erscheinen nur kleinräumlich umsetzbar, da demographische, rechtliche, aber auch kulturelle Eigenheiten ihre Umsetzung grundlegend mitbestimmen. *Good practices* wirken lokal, doch können sie methodische und ideologische Anreize schaffen. Das Zusammenarbeiten von Arbeitsmarkt-, Sozial-, Wirtschafts- und Bildungspolitik ist so ein

---

128. U. J. Heuser: Schätze des Basars, in: *Die Zeit* 14. April 2005, Nr. 16.
129. A. Novy: *Entwicklung gestalten. Gesellschaftsveränderung in der Einen Welt*, Wien 2005, S. 73 f.

Beispiel. Aber auch Beispiele aus Entwicklungsländern, wie die *Women in Informal Employment: Globalizing and Organising* (WIEGO), welche Basisorganisationen, Forschungseinrichtungen und internationale Entwicklungsagenturen miteinander verbinden, um Frauen im informellen Sektor durch aktive Politik, Statistiken und Forschungsprogramme zu unterstützen.[130] Auch der Versuch, Mythen über die Arbeitswelt kritisch zu beleuchten und ggf. zu entkräften, ist wichtig, denn das Ändern von Meinungen über »ausländische Sozialschmarotzer« und »faule Billigkräfte«, welche de facto längere Arbeitstage als ihr Pendant in der Führungsebene haben, ist sehr kraftvoll. Die Stigmatisierung arbeitsloser Personen als Faulenzer und Versager, »die von der Gesellschaft berechtigterweise und zu deren eigenem Besten zur Arbeit zu zwingen sind«[131], spielt heute im *workfare*-Diskurs eine große Rolle und bedarf genauer Analyse.

4.1. Steuerliches

Ohne Zweifel ist die Reform der Steuersysteme ein wichtiger Anknüpfungspunkt für die Schaffung von mehr Lebenssicherheit der arbeitenden und der nicht arbeitenden Bevölkerung, auch wenn die Verbesserung der Lebenslagen sich mehr im privatwirtschaftlichen Bereich abspielen wird – wie die weiter unten diskutierte Bankeninitiative zeigt. Die Veränderung von Rechtssystemen verlangt primär nach politischem Willen, denn die Ideen dazu sind in der dynamischen Arbeitswelt bereits bekannt. Die zunehmende Besteuerung von Rohstoffexporten bzw. die Verstaatlichung einzelner Sektoren hat in Lateinamerika Schule gemacht und die lokalen Verwaltungen mit wichtigen Finanzquellen versorgt. Debatten um Maschinensteuern und Grundeinkommen stellen dazu in Europa die Weichen, allerdings werden gesellschaftliche Teilhaberechte vermehrt über den Bürgerstatus definiert.[132] Das Besteuern der Finanzmärkte (Tobin-Steuer) und der Wunsch nach finanzieller Bewertung von Umweltschäden stellen weltweite Anliegen dar, die unter anderem vom Global-Marshall-Plan eingefordert werden.[133]

---

130. M. Carr & M. A. Chen: *Globalization and the Informal Economy* (wie Anm. 46), S. 22.
131. A. Görz: *Arbeit zwischen Misere und Utopie* (wie Anm. 2), S. 114.
132. M. Opielka: *Sozialpolitik in einer Bürgergesellschaft* (wie Anm. 118), S. 5.
133. Zur Kritik daran: AGEZ [Arbeitsgemeinschaft Entwicklungszusammenarbeit]: *AGEZ-Positionspapier zum Global Marshall Plan*, o. O. 2004, unter: http://www.oneworld.at/AGEZ/Positionspapier%20GMP%20November%202004.pdf.

Es geht, wie Ingrid Mairhuber betont, im konkreten Fall aber hauptsächlich darum, »sozialrechtliche Schlupflöcher zu stopfen«.[134] Das inkludiert die Schaffung von rechtlich bindenden Versicherungspflichten für atypische Beschäftigungsverhältnisse und geringfügig Beschäftigte. Unfall-, Kranken-, Arbeitslosen- und Pensionsversicherung sind unumgänglich für ein sicheres Sozialnetz. Ebenso empfiehlt sie einkommensergänzende Transferleistungen, etwa im Sinne eines Teilzeitarbeitslosengeldes, sowie die Individualisierung von Leistungsansprüchen im Sinne der Geschlechtergerechtigkeit. In diesem Sinne ist die Initiative österreichischer Banken zu sehen, die eine »Zweite Sparkasse« für verschuldete Menschen ins Leben gerufen haben, die bei Caritas oder Schuldnerberatung gemeldet sind. Die Initiative umfasst entweder ein Konto mit geringem Zinssatz und einer Quartalskaution von 9,– €, die bei Schuldenfreiheit am Ende der Geschäftsbeziehung unverzinst zurückgezahlt wird. Dieser Preis umfasst die Bankkarte, Auszüge, Eröffnung und Verwaltung von Dauer- und Einziehungsaufträgen und Internetbanking. Daneben gibt es auch höher verzinste, kostenfreie Sparkonten. Die Vertragsdauer läuft normalerweise über drei Jahre.[135] Mit der Kontoeröffnung verbunden ist eine kostenfreie Unfallversicherung, der Anspruch auf vierteljährliche Rechtsberatung für Arbeits- und Mietrechtsfragen und für 3,– €/ Monat auch eine Haushalts- und Haftpflichtversicherung.

4.2. Sozialpolitisches

Neben aktiver Arbeitsmarktpolitik sind zivilgesellschaftliche Initiativen Grundlage für neue sozialpolitische Rahmenbedingungen, welche existenzsichernde Arbeits- und Lebensbedingungen schaffen. Die Rolle des Staates ist dennoch wichtig, denn die unsichtbare Hand Adam Smiths ist illusionär, da sie heute aufgrund externer Effekte und der Natur öffentlicher Güter zur anwachsenden Kluft zwischen Arm und Reich beiträgt.

Der Staat sieht seine Aufgabe in der Reintegration der Erwerbsbevölkerung in den Arbeitsmarkt und in der Steigerung der internationalen Wettbewerbsfähigkeit; die

---

134. I. Mairhuber: »*Flexicurity*« – *Mindeststandards für eine soziale Absicherung* (FORBA-Schriftenreihe 2/2001), unter: www.forba.at/files/download.php?_mmc=czo1OiJpZDooNiI7; I. Mairhuber: Die Erwerbssituation von Frauen und das System der sozialen Sicherheit in Österreich, in: J. Flecker, U. Papouschek & Th. Riesenecker-Caba (Hg.): *Herausforderungen der Arbeitswelt – Neue Arbeitsformen, Gleichstellung, technisch-organisatorischer Wandel*, München–Mering, S. 117–138.
135. VKI [Verein für Konsumenteninformation]: »Zweite Sparkasse« in Wien eröffnet, in: *Konsument* 10/2006.

Entstehung zweiter und dritter Arbeitsmärkte, welche Beschäftigung, Beratung, Betreuung, aber auch Versicherung (Pension, Kranken, Unfallversicherung etc.) einschließen, sind rar oder ohne langfristige Finanzierung (vgl. Jobchance Salzburg). Sie stellen ein sensibles arbeitsmarktpolitisches Instrument dar, das – am Beispiel der *Aktion 8000* – veranschaulicht, wie vor der Liberalisierung des Arbeitsmarktes in den 1980er-Jahren, etwa unter Sozialminister Dallinger, die Beschäftigung von Arbeitslosen im dritten Sektor veranlasst wurde. Das Projekt galt als »Motor für soziale Innovationen […], zB beim Aufbau ambulanter Sozialdienste (Alten- und Behindertenbetreuung), Kinderbetreuungseinrichtungen, […] aber auch in den Bereichen Ökologie (Umweltberatung, Recyclingprojekte), Kultur (Regionale Kulturinitiativen) und Regionalentwicklung (sanfter Tourismus). [Das Projekt wurde zum…] politischen Zankapfel in der großen Koalition.«[136] Das Pendant dazu stellte im Jahr 2000 das Programm *Integra* zur Integration von Langzeitarbeitslosen dar: Die Bereitschaft zur Aufnahme einer Tätigkeit und die Vermittlungschancen würden sich durch die Einführung verpflichtender Arbeit erhöhen. Die Nationalen Aktionspläne der Europäischen Union vertraten diesen Wechsel von *welfare to work* (NAP-Quoten[137]).

In den Folgejahren zeigte sich, dass die bevorzugte Förderung der unter 25jährigen und der über 49jährigen[138] zu einem starken Ansteigen der Arbeitslosigkeit der ausgeschlossenen Personengruppe führte.[139] Trotz Berufsorientierung, Bewerbungstrainings, betriebswirtschaftlichen Grundkursen und anderer Weiterbildungsmaßnahmen konnten die Folgen der sich verändernden Arbeitswelt nicht vollständig von den Arbeitslosen abgeschirmt werden. *Good practices* zu den Arbeitsmarktchancen benachteiligter Personengruppen zeigen, dass die 25-49jährigen nach wie vor ausgeschlossen sind.

All diese Maßnahmen stellten fest, dass Bildungsmaßnahmen als Innovationsmotor fungieren (Stichwort: Globales Lernen). Im Bericht zur sozialen Lage in Österreich wurde etwa ausgewiesen, dass Menschen in hochqualifizierten Berufen nur

---

136. H. Zauner: *Entwicklung und Maßnahmen der aktiven Arbeitsmarktpolitik in Österreich* (Sozialplattform OÖ), Linz 2004, unter: http://www.sozialplattform.at/sozialpolitik/Entw-u-Massn-d-AMP.htm.
137. Diese verlangten, dass 20% der Arbeitslosen in aktive Maßnahmen eingebunden werden.
138. So ist etwa der Europäische Sozialfonds speziell für junge und ältere ArbeitnehmerInnen und Arbeitsuchende eingerichtet worden. Dem Luxemburg-Prozess folgend wurden im Rahmen des ESF auch die EQUAL-Projekte ins Leben gerufen.
139. In Wien waren die Arbeitslosen in der Altersgruppe der 30- bis 40jährigen mit knapp unter 30% der Gesamtarbeitslosenzahl die größte Gruppe gefolgt von den 40- bis 50jährigen. Vgl. http://www.wien.gv.at/statistik/daten/grafik/arbeitslose.gif.

einer Armutsgefährdungsquote von 3% unterliegen, Menschen in Hilfsarbeitsberufen jedoch zu 12% gefährdet sind; Menschen mit Universitätsabschluss sind zu 83% beschäftigt und haben eine Armutsgefährdungsquote von 7%, während Menschen mit maximal einem Pflichtschulabschluss nur zu 50% beschäftigt sind und einer Armutsgefährdungsquote von 20% unterliegen.[140] Dieser Statistiken gibt es viele. Sie besagen, dass Bildung einen positiven Einfluss auf Erwerbstätigkeit und Armutsminderung haben kann. Doch Bildung *per se* ist noch nicht wirkungsvoll, schließlich gibt es auch unter AkademikerInnen hohe Arbeitslosenraten. Bildung muss auf die Anforderungen des Arbeitsmarktes *und* der BürgerInnen abgestimmt sein. Fehlende Bildung führt zu randständigen Arbeitspositionen und hohen Beschäftigungs- und Einkommensrisiken.[141] Aus diesem Grund haben die Vereinten Nationen die *Dekade Bildung für Nachhaltige Entwicklung* 2005–2014 ausgerufen.

Die Entscheidung der BürgerInnen spielt sich »zwischen Prekarisierung und Akademisierung«[142] ab, besonders in Branchen mit starkem Wandel (wie etwa der hier beschriebenen Automobilindustrie). Dabei steht besonders die Rolle der Geschlechter im Mittelpunkt[143], wahrscheinlich verbunden mit der Erkenntnis, dass eine gewisse *gender fatigue* (d.h. Geschlechter-Müdigkeit) eingetreten ist.[144] Aber auch politische Bildung spielt im Selbstverständnis der eigenen Position als BürgerIn mit Eigenverantwortung eine große Rolle (vgl. z.B. www.iknowpolitics.org). Dabei geht es unter anderem auch darum, den *creaming*-Effekt, also das Abschöpfen von Bildungsangeboten für benachteiligte Gesellschaftsgruppen durch besser qualifizierte bzw. ausgestattete Personengruppen bewusst zu machen und zu vermeiden. In diesem Zusammenhang sind auch die Schwierigkeiten der Bildungsverweigerung zu sehen. Prinzipiell wird Bildung jedoch eine »Schuhlöffelfunktion für die Integration in die auf der Wissensgesellschaft basierte Wirtschaft«[145] zu teil.

---

140. BMSG [Bundesministerium für soziale Sicherheit und Generationen]: *Bericht über die soziale Lage 2003–2004* (wie Anm. 82), S. 218f.
141. A. Breitfuß & J. Dangschat: *Städtestrategien gegen Armut und soziale Ausgrenzung. Herausforderungen für eine sozial verträgliche Stadterneuerungs- und Stadtentwicklungspolitik*, Wien 2005.
142. C. Kurz: Zwischen Prekarisierung und Akademisierung: Frauenerwerbstätigkeit in der Automobilindustrie, in: *SOFI-Mitteilungen*, Nr. 34, Dezember 2006, S. 53–66, unter: http://www.sofi-goettingen.de/fileadmin/SOFI-Mitteilungen/Nr._34/Kurz.pdf.
143. So auch der wichtigste Arbeitsschwerpunkt der österreichischen AMS' für 2007.
144. N. Jones, ODI [Overseas Development Institute] Blog: *Gender Fatigue: What can we do to overcome it?*, o.O. 2007, unter: http://blogs.odi.org.uk/blogs/main/archive/2007/03/1760.aspx.
145. ISOP: Kursbuch Grundbildung. Ergebnisse des Projekts Literacy in Progress. In: *Isotopia* 2004/45, S. 112.

Problematisch ist der Bildungsbereich, wenn man ihn wie Paulo Virno sieht, der »im Zeitalter des general intellect [...] die gesamten lohnabhängigen Arbeitskräfte ständig in der Lage einer ›Reservearmee‹ [sieht]. Und das selbst, wenn sie mörderische Schichtarbeitszeiten ertragen.«[146] Görz meint, dass trotz Bildung alle gleichzeitig potenzielle Arbeiter und mögliche Arbeitslose sind. Der Konflikt verläuft dabei nicht mehr im Betrieb, weil das Individuum nicht mehr direkt befehligt werden kann, sondern »[...] überall dort, wo die Subjektivität oder die ›Identität‹ der Individuen, ihre Wertvorstellungen, ihre Selbstbilder oder die der Welt fortwährend strukturiert, fabriziert und geformt werden. [...] Demnach kann es keine effektive Gewerkschaftsbewegung mehr geben, die sich ausschließlich auf die Arbeitsplätze und die Verteidigung von Arbeitskräften in festen Arbeitsverhältnissen richtet.«[147]

Arbeiter und Angestellte zum Nachdenken über ihre Arbeitsstelle anzuregen, gilt als ein hohes Ziel der ArbeitnehmerInnenbewegungen. Demgegenüber stehen etwa Unternehmensphilosophien in Großbritannien, wo nach den Grundsätzen der *lean production* »[...] nur junge, sorgfältig ausgewählte Arbeiter ein[gestellt werden], denen in der Vergangenheit keine gewerkschaftlichen Aktivitäten nachzuweisen sind. Sie zwingen sie [...,] in ihrem Arbeitsvertrag ausdrücklich auf ihr Streikrecht zu verzichten und keiner anderen als der hausinternen Gewerkschaft beizutreten. Im Grunde stellen sie Arbeiter nur als *ihrer Klassenidentität* beraubte ein, *ohne* Platz in der Gesamtgesellschaft und ohne Teilhabe an ihr. Dafür bieten sie ihnen eine ›Unternehmensidentität‹ (*eine corporate identity*)«.[148]

Abgesehen von dieser Vereinnahmung von ArbeitnehmerInnen und ihrer defacto-Alternativenlosigkeit spielen konkrete Angebote eine große Rolle in der Entscheidung für oder gegen Teil- oder Vollzeiterwerbsarbeit. So spielen leistbare Kinderbetreuungsplätze als Sprungbrett für berufstätige Eltern eine große Rolle. Die Übersicht über *good practice*-Beispiele von Susanne Zoller vom Zukunftszentrum Tirol beschreibt die verschiedenen Modelle mit unterschiedlichen Betreuungszeiten (auch Ferien), -angeboten und -kosten. Letztere sind meist nach Inanspruchnahme gestaffelt, und einkommensschwache Personen können Förderungen beim AMS und dem Land Tirol beantragen.[149]

---

146. P. Virno: Quelques notes à propos du general intellect, in: *Futur antérieur*, Bd. 10, S. 48f., zit. nach A. Görz: *Arbeit zwischen Misere und Utopie* (wie Anm. 2), S. 61.
147. A. Görz: *Arbeit zwischen Misere und Utopie* (wie Anm. 2), S. 62.
148. Ebenda, S. 54.
149. S. Zoller: *Good-Practice-Modelle in der Kinderbetreuung. Alternative Angebote im nationalen und europäischen Vergleich. Eine Recherche des Zukunftszentrums im Rahmen des EQUAL-Projekts Wo-*

Die Bewertung von Haushalts-, Erziehungs- und Pflegearbeit stellt eine politische Herausforderung dar, die bereits bei den Indikatoren (GPI) näher ausgeführt wurde und jedenfalls einen hohen Stellenwert in der sozialpolitischen Diskussion haben sollte. Dementsprechend ist auch die Diskussion um individuelle Pensionsversicherungssysteme für Frauen zu sehen, bei der auch unbezahlte Kindererziehungs- und Pflegearbeit eingerechnet werden. Ebenso braucht es in anderen Bereichen, wie der Wohnungslosenhilfe[150], bundesweite rechtliche Grundsätze.

Das sozialpolitische Engagement zivilgesellschaftlicher Organisationen stellt gleichzeitig ein neues Beschäftigungspotenzial dar, in das große Hoffnung für die Zukunft gelegt wird. Das Vereinswesen ist in vielen europäischen Ländern stark ausgebaut und beruht auf einer langen Tradition. Seit den 1980er-Jahren setzen sich diese vermehrt als Kontrollorgan und dritter Partner – neben Staat und Wirtschaft – in der Sicherung der Menschen- und Grundrechte etc. ein. Dies hat gesellschaftliche Veränderungen stark geprägt. Sie spezialisieren sich auf bestimmte Themen sozial-, entwicklungs-, sport-, kunst- und kulturpolitischer Bereiche, setzen sich aber keineswegs nur mehr aus freiwilligen MitarbeiterInnen zusammen, sondern werden immer mehr zu einem großen Arbeitgeber – und dadurch auch von der Ökonomisierungswelle erfasst. Nicht mehr eindeutig dem Sektor Markt oder Staat zuordnenbar, verschwimmen die Grenzen zwischen drittem Sektor und Wirtschaft/Staat. Folgende Eigenschaften prägen das Feld heute:

(1) Die Strukturveränderungen der Arbeitswelt selbst wirken sich auf die steigende Notwendigkeit sozialer, psychosozialer und sozialpolitischer Dienstleistungen aus, die für die soziale Lage einer Gesellschaft von zunehmender Bedeutung sein werden. Diese werden zunehmend im dritten Sektor angeboten.

(2) Der dritte Sektor wird unter anderem deshalb als Arbeitsmarkt attraktiver, weil soziales Engagement gegenüber der marktwirtschaftlichen Logik persönlich mehr Relevanz zu haben scheint und die Beschäftigungsmöglichkeiten Flexibilität, aber auch Prekarität versprechen. Hier entstehen neue Beschäftigungsmodelle (Teilzeitführungskräfte etc.) mit Vorbildcharakter.

Men, o. O. 2004, unter: http://www.ganztagsschule.at/foxplus/files/downloads/Kinderbetreuung%20Good%20Practice%20Studie%20Mai%202004.pdf.

150. Vgl. H. Schoibl: *Licht und Schatten prägen die Wohnungslosenhilfe in Österreich. Ungehaltene Anmerkungen zur »Aktualisierung des 2. nationalen Aktionsplanes für soziale Eingliederung«*, o. O. 2005, unter: http://www.helixaustria.com/uploads/media/Licht_und_Schatten_in_der_Wohnungslosenhilfe_04.pdf

(3) Freiwilligenarbeit steht im dritten Sektor an vorderster Stelle der Beschäftigungsverhältnisse und stellt damit ein Element des Sozialdumpings innerhalb des Sektors dar; die Überlegungen zum Grundeinkommen sind insbesondere für diesen Sektor von großer Bedeutung.

(4) Die Logik des Marktes nimmt in den geschützten Bereichen der Daseinsvorsorge eine starke Rolle ein. Durch die Abgabe staatlicher Aufgaben an zivilgesellschaftliche Träger erfuhr die »Ökonomisierung des Sozialbereichs« einen Aufschwung. Qualitätsstandards und -sicherung stellen ein Hauptanliegen des Sektors dar, auch um die eigene Leistung auf ein höheres, und damit finanziell bewertetes Niveau zu stellen.

Aus diesen und anderen Gründen möchte ich mich für eine verstärkte gesamteuropäische bzw. auch auf die Nord-Süd-Beziehungen abgestimmte wissenschaftliche Auseinandersetzung mit dem dritten Sektor aussprechen, welche mittels Fallstudien Denkansätze vermitteln, kreative Lösungsvorschläge verbreiten und auch das Bewusstsein einer überregionalen Identität des Sektors stärken kann.

Ein Hauptaugenmerk der NPO-Forschung liegt auf dem Kommerzialisierungsdruck des Sektors, der sich u. a. im sinkenden Anteil öffentlicher Mittel für zivilgesellschaftliche Arbeit zeigt. Das *Johns Hopkins Comparative Nonprofit Sector Project*[151] hat dieses Phänomen als Teil einer breit angelegten Studie des Non-Profit-Sektors näher untersucht. Zunächst wurde festgestellt, dass der Anteil der Beschäftigten im europäischen NP-Sektor zwischen 1990 und 1995 um 23 % anstieg, im Vergleich zu einer Gesamtbeschäftigungszunahme von 6 %. Der Anteil hauptamtlich beschäftigter Personen war überraschend hoch, wenngleich das Spektrum an atypischen Beschäftigungsformen – vom Teilzeitmitarbeiter bis zur AMS-geförderten Transitarbeiterin – ebenfalls breit war. Damit ist die Erforschung des Sektors als arbeitsmarktpolitisch relevantes Feld zusehends bedeutungsvoll. Auch die Allianzenbildung von NGOs[152] – meist als Diskussionsplattformen und Interessensvertretungen konzipiert – bedarf dabei größerer Aufmerksamkeit.

Die Förderung und Vorstellung neuer, insbesondere vernetzender und bewusstseinsbildender Initiativen steht im Vordergrund. Die sozialpolitischen Szenen sind sehr aktiv, daher kann an dieser Stelle nur ein Auszug gegeben werden. Für Innsbruck

---

151. Siehe: http://www.jhu.edu/%7Ecnp/.
152. Ein interessantes, kleinräumliches Beispiel stellt etwa der Sozialpolitische Arbeitskreis (SPAK) in Innsbruck dar, der als Zusammenschluss von über 20 Vereinen z. B. die Homepage http://www.sozialhilfetirol.at betreibt.

fallen mir direkt zwei Beispiele ein: Einerseits die *Sozialroutenplanerin*, ein Stadtplan für Frauen in Notsituationen[153] sowie das Projekt der BÆTTLEGROUP, bættle research, das mit der Initiative *Kultur ist Arbeit. Arbeit verdient Geld.* für Aufsehen sorgte und nun ein Stadtplanplakat und ein Handbuch zu den bestehenden Netzwerken der Offkulturszenen in Innsbruck und Umgebung recherchiert und veröffentlicht hat.[154]

4.3. Gesellschaftliches

Gesamtgesellschaftlich gibt es theoretisch ein großes Spektrum an Veränderungsmöglichkeiten, die unterschiedlich moderat oder radikal ausfallen können: Antikapitalistische Gruppen fordern den Gesamtausstieg aus der Marktwirtschaft durch die Einführung von Tausch- oder Kooperationsringen, die besonders die zusehends in den Markt integrierten sozialen Leistungen abdecken sollen.[155] Ihr Erfolg hängt stark von ihrer Anlaufgeschwindigkeit ab.[156] PC-gestützte und mittels Chipkarten abgewickelte Verrechnungssysteme könnten dabei Geldscheine durch ein Punktekonto für erbrachte und bezogene Leistungen ersetzen. Dabei entsprechen Pluspunkte einem zinslos vergebenen Kredit. Dieses verlockende Angebot einer Rückzahlung ohne Zeitdruck, wie etwa von Hans-Jürgen Klaussner propagiert[157], würde unter dem utilitaristischen Denken der Wirtschaftstreibenden jedoch nie funktionieren.[158] Wer würde ohne Zinsanreiz sparen, wer würde Geld verleihen? Welche Rolle spielte der Profit? All diese Fragen erscheinen noch zu wenig beleuchtet, wenngleich einige Beispiele der sog. Freigeld- und FreilandvertreterInnen aufhorchen lassen:

Das Freigeld-Experiment von Wörgl (1932) war ein Beispiel eines alternativen zinslosen Geldsystems, bei dem jedoch eine monatliche 1%-ige Rücklaufgebühr auf

---

153. Siehe: http://www.pr-salzburg.at/fileadmin/user_upload/sozialroutenplanerin.pdf.
154. Siehe: http://www.baettle.net.
155. Vgl. M. Baukhage & D. Wendl: *Tauschen statt Bezahlen. Die Bewegung für ein Leben ohne Geld und Zinsen*, Hamburg 1998.
156. A. Görz: *Arbeit zwischen Misere und Utopie* (wie Anm. 2), S. 154.
157. B. Senf: Die »Freie HuMan-Wirtschaft« (WEG) nach Hans-Jürgen Klaussner – Ausweg aus der Krise des Zinssystems?, in: *Tauschsystem-Nachrichten*, H. 4, Dezember 1998, unter: http://www.berndsen.de/pdf/Klaussner.pdf.
158. Wie Bernd Senf richtig feststellt, können Tauschringe nur in Wechselbeziehung mit dem vorherrschenden Wirtschaftssystem funktionieren, die Verlockung von billig produzierten Massenprodukten bleibt aufrecht. Vgl. B. Senf: Die »Freie HuMan-Wirtschaft« (wie Anm. 157), S. 21.

einbehaltene Geldscheine (Umlaufsicherungsgebühr) bezahlt werden musste. Man sprach von *rostenden Banknoten*, deren Erlös übrigens als »freiwillige Notabgabe für die Armenpflege« nicht an Banken, sondern den Bürgermeister floss. Mit der Begründung des staatlichen Notenbankmonopols wurde das Projekt jedoch verboten.[159] Heute verfolgen Gesellschaften wie die Initiative für natürliche Wirtschaftsordnung (INWO) die Absicht einer umlaufgesicherten Währung nach Vorbild der Freiwirtschaftslehre ohne Zins. Diese beruhte auf der geldtheoretischen Analyse Silvio Gesells, deren Kritik am Finanzmarkt auch heute »[...] dem Vorwurf des strukturellen Antisemitismus in der globalisierungskritischen Bewegung Argumente liefert«[160], wenn etwa »die Wall Street« als Nutznießer des Zinssystems benannt wird.[161] »Die Gesell'sche Lehre von der ›natürlichen Wirtschaftsordnung‹ hat sich in der Geschichte als anschlussfähig für nationalsozialistisches, antisemitisches Denken erwiesen.«[162]

Trotzdem können einige Gedanken wichtig sein, um die Zukunft des wirtschaftlichen Zusammenlebens neu zu überdenken. Die Kritik am Zinsmechanismus bezieht sich a) auf das System von Zins und Zinseszins (mit einem Jargon à la »Krebs des sozialen Organismus«) und die damit verbundenen Schuldenlasten unterer Einkommensgruppen bzw. armer Länder gegenüber reichen Ländern und b) auf die Notwendigkeit eines dem Anwachsen des Geldvermögens entsprechenden Wirtschaftswachstums. Ich möchte mich hier auf a) konzentrieren, weil die Diskussionen um b) weitaus bekannter und prominenter sind.

Nach klassischer Ansicht reguliert der Zinsmechanismus am Kapitalmarkt die Nachfrage nach Investitionskrediten und das Angebot an Spareinlagen (Kreditangebot) und stellt damit eine Umlaufsicherung dar. Das System der Zinsen und Zinseszinsen kann jedoch auch als ein Abwälzungsprozess der Kreditkosten an KonsumentInnen interpretiert werden, wenn man davon ausgeht, dass sich Marktpreise auch aus Kreditkosten zusammensetzen. Produzenten wälzen das Zinsregime in der Wertschöpfungskette ab. Dies trifft arme Bevölkerungsgruppen insofern überproportional, als sie einen größeren Anteil des zur Verfügung stehenden Einkommens für Konsumgüter ausgeben und nicht zu Sparzwecken investieren.

---

159. B. Senf: *Der Nebel um das Geld. Zinsproblematik – Währungssysteme – Wirtschaftskrisen. Ein Aufklärungsversuch*, Lütjenburg 1996, S. 122 ff.
160. E. Altvater: *Eine andere Welt mit welchem Geld? Über neoliberale Kritik der Globalisierungskritik, unbelehrte Ignoranz und Gesells Lehre von Freigeld und Freiland*, o. O. 2004, S. 2, unter: http://userpage.fu-berlin.de/~roehrigw/altvater/altvater.pdf.
161. Vgl. das in Deutschland indizierte und beschlagnahmte Buch von Jan van Helsing (Pseudonym): *Geheim-Gesellschaften und ihre Macht im 20. Jahrhundert*, Rhede 1995.
162. E. Altvater: *Eine andere Welt mit welchem Geld?* (wie Anm. 160), S. 34.

Die Berechnung des Zinsanteils für einzelne Produkte und Dienstleistungen ist nahezu unmöglich. Die Initiative für natürliche Wirtschaftsordnung (INWO) betont jedoch, dass die bei den Banken ausgewiesenen Zinserträge, die in etwa mit den Schuldenzinsen gleichzusetzen sind, mit den privaten Haushaltsausgaben verglichen werden können. In Deutschland lagen 2000 die Bankenzinserträge bei 370 Mrd. €, die Ausgaben der privaten Haushalte bei 1.197 Mrd. €. Das ergibt einen durchschnittlichen Zinssatz von 31%.[163] Es gibt jedoch Schätzungen zu bestimmten Posten. So meint Peter Knauer, dass in Kostenmieten etwa 77% an Zinsen enthalten sind.[164]

Zudem betont er, dass die unteren acht Einkommensdezile in Deutschland 1997 300 Millionen DM an Zinsen, versteckt in Preisen für alltägliche Waren und Leistungen, an die oberen beiden Einkommensdezile zahlten. Tatsächlich ist der Anteil der Konsumausgaben für ärmere Bevölkerungsgruppen überdurchschnittlich hoch, weshalb auch ihre Zinsbelastung weit höher sein dürfte als ihre Einnahmen durch gespartes Kapital. Ebenso ist eine Bevölkerungsmehrheit verschuldet (siehe oben), was zu einer weiteren Zuspitzung der Ungleichverteilung von Vermögen, aber auch von verfügbarem Einkommen führen wird.

Das Zinssystem verursacht, so argumentieren die oben erwähnten Zinssystemkritiker, eine ähnliche Umverteilung zwischen den Ländern des Südens und den Ländern des Nordens. Abgesehen vom Ende der Subsistenzwirtschaft, der Privatisierung von Produktionsmitteln – insbesondere von Grund und Boden – während der Kolonialherrschaft und einer steigenden Abhängigkeit durch verschlechterte *terms of trade* zahlen die Entwicklungsländer netto mehr an die Industrieländer als umgekehrt.

In beiden Fällen hat dabei die indirekte Bezahlung der Kreditzinsen jedoch nichts mit der eigenen Schuldenrückzahlung zu tun. Diese Tatsache legt nahe, dass eine fundierte Zinskritik als Basis für alternative Entwicklungsmodelle dienen kann. Diese bedarf einer guten wirtschaftspolitischen Basis, welche die Situation von privaten

---

163. Zu beachten ist, dass mit dieser Berechnung nur die schuldenbezogenen Zinsen erfasst werden, die Verzinsung für das eingesetzte schuldenfreie Sachkapital kommt also noch hinzu. Allerdings liegen hierfür keine statistischen Größen vor. Das heißt, die wirklichen Zinsanteile, umgerechnet auf die einzelnen Preise, muss man darum noch mit etwa einem Drittel höher ansetzen, unterschiedlich nach dem jeweiligen Kapitaleinsatz. So liegt zum Beispiel in den Wohnungsmieten der gesamte Zinsanteil bei 60 bis 80 Prozent.

164. Ein anderes Beispiel ist Creutz' Berechnung der Bruttozinslast, die im Verhältnis zum deutschen Bruttosozialprodukt 1990 26%, im Verhältnis zum Volkseinkommen 33%, im Verhältnis zum verfügbaren Einkommen der Haushalte 41% ausmachte. Ein durchschnittlicher Verzinsungssatz von 7% aller Kapitalien wurde dabei angenommen. Vgl. H. Creutz: *Das Geldsyndrom*, Berlin 1997, S. 118f.

und öffentlichen Geldgebern, Kreditnehmern sowie von Staat und Zivilgesellschaft miteinbezieht.

Ein System, in dem die unterbliebene Reinvestition von Geldvermögen bestraft wird bzw. die überhaupt zu größeren Teilen auf das Prinzip des Tauschrings baut, könnte etwa die Leistungsverrechnung unbezahlter Haus- und Pflegearbeit besser legitimieren. Wie Peter Knauer meint, stehen viele ungebrauchte Ressourcen (Arbeitslose, junge bzw. ältere Menschen, die nicht mehr/noch nicht arbeiten)[165] den immer schlechter gedeckten Bedürfnissen in der Gesellschaft gegenüber. Dies mag mit der Tatsache zu tun haben, dass untätiger Geldbesitz auf Kosten anderer privilegiert wird: »Die unfreiwillige Arbeitslosigkeit derjenigen, die keinen Job finden, könnte der hohe Preis für die freiwillige Arbeitslosigkeit derer sein, die ihr Kapital ›arbeiten‹ lassen können, ohne selbst nur einen Finger zu krümmen.«[166] In diesem Zusammenhang erwähnt er das von Dieter Suhr erörterte *Neutral Money Network*, bei dem die Zinsen für aufgenommene Kredite nur so lange bezahlt werden müssen, bis das Geld ausgegeben wird. Die Zinsforderung wandert quasi mit dem Geld an den Verkäufer von Waren und Dienstleistungen mit und wird insbesondere dann legitim sein, wenn letzterer trotzdem noch Gewinne macht und somit die kurzfristige Belastung auf sich nimmt. Dadurch könnten die Transaktionsbedürfnisse immer weniger ausgenützt werden, und die versteckten Zinszahlungen würden abnehmen.[167]

Die Abschaffung der Zinsen ist also kein Anliegen, vielmehr jedoch die genaue Betrachtung der versteckten Zinslasten, denen jeder Bürger im alltäglichen Leben ausgesetzt ist. Es lohnt, in diese Richtung weiter zu denken, um das Wachstum der Einkommen aus Vermögen gegenüber dem Einkommen aus Arbeit und die entfesselte Kraft des Finanzmarkts zu beschränken.

Zivilgesellschaftliches Engagement spielt in einem weiteren Aspekt gesellschaftlichen Handelns eine große Rolle: im Konsum. Dieser ist für ein gestaltbares Zukunftsszenario in der Arbeitswelt bedeutsam, da die Bevorzugung fair gehandelter, lokal produzierter und ethisch verantwortlich produzierter Waren und Dienstleistungen direkten Einfluss auf verschiedene Aspekte des Arbeitsmarkts haben kann. So sind lokal produzierte und fair gehandelte Produkte (Nahrungsmittel, Kulturgüter etc.) meist arbeitsintensiv. Sie stehen in direktem Wettbewerb zur Massenproduktion global produzierender Unternehmen. Es ist die Absicht der *fairtrade*-Initiativen und

---

165. Wenngleich es bereits viele gute Beispiele in diese Richtung gibt, z. B. das Senior-Experten-Service in Entwicklungsländern (www.ses-bonn.de)
166. P. Knauer: Arbeitslosigkeit durch einen Systemfehler unseres Geldes (wie Anm. 17), S. 252.
167. Ebenda, S. 252 f.

der lokalen Produktion, ein Bewusstsein für Produktionsbedingungen und Mindeststandards zu vermitteln.

Der *Economist* hat in seiner Printausgabe vom 7. Dezember 2006 einen Leitartikel über *Ethical Food, Good Food?* veröffentlicht[168], in dem betont wird, dass Konsumverhalten keinen Einfluss auf gesellschaftliche Zusammenhänge hat: »People who want to make the world a better place cannot do so by shifting their shopping habits.« Bewusstes Einkaufen, vom ethischen Investment bis zur Fairtrade-Banane, stellt jedoch eine Form des Konsumboykotts dar und bedeutet daher eine relevante Machtposition für KonsumentInnen.

Unternehmen stehen unter Zugzwang, ihre Arbeit ethischen Kriterien zu unterwerfen, um so als sozial verantwortliche AkteurInnen angesehen zu werden. Darunter fallen auch die Arbeitsbedingungen der Angestellten. In Verbindung mit der Verbesserung der Mitarbeiterrechte spielt die Gewerkschaftsbewegung eine große Rolle, die in den letzten Jahren stark unter Druck geriet (vom BAWAG-Skandal in Österreich bis zur Kriminalisierung der Gründer unabhängiger Gewerkschaften in der Volksrepublik China). Zum fairen Aushandeln der Bezahlung von Arbeits- und Dienstverhältnissen sind starke gewerkschaftliche oder sozialstaatliche Rahmenbedingungen vonnöten, die derzeit nur einer Minderheit der Weltbevölkerung zur Verfügung stehen.

Die Debatten um sozialen Zusammenhalt, wie sie etwa in der Europäischen Union an oberster Stelle stehen, erscheinen in diesem Kontext äußerst zynisch. Die Klassengesellschaft stellt vereint alle Mitglieder im Hinblick auf die alle betreffende Unsicherheit und Unterwürfigkeit: »Das Unterbieten der Lohnniveaus, Arbeitsrechte etc., die Sichtweise von Arbeit als höchstem Gut, das man haben sollte, wird als Quell des sozialen Zusammenhalts und damit als höchster Wert moralisch überladen.«[169]

5. Fazit

Die weltweiten Arbeitsmärkte stehen unter großem Druck, genauso wie die Politik, die versucht, soziale Unruhen ob der sich verschlechternden Erwerbsbedingungen zu unterbinden. Einerseits nimmt die Bedeutung der menschlichen Arbeitskraft in vielen Tätigkeitsfeldern durch Innovationstätigkeit ständig ab, andererseits ist der Mensch in der Wirtschaft nicht ersetzbar. In allen Beschäftigungsfeldern entsteht

---

168. Economist: Ethical Food, Good Food? In: *Economist* vom 7. Dezember 2006, S. 11f.
169. A. Görz: *Arbeit zwischen Misere und Utopie* (wie Anm. 2), S. 80.

unabhängig vom Bezahlungsniveau ein Wettbewerb um den Faktor Arbeit. Die BürgerInnen passen sich diesem Wettbewerb an und nehmen hohe Mobilität (bis zur Migration), Aus- und Fortbildungsbelastungen, atypische Beschäftigungsverhältnisse und damit verbundene Verdiensteinbußen in Kauf. Kurz: Ein Job wird als unentbehrliches, hohes Gut angesehen, gerade auch, weil er immer seltener wird.

Diese Sichtweise basiert auf einer machtvollen Arbeitgebergemeinschaft und auf ArbeitnehmerInnen, welche politisches Engagement und kritisches Beurteilen der wirtschaftlichen Entwicklung als irrelevant oder als Luxus ansehen und sich lieber dem Konsum widmen. Sozialliberale Politik bestimmt die Daseinsfürsorge und damit auch das Denken der Menschen, es ist legitim für Versorgungsgüter zu bezahlen. Personen werden zu bezahlenden Kunden, agieren wie Mikrounternehmen, die sowohl im hoch spezialisierten als auch im Billiglohnsektor miteinander um immer weniger Stellen in Konkurrenz treten und sich dadurch die eigenen Lebensgrundlagen absprechen. Arbeitslosigkeit steigt, die ArbeitnehmerInnenvertretungen bleiben jedoch schwach. Arbeit wird diskontinuierlich und flexibel, die damit verbundene Freiheit bedeutet für manche tatsächlich ein Aufweichen von Beruf und Privatleben, für viele jedoch eine Ausweitung beruflicher Verantwortung auf andere Lebensbereiche. Der globale Wettbewerb wird stärker, die Arbeitsbiographien prekärer, die Politik schafft aufgrund ihrer Abhängigkeit von Wirtschaftslobbyisten und der Angst vor der Wiederwahl keine kreativen Konzepte.

Arbeit ist in dieser glokalen Welt immer noch mit Unfreiheit verbunden, wenngleich gegensätzliche Entwicklungen eine Prognose der zukünftigen Entwicklung erschweren: Das Mobiltelefon bietet neue Freiheiten, Unternehmen schaffen sich immer noch machtvollere Positionen (auch über die Privatisierung der Daseinsvorsorge), und die Logik von Zins und Wirtschaftswachstum erscheint unumstößlich. Der rhetorisch durchdachte Sozialliberalismus schafft neue Abhängigkeiten, aber auch Widerstand und Verweigerung. Während sich Arbeit zu einem Instrument der Identitätsbildung herausbildete, bedeutet es für eine Bevölkerungsmehrheit primär eine Lebensgrundlage, die immer knapper wird: Arbeitslosigkeit und *working poor* sind die großen Herausforderungen der Arbeitsmarktpolitik, die mit einem anwachsenden informellen Sektor, einer kontinuierlichen Benachteiligung von Frauen am Arbeitsmarkt und einer generellen Benachteiligung von ArbeitnehmerInnen aufgrund ihrer politischen Position in Beziehung gebracht wurden. Die Ausbeutung des Faktors Arbeit führt zu prekären Lebensverhältnissen, was sich besonders an der Ver- und Überschuldung der Bevölkerungen zeigt. Diese ist vermehrt mit der Arbeitssituation in Verbindung zu bringen. Es scheint die Abhängigkeit auch über das Schuldenregime gespielt zu werden. Ein wesentlicher Vorschlag besteht darin, dies zu benennen und wissenschaftlich zu untersuchen, um so die Lebensrealität von ArbeiterInnen im Kontext von Arbeitsdebatten klar(er) darzustellen.

Zudem stellt die Messung von Lebensstandard, Armut und wirtschaftlicher Leistungsfähigkeit eine Grundeinstellung dar, welche gleichzeitig Mahner vor der falschen und Vorbild für die richtige menschliche Entwicklung ist und damit eine mächtige Position im öffentlichen Diskurs einnimmt, der sich an der Bruchstelle zwischen Armut und Arbeit abspielt.

Zukunftsszenarien sind vielfältig und orientieren sich hauptsächlich an der demographischen Entwicklung. Ich habe sowohl die AltermondialistInnenbewegung und deren Vereinnahmung beschrieben wie auch die schwierige Position der Zivilgesellschaft. Die Einbindung der arbeitenden Bevölkerung in Lösungsvorschläge und kreative, konkrete Konzepte schien ein erster Schritt in Richtung praktischer Arbeitsmarktpolitik zu sein. Genauso ist das Wissen der Arbeitgeberseite einzubeziehen und zur Überwindung der allseitigen Angst vor dem finanziellen Absturz in einen tabulosen Dialog einzubinden.

Eine Fülle von Methoden und konkreten Beispielen sollte schließlich zeigen, dass alternative Vorgehensweisen – ob von staatlichen und privatwirtschaftlichen Vorstellungen – Arbeit in der Zukunft gestalten können. Beispiele rechtlicher, sozialpolitischer und gesellschaftlicher Natur befinden sich auf einem breiten Spektrum, von der Reform des Wirtschaftssystems als ganzes bis hin zu bereits gelebten Modellen neuen Konsumverhaltens. Dies stellt die Basis eines allumfassenden, neuen Arbeitsethos dar, welches die soziale Lage und die Zukunft der menschlichen Entwicklung grundlegend mitbestimmen wird. Die Erforschung dieses Themenbereichs muss weiterhin ganzheitlich und unabhängig forciert werden.

IV. MENSCHENWÜRDIGE ARBEITSLOSIGKEIT
»DECENCY« UND ARBEITSMARKT
Clemens Sedmak

1. Diabolische Lexikographie

Die Grundthese lautet, dass der Ausschluss von Menschen aus dem Arbeitsplatzkontext gegen ihren Willen zu struktureller Erniedrigung führt – und dass diese Erniedrigung, wenn sie in größerem Umfang erfolgt, mit erheblichen moralischen und ökonomischen Kosten verbunden ist. Die Motivation für diese Kosten wie auch die langfristigen Konsequenzen und Folgekosten mögen wohl bedacht sein. Und um diese Kosten zu bedenken, bedarf es jedoch eines Blicks auf die terminologische Vermessung der Arbeitswelt. Es könnte schließlich sein, dass wir eine andere Sicht der Dinge brauchen, um weiterzukommen. Eine Möglichkeit wäre ja, dass die Begriffe irreführend sind.

Natürlich kann man überlegen, ob die Begriffe »Arbeit«, »Arbeitslosigkeit«, »Arbeitsfähigkeit« *essentially contested concepts* sind. Wesentlich umstrittene Begriffe sind bekanntlich solche, bei denen ein Konsens über einen abstrakten Begriffskern besteht, sich aber unversöhnliche Perspektiven in Bezug auf Anwendung und Interpretation des Begriffs zeigen.[1] Gerade in der politischen Philosophie sind solche Begriffe Teil der Diskursdynamik.[2] Der Begriff der Arbeitslosigkeit gibt Anlass zur Frage, ob wir hier nicht unterscheiden sollten zwischen »Arbeitslosigkeit« und »Aufgabenlosigkeit«, zwischen »Arbeitslosigkeit« und »Arbeitsplatzlosigkeit«, zwischen »Erwerbsarbeitslosigkeit« und »Eigenarbeitslosigkeit«. Steht und fällt der Begriff der Arbeitslosigkeit mit den Begriffen von Arbeitsmarkt und Arbeitsteilung? Was heißt es für einen Hausmann oder eine Hausfrau, »arbeitslos« zu sein? Kann eine Pensionistin, die aus Krankheitsgründen nicht mehr in der Lage ist, sich ehrenamtlich zu engagieren, arbeitslos sein? Ist eine Angestellte, die im Arbeitsalltag unterfordert und im Sinne eines anfallenden Leerlaufs unterbeschäftigt ist, punktuell »arbeitslos«? Was

---

1. W. B. Gallie: Essentially Contested Concepts, in: *Proceedings of the Aristotelian Society*, Bd. 56 (1956), S. 167–198.
2. H. Boulay: Essentially Contested Concepts and the Teaching of Political Science, in: *Teaching Political Science*, Bd. 4 (1977), S. 423–433; D. Collier et al.: Essentially Contested Concepts: Debates and Applications, in: *Journal of Political Ideologies*, Bd. 11 (2006), H. 3, S. 211–246.

bedeutet es für ein Kind, »arbeitslos« zu sein? Ist dieser Begriff nur im Konnex mit der Rede von Kinderarbeit sinnvoll? Welche Unterscheidungen bieten sich in der Rede von Arbeitslosigkeit an – friktionelle Arbeitslosigkeit, stukturelle Arbeitslosigkeit, Langzeitarbeitslosigkeit, konjunkturelle Arbeitslosigkeit, Sockelarbeitslosigkeit, »offizielle« und »reale« Arbeitslosigkeit? Diese terminologischen Hilfseinrichtungen deuten das komplexe und entsprechend umstrittene Terrain an, auf dem wir uns im Diskurs über Arbeitslosigkeit befinden. Hier geht es um Fragen der Kernkategorien, die zur Vermessung des Geländes verwendet werden sollen. Und wenn die Kernkategorien wesentlich umstritten sind, wird sich dies auch auf die Operationalisierung der Begriffe und die Strategien im Umgang mit Arbeitslosigkeit niederschlagen.

Welche Referenzpunkte finden wir vor, die das Phänomen der Arbeitslosigkeit einordnen lassen? Der Diskurs über Arbeit und Arbeitslosigkeit erzwingt etwa die Frage, ob der Begriff der Arbeitslosigkeit notwendigerweise an den Begriff des Wohlfahrtsstaates gebunden ist, der neue Formen von Inklusion und Exklusion möglich gemacht hat[3] – und der Zusammenhang zwischen Arbeitslosigkeit und Wohlfahrtsstaat führt dann weiter zum Bedenken des Zusammenhangs zwischen Arbeitslosigkeit und Schriftkultur, zwischen Arbeitslosigkeit und Bürokratie. Verhält es sich tatsächlich so, dass der Begriff der Arbeitslosigkeit notwendigerweise mit dem Begriff der Verwaltung von Arbeitslosigkeit verknüpft ist?[4] – All diese Fragen lassen eine Argumentation

---

3. Der Begriff der sozialen Ausgrenzung wurde in den frühen 1970er Jahren in Frankreich entwickelt, als sich die Frage nach den Verlierern der Prosperität, die Europa in den 1960er Jahren geprägt hatte, immer schärfer stellte. René Lenoir hatte 1974 das Dokument *Les exclus* veröffentlicht, das im Zusammenhang mit dem Diskurs über den Wohlfahrtsstaat stand. Der Begriff der sozial Ausgeschlossenen sollte jene Menschen in den Blick nehmen, die aus den Versicherungsprogrammen herausfielen (vgl. M. Barry: Social Exclusion and Social Work. An Introduction, in: M. Barry & Ch. Hallett [Hg.]: *Social Exclusion and Social Work. Issues of Theory, Policy and Practice*, London 1998, S. 1–12; Chr. Cousins: Social Exclusion in Europe: Paradigms of Social Disadvantage in Germany, Spain, Sweden and the United Kingdom, in: *Policy and Politics*, Bd. 26 [1999], H. 2, S. 127–146; A. De Haan: Social Exclusion. An Alternative Concept for the Study of Deprivation, in: *IDS Bulletin*, Bd. 29 [1998], H. 1, S. 10–19; R. Lenoir: *Les exclus. Un Français sur dix*, Paris 1974). Das hat auch zur Folge, dass der Begriff der Arbeitslosigkeit eng mit dem Begriff der sozialen Ausgrenzung verbunden ist, da wohlfahrtsstaatliche Transferleistungen in den europäischen Wohlfahrtsstaatsmodellen eng mit Arbeitsverhältnissen verkoppelt sind.

4. Entscheidendes Merkmal der Arbeitswelt überhaupt ist nach Dirk Baecker, der sich auf Luhmann beruft, die »Organisation« – die Verwaltung und die Kontrolle: »Organisationen sind Kommunikationen über Arbeit, insofern sie einerseits regeln, innerhalb welcher Arbeitsteilung von wem zu welchen Zeitpunkten welche Arbeitsschritte zu vollziehen sind, und andererseits dafür sorgen, dass die Ergebnisse und Umstände der Arbeit auf eine Art und Weise dargestellt

zu, die den Begriff der Arbeitslosigkeit als *essentially contested concept* ausweist. Die Anerkennung des Begriffs der Arbeitslosigkeit als wesentlich umstritten schafft Motivation für einen entsprechenden Diskurs, der seine Dynamik aus Pluralismus und Konflikten bezieht. Das Anliegen eines Perspektivenwandels wird dadurch plausibler.

Der Begriff der Arbeitslosigkeit mag nicht nur »essentially contested« sein, er ist auch *strukturbildend*. Ein strukturbildender Begriff ist ein solcher, der soziale Systeme wiedergibt, reproduziert und konsolidiert. Es sind Begriffe, die in Akten des Gesetzgebers Eingang finden und juristische Relevanz bekommen; es sind Begriffe, die im Diskurs über öffentliche Zuwendungen und Ansprüche an die öffentliche Hand verwendet werden. Es sind Begriffe, die die Struktur des Wohlfahrtsstaats ausdrücken und eindrücken. Es sind Begriffe, die die Interaktion zwischen institutionell gestaltetem Wohlfahrtsstaat und Individuen prägen, weil durch diese Begriffe diese Kommunikationsvorgänge Kontur und Reglement erhalten. Es sind Begriffe, die soziale Transferleistungen von Staat zu Individuum und von Individuum zu Staat regulieren. Strukturbildende Begriffe stehen an der Schnittstelle von Individualethik und der Lebenswelt von Einzelnen auf der einen Seite und Sozialethik und der Strukturdimension eines Makrosystems auf der anderen Seite. Damit sind diese Begriffe auch Umschlagplätze für ethische Aushandlungsprozesse und geben neuralgische Punkte für das politische Denken an.

Wesentlich umstrittene strukturbildende Begriffe gehören zu den Schlüsselworten für die Beschreibung und Bewertung der politischen Landschaft.[5]

---

werden, die es dem Rest der Gesellschaft ermöglicht, damit einverstanden zu sein, dass die Leute sich innerhalb einer Organisation typischerweise anders verhalten als außerhalb einer Organisation« (D. Baecker: *Studien zur nächsten Gesellschaft*, Frankfurt/M. 2007, S. 57). Diese Überlegungen sind gerade auch für die Organisation der Arbeitslosigkeit interessant, zielt doch nach Baecker die Gesellschaft darauf ab, Arbeit zu verhindern: »In Wirklichkeit haben wir es mit einer Arbeitsverhinderungsgesellschaft zu tun. Der Trick liegt darin, die Reduktion der Arbeit auf nur relativ wenige Formen (Landarbeit, Fabrikarbeit, Büroarbeit, Werkstattarbeit) so streng durchzuführen, dass damit eine außerordentliche Komplexität von Arbeitsverhältnissen, Arbeitsverfahren und Arbeitsprodukten erzeugt und in jedem einzelnen Schritt kontrolliert werden kann« (ebenda). Entscheidend für das Funktionieren von Arbeit – und erst recht Arbeitslosigkeit, die auch am strukturell geprägten Begriff des Arbeitsplatzes hängt – ist dann die Verwaltung, die in komplexen Gesellschaften nicht nachträglich zu einem Arbeitsplatz hinzukommt, sondern konstitutiv für einen Arbeitsplatz ist. Das bedeutet aber auch, dass man sich die These überlegen kann, dass durch die Bürokratie Arbeitslosigkeit erst ermöglicht wird, weil erst über bürokratische Abläufe ein »Arbeitsplatz« etabliert werden kann.

5. Die Entscheidung über die Schlüsselbegriffe, die denn auch tatsächlich »Türen in Theoriegebäude« öffnen, gehört zu den grundlegenden theorienbildenden Entscheidungen; vgl. den wirk-

Ein frischer Blick auf Grundbegriffe im Sinne einer »diabolischen Lexikographie«[6], die einen Perspektivenwechsel von der Standardsicht vornimmt, mag gerade dann sinnvoll sein, wenn die Begriffe mit Selbstverständlichkeit und unter Zuhilfenahme impliziter Voraussetzungen verwendet werden. Das mit politischen Forderungen verbundene Profil von »glücklichen Arbeitslosen« ist ebenso einschlägig wie die britische Bewegung »why work?«, die die Beweislast umdreht und denjenigen auferlegt, die für die Arbeit plädieren. Eine diabolische Lexikographie mag bestimmte theoriebildende Tendenzen auch den »slippery slope« entlang konsequent weiterführen, um an Bruchstellen der Irritation grundlegende Anfragen an die Theoriebildung auszuweisen. Man kann sich etwa angesichts der viel diskutierten Erweiterung des Arbeitsbegriffs, der für Erwerbsarbeit und Eigenarbeit, für Reproduktionsarbeit und Beziehungsarbeit etc. verwendet wird, die Frage stellen, welche Lebensbereiche dann noch von der Kolonialisierung durch den Arbeitsbegriff ausgenommen sind und was das etwa mit der Idee des *homo ludens* zu tun (oder eben nicht mehr zu tun) haben könnte? Verrichtet ein Mensch, der einen Liebesbrief schreibt, Beziehungsarbeit?[7] Oder wenigstens Beziehungsaufbauarbeit? Ist ein Mensch, der betet, in Gottesarbeit engagiert und ist ein Agnostiker »religiös arbeitslos«? Ist ein Mensch, der ein Buch liest, mit Forschungsarbeit beschäftigt? Diese Fragen weisen zumindest auf die Möglichkeiten (Chancen und Risken) einer Schlüsselkategorie wie »Arbeit« hin, die für alle Lebensbereiche verwendet werden kann, sodass sämtliche Lebensvollzüge terminologisch überfrachtet werden können. Robert Hall hat in einem Beitrag über Arbeitslosigkeit das Warten auf Flughäfen mit dem Phänomen der Arbeitslosigkeit verglichen.[8] Ein außenstehender Beobachter »who knew nothing about the purpose of an airport would be puzzled by the chronic idleness of most of the people there.«[9]

---

mächtigen Versuch von Raymond Williams: R. Williams: *Keywords. A Vocabulary of Culture and Society*, Oxford 1976.
6. R. Grimes: More Diabolical Lexicography, in: *Journal of Public Health Policy*, Bd. 11 (1990), H. 1, S. 113–115. Bereits die Ausgabe »Spring 1988« dieser Zeitschrift enthält einen solchen Versuch über eine diabolische Lexikographie von Roland Grimes.
7. Die Verbindung von Arbeitsdiskurs und Liebesdiskurs hat Angelika Krebs in einem wichtigen Buch hergestellt; vgl. A. Krebs: *Arbeit und Liebe. Die philosophischen Grundlagen sozialer Gerechtigkeit*, Frankfurt/M. 2002; vgl. auch dies.: Arbeit und Anerkennung, in: *Deutsche Zeitschrift für Philosophie*, Bd. 49 (2001), H. 5, S. 689–707.
8. R.E. Hall: Is Unemployment a Macroeconomic Problem? In: *The American Economic Review*, Bd. 73 (1983), H. 2, S. 219–222.
9. Ebenda, S. 219. Es mag tröstlich sein, dass Umberto Eco seinen eigenen Darstellungen zufolge den berühmten Roman *Der Name der Rose* unter anderem während seiner Wartezeiten auf Flug-

Damit bringt Hall im Sinne einer diabolischen Lexikographie auf zweifache Weise eine ungewöhnliche Perspektive ein: zum einen durch einen Vergleich, der nicht augenscheinlich ist; zum anderen durch die Einführung eines externen Beobachters. Überdies stellt er die Frage: Unter welchen Bedingungen würde der Müßiggang auf einem Flughafen zu einem sozialen Problem?

Eine diabolische Lexikographie stellt Selbstverständlichkeiten in Frage, verteilt Begründungserwartungen neu und macht Voraussetzungen eines Diskurses explizit. Wenn etwa die Frage nach Nutzen und Nutznießern gestellt wird, kann das Rauchen als »the epidemiologists' greatest protection against unemployment«[10] charakterisiert werden. Ähnlich kann man sich die Frage nach Profit und Gewinnern durch Krieg und Welthunger, Terrorismus und Klimawandel stellen. Dieser Vorschlag, gleichsam »advocatus diaboli« eines im Grunde verfemten Gegenstands zu spielen, erzeugt eine diabolische Lexikographie, wie sie etwa von Ivan Illich für das Gesundheitssystem oder von Herbert Gans für den Blick auf Armut gefordert worden war.[11] Hier stellt sich die Frage nach handelnden Subjekten, die Interesse am Aufrechterhalten der Armut haben.[12] Auch in Bezug auf Arbeitslosigkeit kann man die Frage nach dem Nutzen stellen. Wer profitiert? Ein Realismus in der politischen Theorie lädt stets dazu ein, diese Frage zu formulieren, unter der Grundannahme, dass soziale Zustände und politische Konstellationen hergestellt und aufrecht erhalten werden, weil diese Zustände der Befriedigung bestimmter Interessen dienen. Herbert Gans wies darauf hin, dass eine funktionale Analyse sozialer Systeme in der Tradition Robert Mertons nicht nur die Frage nach positiven Funktionen von sozialen Phänomenen für das Gesamt-

---

häfen geschrieben hat. Dies zeigt natürlich auch, wie »leere Zeit« in produktive Zeit verwandelt werden kann, was einerseits Chance, andererseits Quelle für weitere Zurückdrängung leistungs- und erlebnisentlasteter Räume darstellt.

10. R. Grimes: More Diabolical Lexicography (wie Anm. 6), S. 115.
11. Vgl. I. Illich: *Die Nemesis der Medizin*, München ⁵2007; H. Gans: The Uses of Poverty: The Poor Pay All, in: *Social Policy*, July/August 1971, S. 20–24; H. Gans: The Positive Functions of Poverty, in: *The American Journal of Sociology*, Bd. 78 (September 1972), S. 175–189; siehe dazu: J. E. Veney et al.: Some Comments on Gans's »Positive Functions of Poverty« and on »The Famine in American Mass Communication«, in: *The American Journal of Sociology*, Bd. 78 (1973), H. 6, S. 1497–1513.
12. Vgl. W. Wagner: *Die nützliche Armut*, Berlin 1982; T. Böhler et al.: *Armut als Problem. Wie gehen fünf Einzelwissenschaften mit dem Phänomen der Armut um?* (Working Paper Series, Facing Poverty No. 1), Salzburg 2003, S. 70 f. Die norwegische Armutsforscherin Else Øyen hat darauf hingewiesen, dass es Interessensgruppen geben müsse, die an der Existenz und Persistenz, an der Entstehung und Erhaltung von Armut Interesse haben müssten (vgl. E. Øyen: *Poverty Production. A Different Approach to Poverty Understanding* [CROP Papers], Bergen 2002).

system stellen solle, sondern aufgrund der Heterogentität der Systeme vor allem auch in Bezug auf einzelne Gruppen. Gleichzeitig könne man mit Merton die Frage nach funktionalen Äquivalenten aufwerfen – etwa im Sinne der Frage: Kann die Funktion, die Armut in einer Gesellschaft abdeckt, nicht auch auf andere Weise abgedeckt werden? Diese Fragen kündigen im Sinne einer diabolischen Lexikographie die Perspektive an, Arbeitslosigkeit nicht als Systemfehler und Ausdruck von Dysfunktionalitäten des sozialen Systems anzusehen, sondern als Garantie dafür, dass das soziale System die von ihm verlangten Funktionen auch tatsächlich erfüllen könne.

Wer profitiert von den neuen Arbeitsformen?[13] Wem nützt Arbeitslosigkeit und welche Funktionen erfüllt sie? Wir können über diese Frage, eingedenk der kritischen Anfragen an den von Gans provozierten Funktionsdiskurs[14], kurz nachdenken: Arbeitslosigkeit nützt denjenigen, die über Arbeitslosigkeit nachdenken, darüber publizieren, Vorträge halten, Konferenzen organisieren, Forschungsprojekte beantragen oder auch ein Gehalt dafür beziehen, sich mit dem Thema auseinanderzusetzen. Arbeitslosigkeit nützt denjenigen, die Arbeitslosigkeit wohlfahrtsstaatlich verwalten – so bedeutet die Arbeitslosigkeit der einen die Arbeitsplätze der anderen. Menschen, die in der Arbeitslosigkeitsbürokratie tätig sind, haben in der Regel ein Interesse daran, die Relevanz des eigenen Arbeitsplatzes auszuweisen und im Sinne eigener Karrieremöglichkeiten eine verfeinerte, hierarchisch organisierte Bürokratie aufzubauen. Dass Arbeitslosigkeit Arbeitsplätze schafft und dass an der Arbeitslosigkeit eine sich ausweitende Industrie von Coaches und Trainern, Mentorinnen und Mentoren hängt, ist evident. Das bedeutet paradoxerweise, dass Menschen, die von Arbeitslosigkeit leben und in der Arbeitsvermittlung tätig sind, nur ein bedingtes und beschränktes Interesse daran haben können, Arbeitslosigkeit zu reduzieren – auch wenn selbstverständlich eine gewisse Erfolgsquote in der Vermittlungsarbeit unabdingbar ist. Arbeitslosigkeit nützt denjenigen, die in einem Arbeitsverhältnis stehen, weil soziale Anerkennung auch und gerade über Erwerbsarbeit zugewiesen wird und immaterielle soziale Güter wie »Anerkennung« oder »Ehre« ähnlich wie materielle Güter in unserem Kulturkreis an Knappheitsbedingungen gebunden sind. Es soll freilich nicht verschwiegen werden, dass die Situation zumindest ambivalent ist, wird doch durch

---

13. Smith hat die Frage, wer vom neuen Flexibilitätsdenken profitiert, für den Bereich der Flexibilität gestellt; vgl. V. Smith: New Forms of Work Organization, in: *Annual Review of Sociology*, Bd. 23 (1997), S. 315–330.
14. J. Hanson: Comment on Gans's »The Positive Functions of Poverty«, in: *The American Journal of Sociology*, Bd. 79 (1973), H. 3, S. 705–707. Gans' Replik auf Hanson findet sich im selben Heft, S. 707–709.

die von Arbeitslosigkeit betroffenen Menschen auch Druck auf diejenigen ausgeübt, die in Arbeitsverhältnissen stehen. Von Arbeitslosigkeit profitieren gemeinnützige Organisationen, die sich um Auffangnetze und Gegenbewegungen bemühen, karitativ tätig sind, einschlägiges Lobbying betreiben und Unterstützung für Menschen, die von Arbeitslosigkeit betroffen sind, anbieten. Auch Oppositionspolitikerinnen und -politiker profitieren von Arbeitslosigkeit, weil sie die Situation von Menschen, die von Arbeitslosigkeit betroffen sind, für ihre politischen Machtbestrebungen ausnützen können. Arbeitslosigkeit nützt Arbeitgeberinnen und Arbeitgebern, weil sie auswählen und einen gewissen Druck erzeugen können; Arbeitslosigkeit kommt religiösen Institutionen zugute, die die Dynamik »Not lehrt Beten« nutzen könnten. Arbeitslosigkeit nützt der Gesellschaft als ganzer, weil die Wahrscheinlichkeit, dass auch »schmutzige Arbeit« verrichtet werden wird, steigt. Arbeitslosigkeit nützt der Gesellschaft als ganzer, weil sie dazu beiträgt, den Arbeitsmarkt in seiner Marktstruktur zu erhalten und Erwerbsarbeit als kostbares, weil rares und mit individuellen Vorteilen versehenes Gut auszuweisen. Da Arbeitslosigkeit häufig mit Formen des sozialen Abstiegs und einer Einbuße des sozialen Spielraums einhergeht, erfüllen Arbeitslose auch Funktionen, die Menschen, die von Armut betroffen sind, erfüllen – sie kaufen Waren, die andere nicht kaufen wollen; sie wohnen in Gegenden, in denen andere nicht wohnen möchten. Die Liste der Funktionen und Nutznießer ließe sich natürlich fortsetzen. Es ist jedenfalls offensichtlich, dass es Anlass zu einer diabolischen Lexikographie gibt und dass die Rede von den Kosten der Arbeitslosigkeit auch mit der Rede von den Folgekosten der Reduktion der Kosten von Arbeitslosigkeit zu verbinden ist. Mit diesem Verdacht, dass Arbeitslosigkeit mit Nutzen und die Rede von »Arbeitslosigkeit« mit bestimmten Interessenslagen verbunden sind, nähern wir uns dem Diskurs über Arbeitslosigkeit näher an.

Zur Rede von Arbeitslosigkeit

Der Begriff »Arbeitslosigkeit« ist trivialerweise als »Arbeitsplatzlosigkeit« zu verstehen. Denn erstens lässt sich unschwer zeigen, dass »Arbeitslosigkeit«, mangelnde Auslastung, Leerlauf, *ennui* und Erschöpfungserscheinungen auch im Erwerbsarbeitsleben auftreten; und zweitens ist klar, dass ein Mensch, der keinen Arbeitsplatz sein eigen nennt, keineswegs ohne Aufgaben und Tätigkeitsverpflichtungen lebt. Das Schlüsselwort ist also der Begriff des »Arbeitsplatzes«. Die Verknüpfung von »Arbeitslosigkeit« und politisch, kulturell und sozial geprägten Arbeitsplätzen macht klar, dass »Arbeitslosigkeit« kein natürlicher Zustand ist. Es kann von außen nicht festgestellt werden, ob ein Mensch im gesellschaftlich anerkannten Sinn arbeitet oder nicht. »Ob wir eine Tätigkeit als Arbeit *betrachten* können, hängt hier von den gesellschaftlichen Umständen ab, in welche diese Tätigkeit eingebettet ist.«[15] Das hat zur Folge, dass eine Theorie der Arbeitslosigkeit kontextuell gebunden und mit einer Theorie der Gesellschaft verknüpft ist. Der Begriff der Arbeitslosigkeit – unterschieden von Begriffen wie »otium«, »Müßiggang«[16] oder auch »Krankheit« – ist mit dem Begriff des Arbeitsplatzes verbunden. Es ist allen vernünftigen Mensch klar, dass nicht die Arbeit knapp ist, sondern der Zugang zu Arbeitsplätzen. Ein Arbeitsplatz ist ein strukturell verankerter Ort, an welchem ein Beschäftigter seine im Rahmen eines Arbeitsverhältnisses geschuldete Tätigkeit erbringt. Ein Arbeitsplatz kann aber auch das strukturbildende Erwerbsumfeld sein, das sich ein selbstständig Tätiger aufgebaut hat.

In Bezug auf den Begriff des Arbeitsplatzes können drei Redeweisen unterschieden werden – eine spatiale, eine relationale und eine gegenständliche Form der Rede von »Arbeit« im Sinne von »Arbeitsplatz«. Diese Redeweisen greifen ineinander, werden flexibel gehandhabt und führen zu einer schillernden Begriffsverwendung. Wird ein Arbeitsplatz »besessen« oder »gehalten«, »verloren« oder »erworben« oder »verfügt« man über einen Arbeitsplatz oder »sitzt« man auf einem Arbeitsplatz? Eine *raumorientierte* (»spatiale«) Redeweise von Arbeitsplatz liegt dann vor, wenn Erwerbsarbeit im Sinne eines Ortes beschrieben wird, an dem diese Arbeit verrichtet wird. Ein Arbeitsplatz wird dann als ein strukturell verankerter »locus« der Arbeit verstanden. Ein Arbeitsplatz gibt einen Rahmen ab, innerhalb dessen Arbeit auf der Grundlage eines strukturierten und vertraglich geregelten Austausches (Arbeitsleistung gegen Remuneration und Privilegien) verrichtet wird. Die Raummetapher findet sich in Wittgensteins Sprachphilosophie (»logischer Raum«) ebenso wie in Taylors Sozialphilosophie (»moralischer Raum«), um nur zwei Beispiele zu nennen.[17]

Die Raummetapher legt Überlegungen hinsichtlich der Möglichkeiten zur Positionierung nahe und lässt Fragen nach der Gestaltung des Raumes zu und vermittelt den Eindruck, dass ein Arbeitsplatz in erster Linie als Kontext zu verstehen ist, der

---

15. F. Kambartel: Arbeit und Praxis, in: *Deutsche Zeitschrift für Philosophie*, Bd. 41 (1993), H. 2, S. 239–249, hier: S. 242.
16. Vgl. die kulturell viel beachteten Bücher von Tom Hodgkinson: *Anleitung zum Müßiggang* (Berlin 2005) oder *Die Kunst, frei zu sein* (Berlin 2007). Auch diese Eulogien auf den Müßiggang, die sich etwa auf Senecas Spätwerk *De otio* oder Bertrand Russells *Lob des Müßiggangs* berufen können, haben selbstredend Implikationen für das Nachdenken über Arbeit und Arbeitslosigkeit; vgl. auch W. Schneider: *Die Enzyklopädie der Faulheit*, Frankfurt/M. 2004.
17. Zur theorienbildenden Bedeutung der Raummetapher vgl. J. Dünne & St. Günzel (Hg.): *Raumtheorie*, Frankfurt/M. 2006; dort werden Diskurse über mediale Räume, soziale Räume, politisch-geographische Räume und ästhetische Räume repräsentiert.

Offenheit begrenzt und Strukturen bereitstellt. Nach dieser Redeweise hält man sich an einem Arbeitsplatz auf, es ist ein Ort, an dem Arbeitszeit verstreicht, es ist ein identifizierbarer Weltausschnitt, der ein bestimmtes Tätigkeitsspektrum abfordert. Eine *beziehungsorientierte* (»relationale«) Redeweise von Arbeitsplatz operiert mit Begriffen wie »Dienstverhältnis« oder »Beschäftigungsverhältnis« oder »Dienstvertrag«. Hier wird die Beziehung zwischen Personen mit ihren Rollen (»Arbeitgeber«, »Arbeitnehmer«) und eine Vertragskomponente eingebracht. Ein Arbeitsplatz wird nach dieser Redeweise weniger durch einen Kontext, als vielmehr durch eine Übereinkunft konstituiert. Diese Redeweise lädt weniger zur Analyse von Strukturen und sozialen Systemen als zur Analyse von sozialen Verträgen und Verhältnissen ein. Diese Redeweise lässt tendenziell mehr Raum für personale Redeweisen über Arbeit. Eine *gegenstandsorientierte* (»gegenständliche«) Redeweise von Arbeitsplatz legt nahe, dass Arbeit »gefunden« und »verloren« werden kann, »gesucht« und »angestrebt«, »ersehnt« und »geschenkt« – hier legt sich die Redeweise von einem »bonum« nahe.

Ein Arbeitsplatz erscheint als Gut, das einen Wert hat, der den Besitz dieses Gutes erstrebenswert macht. Als ein Gut ist es Gegenstand von Tauschhandlungen, was die Frage rechtfertigen lässt: Welche Bedingungen müssen erfüllt sein, um das Gut eines Arbeitsplatzes erwerben zu können? Gleichzeitig kann man die Frage stellen, welche Art von »Gut« ein Arbeitsplatz ist – ein Inspektionsgut, das etwa im Rahmen einer Probezeit in seiner Qualität eingeschätzt werden kann? Oder ein Erfahrungsgut, das auf der Grundlage gemachter Erfahrungen eingeschätzt werden kann? Oder ein Vertrauensgut, das erst nach dem Genuss eingeschätzt werden kann? Ein Gut wird im Rahmen eines Marktes über ein Verhältnis von Angebot und Nachfrage, gerade auch über eine Knappheitsbedingung, als Gut erzeugt. Knappheit kann dabei auch erzeugt und gefördert werden: Verknappter Zugang zu Arbeitsplätzen kann dadurch geschaffen werden, dass die Anforderungen für Konstituierung von und Zugang zu Arbeitsplätzen erschwert wird. Je umfangreicher das Paket an zu erfüllenden Vorgaben, um einen Arbeitsplatz zu schaffen, und je höher angelegt das Qualifikationsprofil für einen bestimmten Arbeitsplatz – desto plausibler die Knappheitsbedingung; und desto höher der Preis, der für einen Arbeitsplatz verlangt werden kann.

Ein Arbeitsplatz kann also als Ort, als Verhältnis, als Gut bestimmt werden. Dadurch wird Arbeitsplatzverlust je nach Leitmetapher zum Gang ins Abseits, zum Beziehungsbruch, zur *deprivatio boni*. Entscheidend für das Verständnis von »Arbeitslosigkeit« ist die Verknappung des Zugangs zu Arbeitsplätzen, unbeschadet der gewählten Redeweise. Die Verknappung ist also keine »natürliche«, in dem Sinne, dass es eine stabile Zahl von zu erledigenden Tätigkeiten gäbe und dass angesichts der begrenzten Zahl von Tätigkeiten ein Überangebot von Arbeitskräften notwendigerweise zur Arbeitslosigkeit führte. Das ist ein systematisch irreführendes Bild, ähnlich wie es systematisch irreführend ist, sich das Problem einer Hungersnot als »Mangel an Nahrungsmittel und Überschuss an zu sättigenden Menschen« zusammen zu denken. Diese Analogie mit Hunger und Hungersnöten mag in Bezug auf das Verständnis der Knappheitsbedingungen fruchtbar sein – ich entnehme dem Diskurs über Welthunger zwei Lektionen in Bezug auf die Rede von Arbeitslosigkeit:

(1) Amartya Sen hat an prominenter Stelle darauf hingewiesen, dass eine Hungersnot nicht notwendigerweise mit einer Verknappung von Lebensmitteln einhergeht, sondern mit einer Verknappung des Zugangs zu Lebensmitteln.[18] In der Hungersnot von 1974 in Bangladesch beispielsweise haben wir es mit der größten verfügbaren Menge von Lebensmitteln im Land im Vergleich zu den vorhergegangenen und den nachfolgenden Jahren zu tun und dennoch tritt eine Hungersnot auf. Die Antwort liegt in der Frage der Zugänge, was viel mit rechtlichen und politischen Rahmenbedingungen, mit Zugang zu und Verteilung von Information zu tun hat. Als Schlüsselwort zur Überwindung von Hunger wird von Jean Drèze und Amartya Sen konsequenterweise das Wort »entitlements« gewählt.[19] Entscheidend ist der Unterschied zwischen »Nahrung« und »Zugang zur Nahrung«.

(2) Eine zweite Lektion, die wir von der Analogie mit Hunger und Hungersnot in Bezug auf die Knappheit entnehmen können, bezieht sich auf das Remedium des Problems: Mitunter wird das irreführende Bild vermittelt, dass die richtige Antwort auf Hunger darin besteht, die Knappheit an Lebensmitteln durch Lieferung von Lebensmitteln zu sanieren und Nahrung gleichsam in den Körper hineinzugießen, wie man Treibstoff in ein Kraftfahrzeug pumpt. Doch die Kategorie »Nahrung«/»Lebensmittel«/»Nahrungsmittel« ist wesentlich komplizierter. Subtile soziale Gesetze kommen hier zum Tragen, hier werden – ähnlich wie in den Kontexten der Religion und der Sexualität – klare Linien gezogen zwischen »rein« und »unrein«, zwischen »in place« und »out of place«. Hungersnöte haben durchaus mit Nahrungstabus und sozialen Regelwerken zu tun, mit haushaltsinternen Mechanismen zur Verteilung von materiellen und immateriellen Ressourcen. Es ist irreführend, den Diskurs über Hunger mit einem Diskurs über die Knappheit von Nahrung gleichzusetzen.

Zurück zur Rede von »Arbeit« und »Arbeitslosigkeit«, auf die wir diese beiden Lektionen übertragen wollen. Es ist irreführend, den Diskurs über Arbeitslosigkeit mit einem Diskurs über die Knappheit von Arbeit gleichzusetzen. Es geht im Diskurs über die Arbeit nicht um die Verknappung der Arbeit, sondern um die Verknappung

---

18. Vgl. A. Sen: *Poverty and Famines*, Oxford 1981.
19. J. Drèze & A. Sen: *Hunger and Public Action*, Oxford 1988.

von Arbeitsplätzen, genauer: um die Verknappung des Zugangs zu Arbeitsplätzen. Entscheidend ist die Frage nach Zugangsbedingungen zu Arbeitsplätzen. Arbeit im Sinne einer zielorientierten Tätigkeit geht nicht aus und wird nicht weniger; daran ändert auch die Automatisierung nichts. Aus zwei Gründen:

(i) Es gibt human gebundene, irreduzible und beliebig erweiterbare Tätigkeiten, vor allem solche, die kooperative Güter schaffen. Kooperative Güter sind solche, die dadurch, dass sie geteilt werden, mehr werden. Hans Georg Gadamer hat »Kultur« in diesem Sinne als das bestimmt, was mehr wird dadurch, dass es geteilt wird.[20] Kultur wird durch kooperative Güter aufgebaut, was wiederum kooperative Tätigkeiten erfordert, und diese Tätigkeiten hängen an menschlichen Handelnden, können nicht restlos automatisiert werden und sind beliebig erweiterbar – einem Romancier, einer Philosophin, einer Malerin, einem Theologen wird die Arbeit nicht ausgehen. Die Aufgaben von »cultural workers«[21] können nicht durch funktionale Äquivalente auf automatisierter Basis ersetzt werden.

(ii) Die Arbeit wird nicht ausgehen, da die Automatisierung der Arbeit ihrerseits ein Netz von notwendigen Tätigkeiten schafft – ein Geschirrspüler mag zwar die meisten Agenden des Geschirrwaschens übernehmen, bedarf aber der Entwicklung und Weiterentwicklung, der Vermarktung und Logistik, der Wartung und der beratenden Begleitung, etwa im Herstellen von Bedienungsanleitungen. Die Tätigkeit des Geschirrspülers muss supervidiert werden, ebenso die Tätigkeit des Wartungspersonals. Für die entsprechenden Betriebe fallen Beratungs- und Informationsbedürfnisse an, die erfüllt werden wollen, abgesehen von Fragen der Materialbeschaffung und Preiskalkulation. Simpel, aber doch einleuchtend: Wir können nicht durch den Humanfaktor kürzen, solange sich Tätigkeiten auf die menschliche Lebenswelt beziehen.[22] Denn die

---

20. H.G. Gadamer: *Lob der Theorie*, Frankfurt/M. 1983, S. 15.
21. Diesen Begriff hat Paulo Freire in einem Buch über Menschen mit pädagogischer Verantwortung geprägt; vgl. P. Freire: *Teachers as Cultural Workers. Letters to Those Who Dare Teach*, Boulder/CO 1998; vgl. dazu auch P. McLaren: A Pedagogy of Possibility, in: *Educational Researcher*, Bd. 28 (1999), H. 2, S. 49–56; D. Collins: From Oppression to Hope: Freire's Journey toward Utopia, in: *Anthropology & Education Quarterly*, Bd. 29 (1998), H. 1, S. 115–124.
22. Harmut Kaelble beschreibt die Verschiebung der Zeitverwaltung durch die geänderte Arbeitswelt in der Prosperität Europas in den 1960er Jahren – auch wenn die Arbeitszeit abnimmt (nach Schätzungen der ILO fiel die Arbeitszeit in Europa im Durchschnitt von 46 Stunden um 1955 auf rund 42 Stunden fünfzehn Jahre später), gehen dem Menschen doch nicht die Tätigkeiten aus: »Auch der wachsende Konsum nahm mehr Zeit in Anspruch, nicht nur der Einkauf der Konsumgüter, sondern auch die Pflege und Reparatur der Häuser, Autos und Geräte« (H. Kaelble: *Sozialgeschichte Europas*, München 2007, S. 68).

Einführung einer neuen Tätigkeit, Tätigkeitserleichterung oder gar -kompensation führt zu einer Veränderung der *ergonomischen Grammatik*, ähnlich wie die Einführung eines Begriffs in ein Sprachspiel die *Gesamtsituation* verändert. Durch die Einführung eines neuen Wortes werden neue Kombinationen möglich und neue Regeln notwendig. Durch eine Tätigkeitskompensation werden neue Tätigkeiten möglich (durch Entlastung und die Schaffung von Freiräumen) und neue Tätigkeiten notwendig, die vor allem auch mit der Regelung und Einpassung des neuen Tätigkeitsmoduls, wie es ein Geschirrspüler oder ein automatischer Temperaturregler mit sich bringt, verbunden sind. Es kann also keine Rede von einer »Knappheit von Arbeit« sein.

Das Bild von der Grammatik menschlicher Tätigkeiten hat noch weitere heuristische Vorzüge: Man kann sowohl auf individuellem wie auch auf kollektivem Niveau vom Repertoire von durchführbaren Tätigkeiten sprechen, ähnlich dem Wortschatz einer Sprachgemeinschaft, die linguistische Arbeit verrichtet. Man kann auch in Bezug auf Arbeit zwischen aktivem und passivem (d.h. nicht realisiertem, aber verfügbarem) Tätigkeitsreservoir sprechen; man kann den Begriff der rechten Ausführung von verschriftlichten Sprachhandlungen (Orthographie) auf das Anliegen der rechten Ausführung menschlicher Tätigkeiten (Orthopraxis) übertragen; man kann die linguistische Spezialisierung als eng verknüpft mit der Verfeinerung eines Tätigkeitsfeldes, das von sprachlichen und außersprachlichen Tätigkeiten konstituiert wird, ansehen. Man kann Fragen des Stils und der Veränderung von Sprache auf die Rede von Arbeitsstil und Arbeitsveränderung übertragen.

Kurz, die Einführung neuer Tätigkeitsfelder ist ähnlich wie die Etablierung einer neuen Terminologie zu sehen, die Sprache im Gesamten verändert. Und aufgrund dieser Veränderungen ist klar, dass nicht die Arbeit knapp wird, sondern nur die Menge an strukturellen Verankerungen von Tätigkeitserwartungen, also: von Arbeitsplätzen. Die innere Arbeit, die »harte Arbeit an einem selbst«, die Arbeit an *soft skills* und inneren Ressourcen, können nicht delegiert werden. Arbeitslosigkeit bringt zudem soziale Herausforderungen mit sich, die zur Notwendigkeit von Typen von *Care*-Arbeit führen, die nicht automatisiert werden können. Die Rede von Arbeitslosigkeit darf also nicht mit der Rede von der Knappheit von Arbeit gleichgesetzt werden. Wir haben es vielmehr lediglich mit einer Knappheit an Arbeitsplätzen zu tun.

Die zweite Lektion, die der Analogie mit dem Diskurs über Hunger und Hungersnöten entnommen wurde, tangiert die Kernkategorie: Ebenso wenig, wie Lebensmittel auf den Begriff von »Treibstoff für die menschliche Maschine« reduziert werden können, kann Arbeit auf »Tätigsein« reduziert werden. Dies wird aus Otto Neumaiers Überlegungen zu Hannah Arendts Zugang zur menschlichen Praxis deutlich. Arbeitsplätze sind – ebenso wie Nahrungsmittel – von Abgrenzungsmechanismen bestimmt, die zwischen »rein« und »unrein« (qualifiziert/nicht qualifiziert, legal/illegal, zumutbar/unzumutbar) unterscheiden lassen. Wiederum haben wir es mit »sozialer Grammatik« zu tun. Auch im Falle eines Arbeitsplatzes sind wir mit sozialen Regelwerken konfrontiert, die an Tabus rühren (Transformation von Intimität in sexuelle Arbeit; Kinderarbeit; Sklavenarbeit) und mit der Verteilung materieller und immaterieller Ressourcen zu tun haben (wer kann wem befehlen, welche Art von Tätigkeit wo, wann und wie zu verrichten ist? Und wer darf fragen: Warum?). Die Antwort auf »Arbeitslosigkeit« kann deswegen nicht einfach »Arbeit« lauten; sie kann auch nicht einmal heißen: »Arbeitsplätze«, denn die Logik »hier ein Arbeitsloser, dort ein Arbeitsplatz« ist ebenso wenig schlüssig wie das Kalkül »hier ein hungriger Mensch, dort ein Stück Schweinefleisch.« Knappheit an Arbeitsplätzen zwingt ebenso ein »Fenster in eine Kultur« auf, wie die Knappheit an Nahrungsmitteln.

Es ist bezeichnend für die Sozialstruktur einer Gesellschaft, welche Arbeitsplätze knapp werden. Man kann dies wiederum mit dem Wortschatz einer Sprachgemeinschaft vergleichen: Der aktive Wortschatz und die Mechanismen linguistischer Arbeitsteilung sagen viel über eine Sprachgemeinschaft aus. Wir benennen das, womit wir handelnd umgehen. Es ist also auch bezeichnend, auf welche Situationen wir linguistisch vorbereitet sind. Vergleichsweise kann man sich überlegen, wie viel es über eine Gesellschaft aussagt, auf welche Art von Rollenzuteilungen und Tätigkeitsbündel sich ein soziales System vorbereitet. Ein Gemeinwesen belegt jene Bereiche mit Arbeitsplätzen, die relevant erscheinen bzw. gerechtfertigt werden können. Es sagt viel über ein Gemeinwesen aus, welche Tätigkeiten in Form von Arbeitsplätzen zur Verfügung stehen oder gefördert werden – und welche Personengruppen zu jenen »Risikogruppen« zu zählen sind, für die keine Arbeitsplätze zur Verfügung stehen (gestellt werden).[23] Hier werden auch teilweise harte Diskussionen geführt, etwa ob es Umweltanwälte, Pflegeombudspersonen, Arbeitslosenanwaltschaften etc. geben solle – als strukturell verankerte und mit entsprechender Infrastruktur ausgestattete Arbeitsplätze. Der Blick auf die Arbeitsplätze lässt tief in die sozialen Strukturen blicken. Sollen Hausmänner und Hausfrauen oder Menschen mit Pflegeverantwortung für Angehörige einen »Arbeitsplatz« erhalten? Diese Fragen machen es erforderlich, die Rede von »Arbeit« und »Arbeitslosigkeit« in den größeren Zusammenhang der Rede von der guten Gesellschaft, dem gelingenden Leben und dem Menschenbild zu stellen.

---

23. Eine wichtige Diskussion in diesem Zusammenhang bezieht sich auf Arbeitslosigkeit von Menschen mit einem Hochschulabschluss – hier zeigen sich Verschiebungen in der Arbeitswelt an; vgl. K. Heinemann et al.: *Akademikerarbeitslosigkeit und neue Formen der Erwerbstätigkeit*, Weinheim 1990.

Die Antwort auf Arbeitslosigkeit kann wie die Antwort auf Welthunger nicht einfach sein. Die Rechnung »hier ein hungriger Mensch, da ein Sack voll Reis« bzw. »hier ein arbeitsloser Mensch, da ein Arbeitsplatz« geht nicht auf – auch wenn dieses »Entsprechungsverhältnis«, das wir »Passungsflexibilität« nennen könnten, unter wachsendem Druck immer weiter ausgelegt wird und die Passungsflexibilität entsprechend gesteigert wird. Ähnlich wie beim Erlernen einer Sprache scheint es aber auch beim Erlernen einer ergonomischen Grammatik kontraproduktiv zu sein, mit Zwang zu arbeiten, geht es doch um mehr als bloß um die Frage nach der Verrichtung bestimmter Tätigkeiten in einem bestimmten Rahmen – es geht um die Mitgestaltung eines sozialen Raumes. Wir kommen also um die Frage nach dem Gemeinwesen nicht herum.

Ist ein Staat als Gemeinschaft von »job holders« zu rekonstruieren oder als Gemeinschaft zum guten Leben? Ist ein Gemeinwesen eine Leistungsgemeinschaft, bei der die Zugehörigkeitsbedingungen über Leistungsnachweise zu erfüllen sind, oder eine Schicksalsgemeinschaft, bei der die Zugehörigkeit nicht von bestimmten Bedingungen abhängig gemacht werden kann? Aristoteles hatte mit reicher Wirkungsgeschichte keinen Zweifel daran gelassen, dass ein Gemeinwesen nicht nur eine Veranstaltung zur bestmöglichen Erledigung anfallender Tätigkeiten ist, sondern eine Gemeinschaft zum Gut-Leben.[24] Ein Gemeinwesen ist nicht allein über die Tätigkeiten der Einzelnen im Sinne eines minimalen Sozialvertrags zur Organisation der Arbeitsteilung aufzubauen.[25] Das hat zur Folge, dass Menschen als Mitglieder eines Gemeinwesens nicht in erster Linie über ihre Arbeitsleistung definiert werden dürfen, und wohl auch, dass Arbeit im Rahmen eines Gemeinwesens nicht allein (und auch nicht primär) nach Überlegungen der Zweckrationalität verstanden werden kann[26], wenn sie den Menschen als Bürger tangiert. Diese Fragen nach der Verortung

---

24. Aristoteles: *Politik* III 9, 1280a31f.; 1280b39ff. Die Bürger müssen freundschaftsfähig und tugendhaft sein, damit dieses Unterfangen gelingen kann; vgl. A. C. Bradley: Aristotle's Conception of the State, in: D. Keyt & F. D. Miller Jr. (Hg.): *A Companion to Aristotle's Politics*, Oxford 1991, S.13–56.
25. Dieses Anliegen findet sich in kommunitaristischen Versionen der Politischen Philosophie verstärkt wieder; vgl. S. Avineri, & A. de-Shalit (Hg.): *Communitarianism and Individualism*, Oxford 1992; D. Bell: *Communitarianism and Its Critics*, Oxford 1993; S. Mulhall & A. Swift: *Liberals and Communitarians*, Oxford ²1996; D. Rasmussen (Hg.): *Universalism vs. Communitarianism*, Cambridge/MA 1990.
26. Die klare Trennung zwischen »Arbeit« und »Interaktion«, wie sie sich etwa bei Jürgen Habermas (J. Habermas: *Technik und Wissenschaft als Ideologie*, Frankfurt/M. 1968, S. 61) findet, ist dann nicht durchführbar – ebenso wenig wie eine Reduktion des Arbeitsbegriffes auf zweckrationales Handeln, wie es Martin Seel vorschlägt (M. Seel: *Versuch über die Formen des Glücks*, Frankfurt/M. 1995, S.142).

der Arbeit in einem Rahmen politischer Philosophie rührt an die Kernfragen nach öffentlichen Gütern (Arbeitsplätze als öffentliche Güter?) und Gemeinwohl (Beitrag der Arbeit zum Gemeinwohl?), nach Pflichten von Bürgerinnen und Bürgern gegenüber dem Gemeinwesen und nach den Aufgaben des Staates.

Jonathan Sacks hat in seinen Überlegungen über Multikulturalismus drei Szenarien zur »Integration« von Zuwandernden unterschieden[27] – ein Gästehaus, das Fremde wie Gäste ansehen lässt; ein Hotel, das Gäste als Kundinnen und Kunden betrachtet; und schließlich einen leeren Baugrund, auf dem etwas Neues entstehen kann. Diese drei Bilder kann man durchaus auf das Verständnis des Staates übertragen: Sind Bürgerinnen und Bürger eines Staates als »Gäste« anzusehen – oder etwa diejenigen, die über keinen Arbeitsplatz verfügen? Sind Bürgerinnen und Bürger im Sinne einer Kundschaft zu betrachten, deren Beziehung zum Gemeinwesen über kalkulierte Austauschhandlungen bemessen wird?[28] Oder sind Angehörige eines Gemeinwesens als Menschen anzusehen, die bauen und mitbauen – und auch das Recht haben, sich mit einem Provisorium auf einem weitgehend leeren Baugrund zufrieden zu geben?

Alle drei Bilder sind durchaus in der Diskussion. In einem Diskurs über die Verantwortung für künftige Generationen taucht immer wieder das Bild des Gastseins auf. In bestimmten Diskursen, in denen Transferleistungen berechnet werden (wer zahlt wie viel in den allgemeinen Topf ein und wer bekommt wie viel heraus), überwiegt das Bild der Kundschaft.[29] Jonathan Sacks selbst hat sich mit Bezug auf die Herausforderung der Integration für das dritte Bild entschieden. Dieses Bild birgt den Freiraum, in dem sich ein »kompetitiver moralischer Pluralismus«[30] entfalten kann,

---

27. J. Sacks: *The Home We Build Together*, London 2007.
28. Die Verweigerung, Menschen als Wesen zu sehen, die ihre Teilhabe an einem Gemeinwesen erst durch Nützlichkeit verdienen müssen, ist ein wichtiger Antrieb einer Motivation für ein Grundeinkommen ohne Arbeit – bereits in den 1960er Jahren hatte Erich Fromm in diesem Sinne über die psychologischen Vorteile und humanistische Basis eines Grundeinkommens nachgedacht: Ein Grundeinkommen würde schlicht dem Recht auf Leben ohne zu erbringende Leistung Rechnung tragen: »This right to live, to have food, shelter, medical care, education, etc. is an intrinsic human right that cannot be restricted by any condition, not even the one that he must be socially useful« (E. Fromm: The Psychological Aspects of the Guaranteed Income, in: R. Theobald [Hg.]: *The Guaranteed Income: Next Step in Economic Evolution?* Garden City/NY 1966, S. 175–184, hier: S. 176). Kurz, Menschen sind nicht »Hotelgäste« in einem Staat.
29. Diese Rechnungen werden etwa für ausländische Arbeitnehmer/innen aufgestellt – um nur ein Beispiel zu nennen: G. Biffl et al.: *Ökonomische und strukturelle Aspekte der Ausländerbeschäftigung in Österreich*, Wien 1997.
30. J. Raz: *The Morality of Freedom*, Oxford 1986.

aber auch das Risiko reduzierter Kontroll- und Zugriffsmöglichkeiten. In jedem Fall wird hier die Frage nach den Grundlagen der menschlichen Gesellschaft gestellt: Worum geht es eigentlich beim Aufbau eines Gemeinwesens? Geht es darum, dass möglichst viele Menschen über ein möglichst großes Bündel an Freiheiten verfügen? Oder geht es darum, dass möglichst alle Menschen ihre Potenziale zur Verwirklichung bringen? Oder ist der springende Punkt der Aufbau eines gegenüber anderen Gemeinwesen konkurrenzfähigen Kollektivs? Diese Grundfrage ist entscheidend, steckt sie doch den Rahmen ab, innerhalb dessen dann über Arbeit und Arbeitslosigkeit gesprochen wird. Dieser Rahmen prägt das Gespräch über Arbeit, die Annahmen über die in diesem Spiel zulässigen und angemessenen Züge (also das, was Paul Grice seinerzeit »Konversationsimplikaturen« genannt hat). Das Verständnis von »Arbeit« und »Arbeitslosigkeit« ändert sich je nach diskursiven Rahmenbedingungen beträchtlich. Arbeit kann als »Ehrensache«, als »geschuldet«, als »Selbstgestaltung« angesehen werden; ein Arbeitsplatz als »vorgegeben«, »aufgetragen« oder »zu erarbeiten«. Kein Zweifel: Die Rede von »Arbeitslosigkeit« kann nicht von der Rede von der guten Gesellschaft getrennt werden.

Bleiben wir beim Bild des Bauplatzes, das ein tiefes Bild für das menschliche Leben mit seiner Aufbau- und Gestaltungsdimension darstellt – und gleichzeitig auch den Begriff »Arbeitsplatz« schärft. Man kann sich eine Gesellschaft wie eine Veranstaltung zur Verteilung von Zugangsberechtigungen von Lebensplätzen vorstellen. Menschenwürdiges Leben ist nicht bloß ein Überleben, bei dem es um die Abdeckung elementarer Bedürfnisse geht, es geht um ein Leben auf einem identitätsstiftenden Lebensplatz. Ein »Lebensplatz« wird – denken wir an das Bild des Bauplatzes – durch Bindungen aufgebaut, die Identität verleihen; durch identitätsstiftende Bindungen an einen Partner, an einen Ort, an einen Beruf, an ein Beziehungsnetz, an eine religiöse Gemeinschaft, an eine politische Partei etc. Ein Lebensplatz ist ähnlich wie ein Arbeitsplatz ein mit Beziehungen und Gütern ausgestatteter »Ort«, an dem Leben Kontur und Stabilität erhält. Die Rede vom »Lebensplatz« deutet die Sprechweise an, dass Menschen »ihren Platz im Leben« suchen; einen Ort, der Unverwechselbarkeit, Sicherheit und Freiheit ermöglicht und alltagstauglich ist, d. h. sich auch gegenüber Kontingenzen bewähren kann. An diesem Bedürfnis nach Lebensplatz entzünden sich Diskussionen um Ansprüche und Verteilung von Lebensplätzen, Diskussionen, wie sie im philosophischen Diskurs über Gerechtigkeit geführt werden.

Soziale Ausgrenzung ist eine Form der Verweigerung von Zugängen zu identitätsbildenden Ressourcen; diese können äußerer und materieller Art (Zugang zu den großen Kontexten von Basisgütern, von Recht, von Bildung, von Gesundheit und von Markt) oder innerer und immaterieller Art sein (Zugang zu Selbstvertrauen und

Selbstachtung, Zugang zu moralischen Ressourcen, die die Kraft für schwierige Vorhaben geben, wie sie etwa moralische Ideale oder Religionen, politische Parteien oder Lebensziele vermitteln können). Zugehörigkeit bedeutet, in einem bestimmten Kontext »am Platz« zu sein, »am rechten Ort«, »in place«. Das Bild des Bauplatzes für die Arbeit am eigenen Lebensplatz ist anregend, sagt es doch etwas über den notwendigen Zugang zu Fähigkeiten und Bildung, zu Ressourcen und Infrastruktur, zu Regelwerken und Sicherheiten aus, um die Bauarbeit voranschreiten und gelingen zu lassen.

Fragen der sozialen Gerechtigkeit können dann als Fragen nach dem Zugang zu einem Lebensplatz gestellt werden, an dem ein Mensch »in place«, erwünscht und zufrieden, sein kann. Der Vorschlag eines Startkapitals[31] will eine Ermöglichung der Aneignung von Fähigkeiten zur Durchführung der Bauarbeiten am eigenen Lebensplatz schaffen, verschiedene Varianten eines Grundeinkommens[32] versuchen, einen grundlegenden Bauplatz für das Leben zu garantieren, der Vorschlag von Tauschringen will eine netzwerkgestützte Sicherung des »Lebensbauplatzes«[33], die Rede von »Gleichheit von Gelegenheiten«[34] will den Zugang zu Lebenschancen einigermaßen

---

31. B. Ackerman & A. Alstott: *Die Stakeholder-Gesellschaft*, Frankfurt/M. 2001: Nach diesem Ende der 1990er Jahre entwickelten Vorschlag sollen alle Bürgerinnen und Bürger im Alter zwischen 18 und 21 Jahren in vier Tranchen einen Beitrag um die USD 80 000 erhalten; damit soll am Anfang des Ausbildungsweges höhere Chancengleichheit erzielt werden (eine Diskussion mit Vertreterinnen und Vertretern eines Grundeinkommens ist im Gange; siehe B. Ackerman et al. (Hg.): *Redesigning Distribution. Basic Income and Stakeholder Grants as Alternative Cornerstones for a More Egalitarian Capitalism*, London 2006). Claus Offe und andere schlugen das Modell eines Basiskapitals für Deutschland in der Form vor, dass jede/r Bürger/in ein Startkapital von etwa 60 000 Euro erhält – auch hier geht es um das Kernanliegen der Teilhabechancen (G. Grözinger, M. Maschke & C. Offe: *Die Teilhabegesellschaft. Modell eines neuen Wohlfahrtsstaates*, Frankfurt/M. 2006). Kritisch dazu: J. Lehmann & D. C. Malamud: Saying No to Stakeholding, in: *Michigan Law Review*, Bd. 98 (2001), H. 6, S. 1482–1503.
32. Nach der Grundunterscheidung »bedingt« (Beck und Rifkin fordern eine Bindung an gemeinnützige Arbeit: U. Beck: Die Seele der Demokratie: Bezahlte Bürgerarbeit, in: ders. [Hg.]: *Die Zukunft von Arbeit und Demokratie*, Frankfurt/M. 2000, S. 416–448; J. Rifkin: *Das Ende der Arbeit – und ihre Zukunft*, Frankfurt/M. 2005, S. 210 ff.) oder »bedingungslos« (etwa Ph. V. Parijs, Why Surfers Should be Fed. The Liberal Case for an Unconditional Basic Income, in: *Philosophy and Public Affairs*, Bd. 20 [1991], H. 2, S. 101–131; ders. & Y. Vanderborght: *Ein Grundkommen für alle?* Frankfurt/M. 2005).
33. Nach Gorz sollen freiwillige, lokal organisierte Tauschringe zum Umschlagplatz von Interaktion und zur Basis für soziale Integration werden; vgl. A. Gorz: *Arbeit zwischen Misere und Utopie*, Frankfurt/M. 2000, S. 147–159.
34. Vgl. M. Fleurbaey: Egalitarian Opportunities. *Law and Philosophy*, Bd. 20 (2001), H. 5, S. 499–530.

fair verteilen³⁵ usf. Tatsächlich lassen Begriffe wie »Lebenschancen« oder »Lebensplätze« den Blick auf die Gesellschaft als solche richten, mit der entsprechenden Frage nach der Rolle des Staates. Wir kommen nicht darum herum, im Zusammenhang mit der Rede von Arbeitslosigkeit die Frage nach Verständnis und Selbstverständnis des Sozialstaats zu stellen. Arbeitslose sind nicht einfach als Sondergruppe zu betrachten, die Conditio der Arbeitslosigkeit wie auch die Conditio der Armut sind mit den Strukturen des Sozialstaates untrennbar verbunden.³⁶ Dies bedeutet denn auch, dass es nicht möglich ist, den Diskurs über Arbeitslosigkeit abzukoppeln vom Diskurs über das Gemeinwesen und den Staat.

Was sagen diese Redeweisen über das Nachdenken über Arbeitsplätze aus? Wohl dreierlei: Erstens kann man sich fragen, wie stark man »Lebensplatz« und »Arbeitsplatz« miteinander verknüpfen soll. Ist ein Arbeitsplatz die entscheidende Tür, um in das Haus eines Lebensplatzes eintreten zu können? Oder auch anders gefragt: Ist die Erwartung an einen identitätsstiftenden Lebensplatz auch an einen Arbeitsplatz, der denn auch Konturen des Unverwechselbaren und entsprechende Freiräume zur Entfaltung bieten muss, zu richten? Zweitens muss man sich der Frage stellen, welche lebensplatzgestaltenden Ressourcen durch einen Arbeitsplatz ermöglicht (aber auch gebunden) werden. Eröffnet ein Arbeitsplatz Zugang zu Lebensrhythmus und Alltagsbewältigung, sozialem Netz und Kontakten, Prestige und Anerkennung, materieller Grundsicherung und finanziellem Spielraum?³⁷ Oder auch anders gefragt: Inwieweit wird ein Mensch in seinen Identitätsanstrengungen vom Arbeitsplatz bestimmt? Drittens geht es um die Plausibilität des Bildes vom Bauplatz für die Arbeitswelt. Kann dieses Bild auch auf das Selbstverständnis von Arbeitnehmerinnen und Arbeitnehmern übertragen werden oder trifft hier vielmehr das Bild des Gästehauses (etwa: Metapher der Familie für einen Betrieb)³⁸ oder gar des Hotels zu? Wir kommen nicht

---

35. Vgl. die Diskussionen von drei Entwürfen bei E. O. Wright: Reducing Income and Wealth Inequality. Real Utopian Proposals, in: *Contemporary Sociology*, Bd. 29 (2000), H. 1, S. 143–156.
36. Vgl. L. A. Coser: Soziologie der Armut: Georg Simmel zum Gedächtnis, in: St. Leibfried & W. Voges (Hg.): *Armut im modernen Wohlfahrtsstaat. Kölner Zeitschrift für Soziologie und Sozialpsychologie*, Sonderheft 1992, S. 34–47.
37. Diese These findet sich in aller Deutlichkeit bei Leslie Bennetts, die intellektuelle, emotionale und psychologische Vorteile von Arbeitsverhältnissen sieht und dies gerade auch für die Anliegen der Chancengleichheit von Männern und Frauen als zentral ansieht; vgl. L. Bennetts: *The Feminine Mistake. Are We Giving Up Too Much?* New York 2007.
38. Ein Beispiel für dieses Modell stellt die Larkin Company in Buffalo, New York, dar; vgl. H. Stanger: From Factory to Family: The Creation of a Corporate Culture in the Larkin Company in Buffalo, New York, in: *The Business History Review*, Bd. 74 (2000), H. 3, 407–433.

darum herum, die Frage nach der guten Gesellschaft zu stellen, also die Frage nach den moralischen Ressourcen, aus denen ein Gemeinwesen genährt wird.[39]

Im Zusammenhang mit dem Themenkomplex »Arbeitslosigkeit« entfalten die drei genannten Bilder weitere Kraft, gerade auch im Sinne einer diabolischen Lexikographie, die neue Perspektiven aufwirft: Arbeitslosigkeit kann mit Bezug auf das erste Bild des Gästehauses mit »verweigerter Gastfreundschaft« und »unerwünschtem Aufenthalt« vertieft werden; unter Zuhilfenahme des zweiten Bildes hat Arbeitslosigkeit mit »unbezahlten Rechnungen« oder auch »belegten Hotels« zu tun; das dritte Bild deutet Arbeitslosigkeit als Vorenthaltung von Entfaltungsmöglichkeiten und Beraubung eines Tätigkeitsfeldes an.[40] Nach allen drei Sichtweisen haben wir es mit hohen individuellen, sozialen, kulturellen und politischen Kosten zu tun, was nun deutlicher gemacht werden soll.

Eine kurze Zusammenfassung: Im ersten Schritt wurde der Begriff der Arbeitslosigkeit als *essentially contested concept* und als strukturbildender Begriff ausgewiesen und die Motivation für eine »diabolische Lexikographie«, die zu einem Perspektivenwechsel aufruft, skizziert. Dieser Perspektivenwechsel kann sich in besonderer Weise auf die Funktionen von Arbeitslosigkeit beziehen. Der Begriff der Arbeitslosigkeit wurde mit dem Begriff des Arbeitsplatzes verschränkt, wobei drei Redeweisen von Arbeitsplatz unterschieden wurden. Zwei Lektionen aus dem Diskurs über Welthunger machen deutlich, dass auch die Rede von »Arbeit« Fenster in eine soziale Struktur und eine soziale Grammatik eröffnet und die Frage nach dem Verständnis von Arbeitslosigkeit mit einer Theorie der Gesellschaft verknüpfen lässt. Hierzu können drei Bilder, die Jonathan Sacks verwendet hat, zu heuristischen Zwecken herangezogen werden – um im Sinne einer diabolischen Lexikographie neue Perspektiven auf Arbeit und Arbeitslosigkeit zu motivieren.

2. Arbeitslosigkeit als Sozialpathologie

Die Grundthese lautet, dass der Ausschluss von Menschen aus dem Arbeitsplatzkontext gegen ihren Willen zu struktureller Erniedrigung führt – und dass diese Ernied-

---

39. Zur Entfaltung dieser Frage für Europa vgl. C. Sedmak: *Europa in sieben Tagen. Moralische Vermessungen*, Salzburg 2007.
40. Damit nähert man sich Amartya Sens viel rezipierter Charakterisierung von Armut als »deprivation of capabilities« an; vgl. R. Saith: *Capabilities. The Concept and its Operationalisation* (QEH Working Papers 66), Oxford 2001.

rigung, wenn sie in größerem Umfang erfolgt, mit erheblichen moralischen und ökonomischen Kosten verbunden ist. Diese Kosten ergeben sich bereits aus Überlegungen zum durchaus anspruchsvollen Begriff der Arbeitslosigkeit. Dieser Begriff erfordert einen »zweiten Blick« auf soziale Wirklichkeiten, da Arbeitslosigkeit prima facie nicht sichtbar wird, sondern durch bürokratische Prozesse geschaffen wird. Arbeitslosigkeitsbegriff und Arbeitsplatzbegriff sind miteinander verschränkt. »Arbeit« ist vielfältig sichtbar, »Arbeitsplätze« sind es nicht. Der Mann, der zuhause sitzt und im Internet surft, ist nach außen hin nicht von einer Frau zu unterscheiden, die daheim am Computer arbeitet, weil sie einen Arbeitsauftrag erfüllt. Der Begriff der Arbeitslosigkeit verlangt deswegen – aus diesem Grund könnte man ihn auch als »second order concept« bezeichnen – nach einem Blick auf die soziale »Tiefengrammatik«.

Kommen wir auf Robert Halls erwähnten Vorschlag zurück, Müßiggang auf einem Flughafen mit Arbeitslosigkeit zu vergleichen. Die Strategie, einen externen Beobachter einzuführen, der ohne relevantes Vorwissen die Situation betrachtet, klingt vielversprechend. In der Religionswissenschaft hat Andrew Walls wichtige Einsichten mit diesem Kunstgriff erzielt, indem er dazu eingeladen hat, sich einen Anthropologen vom Mars vorzustellen, der mit entsprechenden Forschungsmitteln und entsprechender Lebenserwartung ausgestattet, im Laufe von zweitausend Jahren sechs Mal auf die Erde reist, um das Christentum zu studieren. Was würde er für Schlüsse ziehen können?[41] Welche Studie wäre entstanden, wenn ein Wissenschafter von einem anderen Planeten im Jahr 1931, ein Jahr nach Schließung der Textilfabrik nach Marienthal gekommen wäre? Hätte er ähnliche Kategorien (die Kategorien des Langsamen und des Müden, des Resignativen etwa) verwendet? Nehmen wir eine Stadt unserer Zeit, in der die Prinzipien komplexer Arbeitsteilung weitgehend verwirklicht sind und die auch von Arbeitslosigkeit betroffene Menschen aufweist, deren Lebenslage von Institutionen des Arbeitsmarktservice verwaltet wird. Was würde der Wissenschafter ohne externes Hintergrundwissen feststellen können? Der externe Beobachter würde den Unterschied zwischen Menschen, die in einem Amt warten, und Menschen, die in einem Bahnhof warten, nicht feststellen können; eine Lehrerin an einem arbeitsfreien Tag und ein Arbeitsuchender würden sich nicht unterscheiden.

Es gibt jenseits der bürokratieinduzierten Interaktionen keine »typischen« Handlungen der Arbeitslosigkeit. Dies rührt auch daher, dass Arbeitslosigkeit in erster Linie nicht positiv bestimmt wird, sondern negativ: durch Mängel und Unterlassungen.

---

41. A. Walls: *The Missionary Movement in Christian History*, Maryknoll/NY 1996, Kap. 1. Walls kommt zum Schluss, dass der Wissenschafter vom Mars nicht darin gerechtfertigt ist zu behaupten, dass es sich bei den beobachteten Phänomenen tatsächlich um dieselbe Religion handeln würde.

Dazu kommen die Strategien vieler arbeitssuchender Menschen, solange es möglich ist, typische Arbeitshandlungen zu setzen, das Aus-dem-Haus-Gehen mit einer Aktentasche, das Einhalten eines Rhythmus, der Werktag von Wochenende unterscheiden lässt, die Übersetzung von »Arbeitssuche« in eine Form der Erwerbsarbeit, etc. Der externe Beobachter von einem anderen Planeten wird das Phänomen der Arbeitslosigkeit wohl als dezentes und weitgehend unsichtbares Phänomen einordnen, es sei denn… Es sei denn, wir haben es mit Demonstrationen zu tun, mit langen Warteschlangen vor den Ämtern, mit Aktionen, die erkennen lassen, dass der soziale Friede gestört ist. Ansonsten ist aber davon auszugehen, dass es kaum möglich ist, Menschen, die an einem Arbeitsplatz verankert sind und dort ihre Pausen machen und einen unvermeidbaren Leerlauf zeigen, auf der einen Seite, mit Menschen, deren Arbeitssuche arbeitsplatzähnliche Strukturwirkungen zeigt (und typische Handlungen wie Recherchen und Bewerbungsprozeduren hervorbringt) auf der anderen Seite zu unterscheiden. In diesem Kontext wird es nicht möglich sein, Arbeitslosigkeit als »Sozialpathologie« zu beschreiben, weil sie sich als verwaltete Lebenslage in die Arbeitswelt einfügt, die zwischen »Privatem« und »Beruflichem« unterscheiden lässt, zwischen Arbeitszeiten und freien Zeiten, zwischen Arbeitsräumen und Freizeiträumen. Das System wirkt sozusagen funktionstüchtig, stabil und ruhig vor sich hinfließend – ähnlich wie der Gebrauch der Vernunft Pathologien erzeugen kann, die sich in einer »Dialektik der Aufklärung« und in Pathologien der Vernunft niederschlagen können.[42]

Der Begriff der Arbeitslosigkeit stellt sich als anspruchsvoller Begriff dar, der nur auf einem bestimmten Hintergrund Konturen gewinnt. Hier hat der Begriff als »second order concept« semantisch etwas mit einem Ritual gemeinsam: Ein Ritual kann nicht vom »cash value« her, d.h. von dem ohne Hintergrundwissen ersichtlichen Nutzen einer Handlung, plausibel gemacht werden. Man denke an den »Lavabo«-Ritus während der katholischen Liturgie, bei dem der Priester die sauberen Hände nochmals wäscht. Der »cash value« der Handlung ist beschränkt, der symbolische Gehalt allerdings beträchtlich. Wir haben es hier tatsächlich mit dem Erlernen einer Sprache zu tun.[43] Ähnlich scheint es sich bei der Semantik des Begriffs der Arbeitslosigkeit zu verhalten, wo es auch darum geht, Einblick in die soziale Grammatik zu erhalten: Nach außen hin, also vom »cash value« der Lebenslage betrachtet, lässt sich Arbeitslosigkeit nicht plausibel machen. Es gibt – außerhalb des bürokratischen

---

42. Die Frankfurter Schule hat diese Pathologien in prägender Beispielhaftigkeit untersucht und benannt; vgl. A. Honneth: *Pathologien der Vernunft*, Frankfurt/M. 2007.
43. E. Leach: Ritual, in: D. Hicks (Hg.): *Ritual and Belief. Readings in the Anthropology of Religion*, Boston 1999, Text 4.1.

Kontextes, der bestimmte Aktionen und Interaktionen vorschreibt, keine typischen Handlungen von Menschen, die von Arbeitslosigkeit betroffen sind. Selbst Bewerbungsgespräche können von Menschen geführt werden, die in einem Arbeitsverhältnis stehen, sich aber beruflich verändern wollen. Das bedeutet, dass es eines Zugangs zu einer Tiefenschicht der sozialen Struktur bedarf, um den Begriff der Arbeitslosigkeit bilden zu können. Der Begriff der Arbeitslosigkeit ist also als Begriff zweiter Ordnung zu verstehen, der sich nicht auf eine beobachtbare Welt, sondern auf ein strukturiertes Sozialsystem bezieht.

Gerade weil Arbeitslosigkeit im Zusammenhang mit einem sozialen System gesehen werden muss und nur mit dieser Bezugnahme verständlich gemacht werden kann, muss geprüft werden, ob Arbeitslosigkeit eine *Sozialpathologie* darstellt. Eine Sozialpathologie kann dabei als Störung des sozialen Zusammenlebens bestimmt werden, die es einzelnen Mitgliedern oder Gruppierungen im Rahmen eines Gemeinwesens *systematisch* unmöglich macht, ein gelingendes Leben (»flourishing life«) zu führen, bzw. als Störung, die es dem Gemeinwesen als solchem nicht ermöglicht, *langfristig* zu bestehen. Klarer ausgedrückt: Ein System ist krank, wenn es nicht überlebensfähig ist bzw. es systematisch Mitglieder um die Lebensfähigkeit bringt.

Ein klassisch gewordenes Beispiel für die Feststellung einer Sozialpathologie im ersten Sinn stellt die Diagnose von Gunnar Myrdal über das amerikanische Dilemma in den 1930er Jahren dar.[44] Myrdal hatte damals die Situation der Afroamerikaner/innen untersucht und war angesichts der nicht von der Hand zu weisenden systematischen Benachteiligung zum Schluss gekommen, dass die USA auf der einen Seite Werte wie Gleichheit und Freiheit vertreten, auf der anderen Seite diese jedoch an einem signifikanten Teil der Bevölkerung (systembildend und -erhaltend) verweigern. Das Bekenntnis zu »fairer Verteilung von Chancen« und »Freiheit individueller Anstrengung«[45] wird durch die Realität der südlichen USA Lügen gestraft, eine Realität, die hohe Arbeitslosigkeitsrisiken auf Seiten der Afroamerikaner/innen zeigt, eine Perpetuierung des Gefälles und der Bedingungen, eine Modernisierung auf Kosten der Armen, denn der technische Fortschritt ersetzt systematisch einen »schwarzen Job« durch einen »weißen Job«.

Myrdal weist in Bezug auf das amerikanische Dilemma auf Funktionen hin, die durch die systematische Diskriminierung erfüllt werden: Die afroamerikanische Bevölkerung spielt eine wichtige Rolle in der Statuskonstruktion von weißen Ameri-

---

44. G. Myrdal (with the Assistance of R. Sterner & A. Rose): *An American Dilemma. The Negro Problem and Modern Democracy*, New York 1962.
45. G. Myrdal: *An American Dilemma* (wie Anm. 44), S. 210.

kaner/inne/n.[46] Wir haben es hier mit einer systematischen Degradierung zu einem geringen sozialen Status zu tun[47], und da sozialer Status in erster Linie durch Mechanismen von Vergleich und Schichtung entsteht, hat eine an den Rand gedrängte Gruppe eine wichtige Funktion in dieser Verteilung von »Ehre« und »Anerkennung«. Selbst wenn das System paradoxerweise gerade durch diese Sozialpathologie langfristig bestehen kann, so ist doch der Gebrauch der Kategorie der Sozialpathologie am Platz, weil hier die Ungleichverteilung von Lebensgestaltungschancen systembildend geworden ist. Arbeitslosigkeit als Sozialpathologie zu beschreiben, bedeutet, darauf hinzuweisen, dass hier die Ungleichverteilung von Lebensgestaltungschancen systembildend wird bzw. dass ein System, das auf hohen Arbeitslosigkeitsquoten beruht, langfristig nicht haltbar ist. Eine These dieses Beitrags besteht präzise in diesem Anliegen, auf die hohen Kosten von Arbeitslosigkeit hinzuweisen, die die Stabilität des Systems tatsächlich gefährden. Sehen wir uns den Begriff der Arbeitslosigkeit in seiner »tragischen Semantik« an, handelt es sich doch um einen Begriff, der eine Dimension des Tragischen anspricht.

Die tragische Semantik von »Arbeitslosigkeit«

Grundsätzlich kann man verschiedene Bedeutungsschichten unterscheiden. »Ohne Job sein« ist eine Bedingung, die den Begriff mit den Kategorien »Job« und »Arbeitsmarkt« zusammenbringt; hier wird eine Situation beschrieben, wir könnten also von der *Situationsbedeutung* des Begriffs sprechen; davon zu unterscheiden ist eine *Aktivitätsbedeutung* des Begriffs, die dann vorliegt, wenn ein Mensch, der ohne Job ist, aktiv nach einem Arbeitsplatz sucht; drittens haben wir es mit einer *Desideratsbedeutung* zu tun, die Arbeitslosigkeit mit dem Verlangen nach einem Arbeitsplatz koppelt; hier wird also ein Arbeitsplatz Gegenstand des intentionalen Akts des Wünschens; viertens kommt zumeist eine *Fähigkeitsbedeutung* ins Spiel – jemand ist arbeitslos, der arbeitsfähig ist.[48] Fünftens kann eine *Rekognitionsbedeutung* angeführt werden – jemand ist arbeitslos, der offiziell in diese auch rechtlich und politisch vermessene Kategorie fällt und damit als »arbeitslos« anerkannt ist. Diese fünf Bedeutungsschichten führen uns zu Bedingungen, die erfüllt sein müssen, damit von »Arbeitslosigkeit« gesprochen werden kann. Wenn man (1) und (5) sowie (2) und (3) konvergiert, lassen sich drei

---

46. Ebenda, S. 593.
47. Ebenda, S. 640.
48. Vgl. L. Levine: Adaptations of the Unemployment Concept, in: *The Review of Economcis and Statistics*, Bd. 32 (1950), H. 1, S. 65–70, bes. S. 65.

Minimalbedingungen formulieren, die gegeben sein müssen, damit der Satz »X ist arbeitslos« gerechtfertigt werden kann: (i) X hat keinen Arbeitsplatz; (ii) X ist arbeitsfähig; (iii) X sucht einen Arbeitsplatz. Um diese Minimalbedingungen erfassen zu können, sind wir auf den Begriff des Arbeitsplatzes, ein Verständnis von »Fähigkeiten« und einen Begriff von Begehren/Wünschen/Anstreben angewiesen. Wir haben es also mit einer Arbeitsplatzdefizitbedingung, mit einer Arbeitsfähigkeitsbedingung und mit einer Arbeitsplatzstrebebedingung zu tun. Sehen wir uns diese drei Bedingungen an:

(i) Die *Arbeitsplatzdefizitbedingung* lässt Arbeitslosigkeit vom (fehlenden oder verloren gegangenen) Arbeitsplatz her sehen. Das kann auf dem Hintergrund der identifizierten drei Redeweisen von Arbeitsplatz dreierlei bedeuten: Im Sinne einer spatialen Redeweise wird der Status von Arbeitslosigkeit als »Nichtraum« oder als »Mangel an Raum« oder als »Nebenraum« ausgewiesen. Heuristisch wertvoll ist hier wohl der Begriff des Spielraums – Arbeitslosigkeit bedeutet eine Einengung und Einschränkung des Spielraums, eine Reduktion von Handlungsmöglichkeiten in einem sozialen Raum, ein Schrumpfen des Lebensraums. Wir werden auf die Raummetapher noch zurückkommen. Im Sinne einer relationalen Redeweise bedeutet Arbeitslosigkeit eine Aufkündigung oder das Nichtzustandekommen einer Bindung, eine »commitment deprivation«, eine Beraubung von Bindungen, die Arbeitgeber und Arbeitnehmer in einer vertraglich geregelten Weise eingehen. Als Beziehungsbruch ist Arbeitslosigkeit eine Form der Ausgrenzung und Exklusion und zugleich im Falle eines Arbeitsplatzverlusts eine Disruption, die dazu zwingt, neue Identitätsressourcen zu erschließen. Im Sinne einer gegenständlichen Redeweise ist Arbeitslosigkeit der Verlust oder das Vorenthalten eines Gutes. Ein *bonum* wird als kompetitives Gut erfahren, das unter einem Knappheitsvorbehalt steht, deswegen mit Konkurrenz im Zugang verbunden ist und durch das Zuteilen weniger wird. Ein kompetitives Gut ist ein solches, das durch das Teilen weniger wird. Wenn zehn Arbeitsplätze zu vergeben sind, wird die Chance auf einen Arbeitsplatz nach der Vergabe von drei Plätzen kleiner. Ein Arbeitsplatz kann dabei entweder auf intrinsischem oder auf komparativem Wege als Gut erfahren werden, will heißen: Ein Arbeitsplatz ist entweder deswegen ein Gut, weil mit dem Erwerb eines Arbeitsplatzes erstrebenswerte Vorteile verbunden sind, oder ein Arbeitsplatz wird zum Gut, weil die Alternative der Arbeitslosigkeit mit erheblichen Nachteilen verbunden ist, selbst wenn der Arbeitsplatz für sich betrachtet keine nennenswerte Besserstellung bringt. Es ist also möglich, einen Arbeitsplatz dadurch zu einem »bonum« zu machen, dass man die Conditio der Arbeitslosigkeit durch Kürzung der Sozialtransfers und der immateriellen Transfers von Ehre und Achtung zu einer unzumutbaren Lebenslage werden lässt. Wohlfahrtsstaatlich kann es nicht gerechtfertigt werden, Arbeitslosigkeit als eine auf

Dauer angelegte lebenswerte Lebenslage zu konstruieren. Daraus folgt ein Hinweis darauf, dass die Conditio der Arbeitslosigkeit tragisch ist, kann doch im Falle langfristiger Arbeitslosigkeit eine nicht auf Dauer angelegte und damit nicht als Lieferantin von Identitätsressourcen ausreichende Lebenslage perpetuiert werden.

(ii) Die *Arbeitsfähigkeitsbedingung* lässt den Status von Arbeitslosigkeit ebenfalls zu einer tragischen Conditio werden. Denn der Begriff der Arbeitsfähigkeit impliziert die subjektive Möglichkeit, einen Arbeitsplatz zu gestalten, bei gleichzeitigem Vorliegen einer objektiven Sachlage, die die Ausübung der Arbeitsfähigkeit im Rahmen eines Arbeitsplatzes verhindert. Der Begriff der Fähigkeit deutet die Möglichkeit an, einen Handlungsraum zu erschließen und diesen zu gestalten. Eine Fähigkeit ist das Vermögen, eine beabsichtigte Veränderung hervorzubringen.[49] »Arbeitsfähigkeit« bestimmt sich offensichtlich über das Vermögen, an einem Arbeitsplatz Veränderungen nach Vorgabe entsprechender arbeitsplatzdefinierender Erwartungen hervorzubringen. Diese Möglichkeiten zur Veränderungen hängen von materiellen und immateriellen Ressourcen ab, die es ermöglichen, eine Möglichkeit zu aktualisieren. Arbeitsfähigkeit ruht auf einer Grundlage von physischen und psychischen Faktoren, die auch außerhalb eines Arbeitsplatzes erhalten werden müssen. Gerade daraus ergibt sich eine tragische Conditio: Arbeitsfähigkeit, mit Blick auf Arbeitsplatzgestaltung definiert, muss auch außerhalb eines Arbeitsplatzes aufrecht erhalten werden – gleichsam als Menge von Potenzialitäten, die ihre Plausibilität durch Aktualisierung erhalten, aber im Falle der Arbeitslosigkeit in der Schwebe gehalten werden. Daraus ergibt sich ein eigenartiges Verhältnis von »capability« und »disability«. Arbeitsfähigkeit als Arbeitsplatzfähigkeit wird in der Situation der Arbeitslosigkeit zur frustrierten Potenzialität. Gleichzeitig hängt mit dem Begriff der zu erhaltenden Arbeitsfähigkeit ein Paradox zusammen, das mit dem Begriff der *Arbeitslosigkeitsfähigkeit* ausgedrückt werden soll. Unter Arbeitslosigkeitsfähigkeit möchte ich die Fähigkeit verstehen, ein »guter Arbeitsloser« bzw. eine »gute Arbeitslose« zu sein, die auch in der Situation der Arbeitslosigkeit ihre Arbeitsplatzfähigkeit erhält. Das Paradox besteht darin, dass ein Mensch, der von Arbeitslosigkeit betroffen ist, besonderer Fähigkeiten bedarf, die es ihm ermöglichen, ein »guter Arbeitsloser« zu sein, Ein »guter Arbeitsloser« ist ein Mensch, der wünschenswerte Bedingungen erfüllt. Er ist nicht frustriert und verbittert, er zeigt keine Aggressionen gegen das Sozialsystem und die politischen Strukturen, er ist glücksbegabt und optimistisch, hoffnungsvoll und hilfsbereit, sozial interessiert, offen und flexibel, geht auf andere zu, fällt nicht in Selbstmitleid, lebt aus Selbstdisziplin, die Suchtverhalten im Keim erstickt. Das Paradox besteht darin, dass

---

49. Vgl. Aristoteles: *Metaphysik* V 12, 1020a1f.; IX 1, 1046a11.

eine Höchstleistung in der Verwendung innerer Ressourcen gerade dann vonnöten ist, wenn die äußeren Umstände widrig, ja destruktiv advers sind. Gleichzeitig kann kaum bestritten werden, dass viele Menschen, die über einen Arbeitsplatz verfügen, nicht in einem höheren Maße über Arbeitslosigkeitsfähigkeit verfügen. Dass hier sozialer Sprengstoff liegt, wie er stets dort anzutreffen ist, wo Fähigkeitskompetenz und Zuständigkeitskompetenz weit auseinander fallen, braucht nicht eigens erwähnt zu werden.[50]

(iii) Die *Arbeitsplatzstrebebedingung* verbindet den Begriff der Arbeitslosigkeit mit dem Begriff eines unerfüllten Wunsches. Hier stoßen wir auf jene Kluft zwischen »Haben« und »Begehren«, die Albert Camus als »absurd« bezeichnet hat. Das Absurde erscheint in der Deutung von Albert Camus als der Widerspruch zwischen dem Schreien des Menschen und dem Schweigen der Welt.[51] Dieser Widerspruch prägt als ständiges Charakteristikum die Conditio humana. Ein solcher Widerspruch ist auch in der Situation der Arbeitslosigkeit strukturell verankert. Arbeitslosigkeit ist eine Situation, in der sich der Wunsch nach einem Arbeitsplatz stabilisieren – und unter steigendem Druck sogar steigern – muss und gleichzeitig unerfüllt bleibt. Hier wird in der Aufrechterhaltung des Wunsches, das Begehren eines Arbeitsplatzes lebendig zu halten, strukturell auch mit Wünschen zweiter Ordnung gearbeitet. Dieser starke Wunsch auf der zweiten Ebene, der sich auf einen frustrierten Wunsch auf der ersten Ebene richtet, verstärkt das eben angesprochene Paradox der Arbeitslosigkeitsfähigkeit.

Vor diesem Hintergrund erweist sich Arbeitslosigkeit als tragische Conditio, die paradoxale Strukturen des Systems zutage fördert. Der Begriff des Tragischen kann in diesem Kontext in seiner politischen Bedeutung bedacht werden. Unter dem Tragischen versteht man eine Situationsbestimmung (»eine Situation ist tragisch, wenn...«), die zumindest vier notwendige Bedingungen aufweist:

(a) Wir haben es mit einem Sinn für Ernsthaftigkeit und Gewichtigkeit zu tun. Dieser Sinn rührt von der *Irreversibilität* des Geschehenen her, an dem Grenzen der Manipulierbarkeit erreicht werden. In einer tragischen Situation haben wir es

---

50. Die Unterscheidung zwischen Fähigkeitskompetenz und Zuständigkeitskompetenz entspricht der Unterscheidung von »epistemischer Autorität« und »deontischer Autorität« bei Joseph Bocheński (*Was ist Autorität?* Freiburg/Br. 1974). Erstere beruft sich auf Fähigkeiten und Kenntnisse, letztere auf ein Mandat, eine Position in einer Hierarchie. Wenn diese beiden Autoritätstypen auseinander fallen, entsteht soziale Frustration. Dies ist angesichts der Anforderungen an die Arbeitslosigkeitsfähigkeit durchaus auch der Fall.
51. A. Camus: *Der Mythos von Sisyphos*, Reinbek bei Hamburg 2000, S. 41.

mit Dingen und Vorgängen jenseits menschlicher Kontrolle zu tun. Mit dieser Unumkehrbarkeit ist in der Regel auch ein Sinn von Verlusterfahrung verbunden, den rhetorische und schönfärbende Instrumente nicht sanieren können.[52] Arbeitslosigkeit ist insofern nach dieser Sichtweise tragisch, als ein Arbeitsplatz verloren gegangen ist und die Geschichte nicht mehr umgekehrt werden kann; die Erfahrung bleibt Teil der eigenen Lebensgeschichte.

(b) Wir haben es mit einer tragischen Situation zu tun, wenn diese mit menschlichem *Leiden* verbunden ist. Der Begriff des menschlichen Leidens kann über die Begriffe der Fragmentierung und Entfremdung, der Einschränkung des Spielraums, der erfahrenen Passivität, der Unvorhersehbarkeit und des Schmerzes als einer unerwünschten, pervasiven und widrigen Conditio charakterisiert werden.[53] Menschliches Leiden lässt eigenes Leben in Begriffen der sozialen Schulden und Abhängigkeit erfahren. Eine tragische Situation ist stets auch leidvoll. Arbeitslosigkeit hat mit menschlichem Leiden zu tun, weil sich Betroffene in dem Sinne als fragmentiert wahrnehmen, dass ein Teil der Conditio (nämlich der Umstand, dass sie keinen Zugang zu einem Arbeitsplatz haben) sämtliche Aspekte des eigenen Daseins prägt; Betroffene erfahren sich als von sich selbst entfremdet, weil es in der Regel Teil des menschlichen Selbstverständnisses in unserer Kultur ist, sich über Zugang zur Erwerbsarbeit im sozialen Raum zu definieren; dadurch entstehen, wie wir noch im dritten Teil sehen werden, beträchtliche Identitätskosten. Arbeitslosigkeit kann ähnlich wie eine Krankheit als Einschränkung der Handlungsoptionen und als Übergang von aktiver Gestaltung zu passivem Warten erfahren werden – dazu kommen die Erfahrungen von Abhängigkeit und sozialen Schulden[54]; Arbeitslosigkeit ist eine »open ended condition« mit ungewissem Ausgang, deren Entwicklung sich nur bedingt planen lässt.

(c) Von einer tragischen Situation sprechen wir dort, wo wir es mit Erfahrungen einer *Durchbrechung*, mit disruptivem Erfahren zu tun haben, mit einer außergewöhnlichen Erfahrung, in der Grenzen des Verstehbaren und des Manipulierbaren erreicht werden. Auch Arbeitslosigkeit hat in vielen Fällen mit der Erfahrung des

---

52. Deswegen wird »tragedy« von I.A. Richards auch als »proof against irony and irrelevance« bezeichnet; vgl. I.A. Richards: *Principles of Literary Criticism*, 2nd ed., 19th impr., London 1961.
53. G. Pitcher: The Awfulness of Pain, in: *The Journal of Philosophy*, Bd. 67 (1970), H. 14, S. 481–492; N. Newton: On Viewing Pain as a Secondary Quality, in: *Noûs*, Bd. 23 (1989), H. 5, S. 569–598.
54. Vgl. den klassisch gewordenen Artikel von N. Fraser & L. Gordon: A Genealogy of Dependency: Tracing a Keyword of the U.S. Welfare State, in: *Signs. Journal of Women in Culture and Society*, Bd. 19 (1994), H. 21, S. 309–336; vgl. auch J. Misra et al.: Envisioning Dependency: Changing Media Depictions of Welfare in the 20th Century, in: *Social Problems*, Bd. 50 (2003), H. 4, S. 482–504.

Abschneidens eines Handlungsfadens, mit dem Durchkreuzen von Lebensplänen, mit der Durchbrechung von Lebensgestaltung zu tun. Nach wie vor gilt Erwerbsarbeit im Rahmen eines Arbeitsplatzes als »Norm«, Arbeitslosigkeit als Ausnahme und der Verlust eines Arbeitsplatzes als disruptive, traumatisierende Erfahrung.[55] Eine als zerstörerisch wahrgenommene disruptive Erfahrung erzeugt den Eindruck, »unwillkommener Gast« (George Steiner) zu sein. Tragik entsteht nach einem Wort von Karl Jaspers dort, »wo Mächte kollidieren, die je für sich wahr sind«. Im Falle der Arbeitslosigkeit kollidieren häufig strukturelle Mächte (institutionelle oder auch makroökonomische Kräfte) und individualethische Lebensbewältigungsstrategien.

(d) Eine tragische Situation liegt schließlich dann vor, wenn wir es mit einer Erfahrung der *Frustration* zu tun haben, mit einem Sinn für unnötigen Verlust, der die Erfahrung von Kontingenz verschärft. Christoph Menke hat von »tragischem Wissen« gesprochen, das darin besteht, gleichzeitig zu viel und zu wenig zu wissen und über diese Ohnmacht mit Frustration erfüllt zu sein.[56] Ein Mensch, der von Arbeitslosigkeit betroffen ist, weiß in vielen Fällen aufgrund seiner Erfahrung gleichzeitig zu viel, um naiv optimistisch zu sein, und zu wenig, um rasch aus der Situation herauszukommen, die dann nicht mehr als problematisch erfahren werden müsste.

Diese vier Bedingungen für das Tragische, die sich auf die Lebenslage der Arbeitslosigkeit anwenden lassen, haben eines gemeinsam: Sie operieren mit dem Begriff der Alternativität, also der Möglichkeit, sich eine Alternative zum Status Quo vorstellen zu können. Aus dieser »Alternativität« erwachsen Hoffnung wie Angst, erwächst ein Sinn für Vermeidbares und Veränderbares bei gleichzeitiger Einsicht der Kluft zwischen vorliegendem Sachverhalt und möglichen Welten. Das Tragische setzt eine Ordnung, die jedoch durchbrochen wird und zu einem Ende kommt, voraus, und erscheint so als paradoxale Conditio.

Immer wieder stoßen wir im Nachdenken über Arbeitslosigkeit auf diese paradoxalen Strukturen, die die zu leistende Identitätsarbeit erheblich erschweren. Eine tragische Situation, wie es auch die Arbeitslosigkeit ist – sowohl auf individueller wie auch auf struktureller Ebene – hat politische Relevanz, gerade deswegen,

---

55. N. Kates: *The Psychosocial Impact of Job Loss*, Washington/DC 1990. Diese Disruption drückt sich notwendigerweise in den Konsumgewohnheiten aus und verändert damit die elementaren Vollzüge eines Haushalts; vgl. St. Melvin: *Job Loss Expectations, Realizations and Household Consumption Behavior*, Cambridge/MA 2003. Diese Disruption wirkt sich auch auf weiteres Arbeitsplatzsuchverhalten aus und hat damit eine traumatisierende Wirkung; vgl. A. E. Clark et al.: Scarring: The Psychological Impact of Past Unemployment, in: *Economica*, N. S. Bd. 68 (2001), Nr. 270, S. 221–241.

56. Chr. Menke: *Die Gegenwart der Tragödie*, Frankfurt/M. 2005, S. 18.

weil wir durch tragische Erfahrungen an die Grenzen der Politik, die ja als Gestaltung des öffentlichen Raums beschrieben werden kann, stoßen: »Tragic drama tells us that the spheres of reason, order and justice are terribly limited and that no progress in our science or technical resources will enlarge their relevance.«[57] Diese Bemerkung trifft nicht nur auf das tragische Drama als Genre, sondern auf das Tragische überhaupt zu. Hier werden Grenzen der Manipulierbarkeit erreicht. In diesen Grenzsituationen werden die verfügbaren moralischen Ressourcen deutlich. Diese Quellen für moralische Orientierung und Motivation werden angesichts krisenhafter Situationen deutlich. Gerade im Umgang mit Phänomenen wie Armut und Arbeitslosigkeit zeigt sich die moralische Struktur einer Gesellschaft. Welche moralischen Standards müssen gelten, damit Arbeitslosigkeit in großem Stil hingenommen wird? Welchen Preis ist eine Gesellschaft zu zahlen bereit, um bestimmte Strukturen nicht zu gefährden?

Die paradoxale und tragische Struktur von Arbeitslosigkeit, die gleichzeitig als systembildend und systemstützend anerkannt werden muss, verdichtet den Verdacht, dass Arbeitslosigkeit eine Sozialpathologie darstellt. Kann sich ein System die Kosten, die mit Arbeitslosigkeit verbunden sind, tatsächlich leisten? Es scheint nicht gesund zu sein, Menschen, die das soziale und ökonomische Leben mitgestalten können, gegen ihren Willen auszuschließen – wobei gleichzeitig ein Paradox erzeugt wird: Arbeitslosigkeit wird durch das Versprechen der Möglichkeit der Integration in den Arbeitsmarkt und den darauf aufbauenden Druck verwaltet. Damit wird über die Desideratsbedingung Arbeitslosigkeit mit dem Anerkennen des Systems »Arbeitsmarkt« verknüpft. Gleichzeitig wird aber dieses System durch Arbeitslosigkeit ermöglicht. In einer »postfordistischen Gesellschaft«, die durch ein Ende der Vollbeschäftigung gekennzeichnet ist, werden mehr und mehr Menschen erzeugt, deren Identität darin besteht, »überflüssig« zu sein. Es entstehen also Modernisierungsverlierer[58], die als »sozialer Abfall«[59] ausgewiesen werden und gleichzeitig dafür sorgen, dass das System funktioniert. Arbeitslosigkeit ist dann gleichzeitig Ausdruck und Ermöglichung des sozio-ökonomischen Systems – das die Kosten, die es erhalten, nicht mehr tragen zu können scheint. Denn:

---

57. G Steiner: *The Death of Tragedy*, New York 1961, S. 8 f.
58. Eine Phänomenologie des sozialen Verlierens hat Pierre Bourdieu in seiner viel rezipierten Studie *Das Elend der Welt* (Konstanz 1997) entworfen; in dessen Folge: F. Schultheis & K. Schulz (Hg.): *Gesellschaft mit begrenzter Haftung*, Konstanz 2005; E. Katschnig-Fasch (Hg.): *Das ganz alltägliche Elend*, Wien 2003.
59. Z. Bauman: *Verworfenes Leben. Die Ausgegrenzten der Moderne*, Reinbek 2005.

Arbeitslosigkeit kostet. Neben den Kosten von Sozialtransfers, die durch Arbeitslosigkeit anfallen, sind wenigstens sieben weitere Kostenstellen zu bedenken: Identitätskosten, die mit Verlust an Selbstwert und Selbstbild und damit Identität zu tun haben[60]; Fähigkeitskosten, weil Arbeitslosigkeit zum Verlust von Fähigkeiten, die nicht mehr ausgeübt und damit stets aufs Neue angeeignet werden können, führen kann – mitunter wird hier unschönerweise von der Abwertung von Humankapital gesprochen[61]; psychische Kosten, weil Arbeitslosigkeit die Entstehung seelischer Erkrankungen fördert[62]; gesundheitliche Kosten, weil Arbeitslosigkeit bekanntermaßen zu einer Verschlechterung des Gesundheitszustandes beiträgt; soziale Kosten, weil Arbeitslosigkeit mit einem Verlust sozialer Kontakte und einer Verkleinerung des sozialen Radius verbunden ist; politische Kosten, weil Arbeitslosigkeit zu einer Vergrößerung der sozialen Ungleichheit beiträgt und deswegen auch den sozialen Frieden gefährden kann; ökonomische Kosten, weil Arbeitslosigkeit mit dem Verzicht auf ökonomisch relevante Leistungen verbunden ist.

Arbeitslosigkeit bringt massive Kosten auf individuellem, sozialem, ökonomischem und politischem Niveau mit sich.[63] Diese Kosten setzen sich auch insofern langfristig fort, als die Wiedereinstellung nach erfolgter Arbeitslosigkeit in vielen Fällen auf niedrigerem Niveau erfolgt und die Schäden des Arbeitsplatzverlustes damit langfristig werden.[64] Dieser Blick auf die Kosten lässt sofort die Frage nach der

---

60. Der Diskurs über die Kosten von Arbeitslosigkeit kann auf die Kategorien »Selbstvertrauen« und »Selbstachtung« nicht verzichten; vgl. A. Ellis & M. Taylor: Role of Self-Esteem within the Job Search Process, in: *Journal of Applied Psychology*, Bd. 68 (1983), S. 632–640. Auch die Diskurse über »Glück« und »Arbeitslosigkeit« sind miteinander zu verbinden. Jüngst hat Peter Warr zu zeigen versucht, dass ein Arbeitsplatz finanziellen Spielraum, Sicherheit, eine soziale Position, Karrieremöglichkeiten, Möglichkeiten für Selbstkontrolle und die Möglichkeit, Fähigkeiten zu nützen, vermittle (P. Warr: *Work, Happiness and Unhappiness*, Mahwah/NJ 2007), was *ex negativo* sehr viel über die Kosten von Arbeitslosigkeit aussagt.
61. Diese Abwertung des »human capital« korreliert mit der Dauer der Arbeitslosigkeit; vgl. B. van der Klaauw: Unemployment Duration. Policies to Prevent Human Capital Deprecation, in: J. Hartog & H. Maassen (Hg.): *Human Capital. Advances in Theory and Evidence*, Cambridge 2007.
62. R. Liem & J. Liem: Psychological Effects of Unemployment on Workers and Their Families, in: *Journal of Social Issues*, Bd. 44 (1988), H. 4, S. 87–105. Dass zwischen psychologischen Effekten und sozialen Konsequenzen nicht trennscharf unterschieden werden kann, liegt auf der Hand.
63. Diese Kosten wurden bereits vor vielen Jahren in einer klassischen Arbeit belegt; vgl. E. Wight Bakke: *Citizens without Work. A Study of the Effects of Unemployment upon Workers' Social Relations and Practices*, New Haven/CT 1940.
64. A. Winefield et al.: A Longitudinal Study of the Psychological Effects of Unemployment and Quality of Reemployment, in: *Journal of Vocational Behavior*, Bd. 46 (1995), S. 40–54.

Vermeidbarkeit dieser Kosten aufwerfen. Gibt es kostenreduzierende Alternativen zur Arbeitslosigkeit?[65] Die Kosten von Arbeitslosigkeit sind je nach Betroffenengruppe unterschiedlich – für ältere Arbeitnehmer/innen geht es plakativ gesprochen um Schwierigkeiten, bestehende soziale Verpflichtungen einzulösen (Schulden, Verantwortung für Familienangehörige), für jüngere darum, eine Existenz aufzubauen: »For young workers, unemployment means not only the loss of output and earnings but, more important, the missed opportunity for on-the-job training and experience.«[66] Ähnlich kann man sich überlegen, dass Arbeitsplatzverlust für Alleinerzieherinnen andere Konsequenzen hat als der Verlust eines Arbeitsplatzes eines Ehepartners bei erwerbstätigem Partner und Kinderlosigkeit. Die Entwicklungen gehen dahin, dass die Risiken nicht mehr auf »typische Risikogruppen« abgewälzt werden können, sondern dass bei aller Ungleichverteilung der Risiken doch eine Durchlässigkeit zu verzeichnen ist.

Durch den geänderten Arbeitsmarkt, der nur mehr selten lebenslange Stabilität eines Dienstverhältnisses verspricht, haben sich neue Eintrittsstellen von »poverty spells«, von zeitweisen Lebenslagen von Armut, herausgebildet. Das gilt auch für junge Menschen, die soziale Abstiege erleben müssen.[67] Die Zahl der jungen Menschen, die auf Sozialhilfe angewiesen sind, ist in den letzten Jahren in Europa gestiegen. Formen sozialer Ausgrenzung bei gleichzeitiger Akkumulation von Wohlstand bestimmen mehr und mehr die soziale und politische Landschaft Europas.[68] Armut wird unberechenbarer, die Schutzwälle gegen Armut werden auch durch den Abbau staatlicher Sicherungsnetze poröser. Und das Hauptargument für den Abbau sozialstaatlicher Sicherungsmaßnahmen ist paradoxerweise das ökonomische Argument der Kosten. Hier lässt der angedeutete Blick auf die Kosten aber die unangenehme Frage wiederholen, wer denn aus den anfallenden Kosten Gewinn ziehen könne. Haben wir es paradoxerweise mit der Erzeugung von Arbeitslosigkeit durch Arbeitsplatzver-

---

65. Oder noch einmal anders gefragt – »unemployment as compared to what?« (M. Feldstein: The Private and Social Cost of Unemployment, in: *The American Economic Review*, Bd. 68 (1978), H. 2, S. 155–158, hier: S. 157.
66. M. Feldstein: The Private and Social Cost of Unemployment (wie Anm. 65), S. 158.
67. Vgl. M. Drilling: *Young urban poor. Abstiegsprozesse in den Zentren der Sozialstaaten*, Wiesbaden 2004; D. Schniering: *Kinder- und Jugendarmut in Deutschland*, Saarbrücken 2006.
68. Vgl. D. Brady: The Politics of Poverty, in: *Social Forces*, Bd. 82 (2003), S. 557–588; D. S. Massey: The Age of Extremes. Concentrated Affluence and Poverty in the Twenty-First Century, in: *Demography*, Bd. 33 (1996), H. 4, S. 395–412; W. Strengmann-Kuhn: *Armut trotz Erwerbstätigkeit*, Hamburg 2003; M. Waida: *Armut und Ungleichheit in Europa*, Saarbrücken 2007.

waltung zu tun?[69] Zudem lauert hier noch eine unangenehme Frage: Warum werden die Kosten ohne weiteres in Kauf genommen? Auf der Seite der »Arbeitsplatzbesitzer/innen« wird Arbeitslosigkeit gleich einem »Naturphänomen« hingenommen, auf der Seite der betroffenen Arbeitslosen sind kaum konzertierte Aktionen zu verzeichnen. Es scheint hier wenigstens zwei Gründe zu geben, die zusammen wirken

(i) Für Menschen, die von Arbeitslosigkeit betroffen sind, bedeutet es eine erhebliche Schwierigkeit, sich zu organisieren – weil hier interne Konkurrenzverhältnisse herrschen und weil es auch eine Frage der Ressourcen ist.

(ii) Am Arbeitsmarkt dissoziieren sich Menschen von Menschen, die aus dem Arbeitsmarkt ausgeschlossen sind bzw. ausgeschlossen wurden – diese Ausdifferenzierung der Lebenswelten und der Druck auf die Arbeitswelt lassen Solidarisierungen über die durch das Verhältnis zum Arbeitsplatz bestimmte Grenze kaum zu.

Fazit: Arbeitslosigkeit kostet, aber diese Kosten werden gleich den Kosten, die eine Naturkatastrophe mit sich bringt, hingenommen. Warum wird Arbeitslosigkeit weitgehend hingenommen wie eine natürliche Conditio? Es ist doch immerhin erstaunlich, dass »Sicherheit« weitgehend als öffentliches und in einer »post 9/11 era« auch knappes Gut angesehen wird. Die Herstellung und Sicherung dieses Gutes ist mit erheblichen Kosten verbunden, die auch tatsächlich aufgebracht werden.[70]

Der Blick auf die Kosten öffnet den Blick auf das Pathologische der Arbeitslosigkeit. Es muss doch als soziale Krankheit angesehen werden, wenn Ressourcen in einer Weise verschwendet werden, die menschliches Leid und soziale Not erzeugt und gleichzeitig als systemerhaltende Strategie ausgewiesen werden kann. Es muss doch als soziale Krankheit angesehen werden, wenn Ungleichheit ausgebaut wird und damit das öffentliche Gut der Sicherheit aufs Spiel gesetzt wird. Hier wird tatsächlich ein Sinn für Verschwendung erzeugt, ein Sinn für Frustration, der an Tragisches grenzt. Diese Tragik manifestiert sich gerade auch in den je persönlichen Identitätskosten, die durch Arbeitslosigkeit anfallen.

Eine kurze Zusammenfassung: Der Begriff der Arbeitslosigkeit ist ein Begriff zweiter Ordnung, der nur in explizitem Bezug auf ein Sozialsystem mit seiner sozialen Grammatik verständlich gemacht werden kann. Der Begriff kann über fünf Bedeu-

---

69. Vgl. L. Leisering & W. Voges: Erzeugt der Wohlfahrtsstaat seine eigene Klientel? Eine theoretische und empirische Analyse von Armutsprozessen, in: St. Leibfried & W. Voges (Hg.): *Armut im modernen Wohlfahrtsstaat* (wie Anm. 36), S. 446–472.
70. Bis hin zur Bereitschaft von Einschränkungen, die durch die Angst motiviert werden; vgl. C. Sunstein: *Gesetze der Angst*, Frankfurt/M. 2007. Sunstein weist in diesem Buch auf die »post 9/11«-Gesetzgebungen hin.

tungsschichten verstanden werden, die sich auf drei Bedingungen von Arbeitslosigkeit kondensieren lassen – auf eine Arbeitsplatzdefizitbedingung, auf eine Arbeitsfähigkeitsbedingung und auf eine Arbeitsplatzstrebebedingung. Diese Bedingungen führen zu einer paradoxalen und tragischen Struktur von Arbeitslosigkeit, die massive Kosten, gerade auch Identitätskosten, aufwirft. Angesichts dieser Kosten ist die Frage zu stellen, ob Arbeitslosigkeit nicht als Sozialpathologie anzusehen ist, als Störung des sozialen Zusammenlebens, die es einzelnen Mitgliedern oder Gruppierungen im Rahmen eines Gemeinwesens systematisch unmöglich macht, ein gelingendes Leben (»flourishing life«) zu führen, bzw. als Störung, die es dem Gemeinwesen als solchem nicht ermöglicht, langfristig zu bestehen. Der Umstand, dass der Begriff des Tragischen zur Charakterisierung des Begriffs der Arbeitslosigkeit herangezogen werden kann, deutet darauf hin, dass die moralischen Kosten, die hier anfallen, enorm sind.

3. »Decent Work« und »decent unemployment«

Der rote Faden dieses Beitrags, der hoffentlich nicht immer wieder im Dunkel der Exkurse entschwindet, besteht in der These, dass der Ausschluss von Menschen aus dem Arbeitsplatzkontext gegen ihren Willen zu struktureller Erniedrigung führt, die in einer bestimmten Größenordnung mit erheblichen moralischen und ökonomischen Kosten verbunden ist. Diese Kosten haben vor allem auch mit den bereits erwähnten *Identitätskosten* zu tun. Identitätskosten sind Verluste von Identitätsressourcen, Aufwendungen zur Umstrukturierung von Identität und Lebensplatz sowie Opportunitätskosten für entgangene Nutzung von Identitätsressourcen. Identitätsressourcen sind in unseren kulturellen Kontexten kein Luxus, sondern, wie Charles Taylor nachgewiesen hat, eine Notwendigkeit.[71] Die Verpflichtung, die eigene Lebensgeschichte erzählen und Auskunft über das eigene Dasein geben zu können[72], führen dazu, dass jeder Mensch Identitätskosten aufwenden muss, die der Abgeltung von Mietausgaben gleichen, die wir dafür zu entrichten haben, dass wir im Haus der Gesellschaft wohnen dürfen. Erving Goffman hatte in seinen Arbeiten immer wieder darauf hingewiesen, dass soziales Leben mit den Kosten der Imagepflege verbunden sei.[73] Der Begriff der sozialen Identität unterscheidet sich vom Begriff des sozialen

---

71. Ch. Taylor: *Quellen des Selbst*, Frankfurt/M. 1989.
72. Vgl. D. Thomä: *Erzähle dich selbst. Lebensgeschichte als philosophisches Problem*, Frankfurt/M. 2007.
73. Vgl. E. Goffman: *Stigma. Über Techniken der Bewältigung beschädigter Identität*, Frankfurt/M. 1988.

Status gerade dadurch, dass »persönliche Charaktereigenschaften wie zum Beispiel ›Ehrenhaftigkeit‹ ebenso einbezogen sind wie strukturelle Merkmale von der Art des ›Berufs‹.«[74] Wir versuchen uns im öffentlichen Raum als verlässlicher Interaktionspartner zu bewegen, der mit seinen Ansprüchen auf Position und Positionierung anerkannt ist. Dadurch fallen Identitätskosten an. Diese Identitätskosten sind mit finanziellem Aufwand, epistemischer Arbeit (Arbeit an Orientierung), physischem und psychischem Kräfteverschleiß verbunden, gerade auch deswegen, weil Identitätskosten das eigene Dasein fragil und fraglich scheinen lassen. Identitätskosten lassen für ein Leben an der Schwelle (eine Situation der Liminalität: der bisherige Identitätsstatus gilt nicht mehr, eine neue Stabilität hat sich noch nicht etabliert) und für ein Leben im Selbstwiderspruch (eine Situation, in der sich zwischen subjektiver Welt und sozialer Welt ein Graben auftut) massive Forderungen entstehen.

Identitätskosten beziehen sich auf alle drei Reden von Arbeitsplätzen – auf die räumliche Redeweise als Erfahrung der Einschränkung des Spielraumes und als Erfahrung von »displacement«/«Enträumlichung« – und damit als Erfahrung von Entfremdung; auf die relationale Redeweise als Erfahrung von »commitment deprivation«[75], also als Erfahrung eines Verlusts von Bindungen und gleichzeitig als Erfahrung von Abhängigkeit; auf die gegenständliche Redeweise als Ressourcenverlust und vor allem auch als Verlust des Zugangs zu ressourcenbildenden Ressourcen, wie es ein Einkommen darstellt. In allen drei Redeweisen können die Identitätskosten von Arbeitslosigkeit, die zur strukturellen Erniedrigung führen, deutlich gemacht werden.

Strukturelle Erniedrigung ist eine nicht von persönlicher Willkür, sondern von strukturell etablierten und damit gefestigten Bedingungen abhängige Form des Ausschlusses aus einer identitätsstiftenden Gemeinschaft. Eine identitätsstiftende Gemeinschaft stellt über die Ermöglichung von Zugehörigkeit jene Ressourcen zur Verfügung, die einem Menschen Grund zu Selbstwahrnehmung und Selbstachtung geben. Von Erniedrigung können wir dann sprechen, wenn einem Menschen die soziale Basis für seine Selbstachtung entzogen wird. Selbstachtung ist jene Form der Achtung, die ich mir aufgrund meines Menschseins schulde. Die soziale Basis für diese Selbstachtung liegt in der Möglichkeit, zu mir selbst auf Dauer ein Verhältnis aufzubauen, das mich Identitätsressourcen akzeptieren und nützen lässt, die mich als Mitglied der Menschheitsfamilie ausweisen. Solche Identitätsressourcen liegen in

---

74. E. Goffman: *Stigma* (wie Anm. 73), S. 10.
75. Armut kann als »Beraubung und Vorenthaltung von Bindungen« charakterisiert werden; vgl. meine Einleitung zu M. Holztrattner & C. Sedmak (Hg.): *Humanities and Option for the Poor*, Münster 2005.

der Zuerkennung von Zugehörigkeit.[76] Hier kommt Institutionen eine besondere Bedeutung zu. Strukturelle Erniedrigung kann zwei Gesichter haben: Zum einen können die über einzelne Individuen hinausgreifenden Regelwerke Menschen ausschließen und Zugangsbedingungen zu Gütern und Räumen in diskriminierender Weise gestalten, zum anderen können Repräsentanten einer Institution im Rahmen ihrer institutionellen Rolle demütigend agieren.

Avishai Margalit hat in seinem viel beachteten Buch *The Decent Society* eine anständige Gesellschaft über ihre Institutionen bestimmt, die ihre »decency« dadurch gewinnen, dass sie Menschen nicht demütigen. Unter »Demütigung« versteht Margalit »alle Verhaltensformen und Verhältnisse, die einer Person einen rationalen Grund geben, sich in ihrer Selbstachtung verletzt zu sehen.«[77] Anständige Institutionen rühren nicht an die Selbstachtung von Menschen, an jenen identitätsbildenden innersten Kern. Einem Menschen ermangelt es an Selbstachtung, wenn er keine Vorstellung davon hat, dass ihm Rechte zukommen, oder auch, wenn er unfähig ist, seine Rechte geltend zu machen. Es ist demütigend, zur Preisgabe der eigenen Identität aufgefordert zu werden. Damit wird die Würde des Menschen untergraben, die darin besteht, dass einem Menschen gegenüber bezeugt wird, dass er Grund hat, sich selbst als Mensch zu achten. Die Würde eines Menschen zu ehren bedeutet, sich so zu verhalten, dass die Selbstachtung des Menschen zum Ausdruck kommt. Einzelne Menschen wie auch Institutionen können sich der »Menschenblindheit« schuldig machen, die Menschen nicht als Menschen sehen lässt. »Die Anwesenheit anderer gar nicht wahrzunehmen, ist ein wiederkehrender Topos der antikolonialistischen Literatur. Die Demütigung der Eingeborenen äußert sich darin, dass man durch sie ›hindurchschaut‹, als wären sie Luft.«[78] Demütigung bedeutet, einen Menschen aus der »Familie des Menschen« auszuschließen.[79] Erniedrigung liegt also dann vor, wenn ein Mensch in der Weise des Umgangs aus der Menschheitsfamilie ausgeschlossen wird, nicht als Mensch mit unveräußerbarer Menschenwürde behandelt wird, sondern als bloßes Mittel zu einem wie auch immer gearteten Zweck. Mit einem Fall

---

76. Dieser Umstand wird von Ulrike Hanna Meinhof und Dariusz Galasiński eindrücklich exemplifiziert; vgl. U. H. Meinhof & D. Galasiński: *The Language of Belonging*, New York 2005. Die Kategorie der Zugehörigkeit wird in Zeiten der Globalisierung und Liberalisierung zusehends problematisch, was wiederum einen bestimmten Druck auf die Arbeitswelt ausübt; vgl. A. Dieckhoff (Hg.): *The Politics of Belonging: Nationalism, Liberalism, and Pluralism*, Lanham/MD 2004; M. Savage et al.: *Globalization and Belonging*, London 2005.
77. A. Margalit: *Politik der Würde*, Berlin 1997, S. 23.
78. A. Margalit: *Politik der Würde* (wie Anm. 77), S. 127.
79. Ebenda, S. 135.

von struktureller Erniedrigung haben wir es zu tun, wenn die Demütigung im Rahmen einer Institution erfolgt. Nun spielen Institutionen im Leben von Menschen, die von Arbeitslosigkeit betroffen sind, eine besondere Rolle – gerade weil »Arbeitsplätze« verwaltet werden und Arbeitslosigkeit als arbeitsplatzabhängige und zugleich durch wohlfahrtsstaatliche Transfers charakterisierte Lebenslage bürokratisiert ist.[80] Die institutionelle Verfasstheit der Arbeitslosigkeit macht Teil der Eigenart der »Sphäre« der Arbeitslosigkeit aus, die an der Schnittstelle von System und Lebenswelt, von öffentlichem und privatem Bereich anzusiedeln ist.

Die verwaltete Arbeitslosigkeit verstärkt tragischerweise die Identitätskosten, indem sie Menschen zu »epistemischen Objekten« transformiert[81], also zu Gegenständen, die nicht als individuelle Bedeutung und Status haben, sondern als Repräsentanten allgemeiner Kategorien, die wiederum nur im Rahmen eines Theoriensystems plausibel gemacht werden können. Im Rahmen von Institutionen handeln Menschen in »typischer« Weise[82], nicht als Privatpersonen, sondern institutionell. Die einzelne Person steht damit nicht gleichwertigen Partnern gegenüber, sondern die Institution zeigt sich immer auch in gewisser Übermächtigkeit, weil hier nicht das Besondere und Einzigartige, Unwiederholbare und Ungeregelte und Unregelbare im Mittelpunkt steht, sondern das Genormte – ein Mensch wird zu einem »Fall«, zu einer »Aktennummer«. »Man kann mit jemandem umgehen, als wäre er eine bloße Nummer. Dieser neue Ausdruck ist, neben dem Vergleich mit Maschinen, die in der Moderne am häufigsten gebrauchte Metapher, um zu sagen, dass Menschen wie Nichtmenschen behandelt werden.«[83] Menschen werden dann »verwaltet«.

Verwaltung geschieht im Rahmen von Institutionen, die Informationssysteme wie Formulare entwerfen und diese dann verwalten. Institutionen erzeugen eine Ordnung – durch die Regeln, die den Zugang zu und Ablauf in einer Institution gestal-

---

80. Dabei kann unter Berücksichtigung der Rahmenbedingungen kaum auf Institutionen verzichtet werden, die ein Korrektiv für das Kräftespiel des Marktes darstellen; vgl. D. R. Howell (Hg.): *Fighting Unemployment. The Limits of Market Orthodoxy*, Oxford 2006.
81. Der Begriff des epistemischen Objekts ist vor dem Hintergrund der Wissenssoziologie und wissenssoziologischen Laborstudien von Bruno Latour, Karin Knorr-Cetina und Michael Lynch verständlich zu machen; vgl. K. Knorr-Cetina: *Epistemic Cultures*, Cambridge/MA 1999; B. Latour & St. Woolgar: *Laboratory Life. The Construction of Scientific Facts*, Princeton/NJ ²1986; M. Lynch: *Art and Artefact in Laboratory Science*, London 1985.
82. Vgl. A. Schütz: *Studien zur soziologischen Theorie* (Gesammelte Aufsätze, Bd. 2), Den Haag 1971, S. 30; ders. & Th. Luckmann: *Strukturen der Lebenswelt*, Neuwied 1975, S. 89.
83. A. Margalit: *Politik der Würde* (wie Anm. 77), S. 252.

ten; durch das Ergebnis der Arbeit einer Institution, die Menschen einteilt[84] und unterscheidet, festsetzt und definiert; durch die Wahrnehmung von Menschen, die einem bestimmten Ordnungsprinzip unterworfen werden. Institutionen operieren mit »Ähnlichkeiten«, die nicht einfach vorgefunden werden, sondern zu schaffen sind.[85] Erst aufgrund dieser »Ähnlichkeiten« können Menschen einem Zuteilungsmaßstab unterworfen werden. Institutionen regeln auch das Erinnern und Vergessen. Institutionen steuern das Gedächtnis ihrer Mitglieder.[86] Akten und Sozialversicherungsnummern sorgen dafür, dass Menschen (»Fälle«) nicht vergessen werden. Auch diese Erinnerungsarbeit erfordert bürokratischen Aufwand, Karteien und Archive, Datenbanken und Schränke mit Aktenordnern. Die Erstellung von Karteien transformiert konkrete Menschen in die erwähnten »epistemischen Objekte«, die unter einer bestimmten Rücksicht wahrgenommen und eingeordnet werden.[87]

Diese epistemischen Objekte müssen ihrerseits verwaltet werden, was bedeutet, dass ein bestimmter Teil der bürokratischen Abläufe sich auf sich selbst bezieht. Eine Bibliothek verwaltet nicht nur Bücher, die eingestellt und abgestaubt werden müssen, sie verwaltet auch den Katalog und die Ausleiheprozeduren, die durchgeführt und überwacht werden müssen. Dadurch ergibt sich das Phänomen, dass Bürokratie Arbeit erzeugt, die ohne Bürokratie nicht vorhanden wäre, bzw. dass bürokratische Abläufe sich selbst schaffen und verwalten.[88] Die Berechenbarkeit der Bürokratie schafft aus Sicht der »Bürokratienehmenden« auch die Möglichkeit, im Umgang mit der Übermacht der Institutionen Strategien zu entwerfen, etwa Strategien, um arbeitslosigkeitsfähig zu sein, »Listen der Ohnmacht«.[89] Gleichzeitig ergibt sich eine bestimmte Lebenswelt, die mit bestimmten Relevanzstrukturen, um dies in der Sprache von Alfred Schütz zu formulieren, ausgestattet wird. Gewichtungen werden vorgenommen, Prioritäten gesetzt, Standards der »Korrektheit« über Regel-

---

84. Vgl. I. Hacking: Making Up People, in: T.C. Heller (Hg.): *Reconstructing Individualism*, Stanford/CA 1985.
85. Vgl. M. Douglas: *Wie Institutionen denken*, Frankfurt/M. 1991, S. 91ff.
86. M. Douglas: *Wie Institutionen denken* (wie Anm. 85), S. 181. Hier stellen sich Fragen nach dem institutionell verfassten kulturellen Gedächtnis; vgl. A. Assmann: *Der lange Schatten der Vergangenheit. Erinnerungskultur und Geschichtspolitik*, München 2006, Kap. 1 und 2.
87. Vgl. C. Sedmak: Einbeziehung von Betroffenen in der Armutsforschung. Erkenntnistheoretische Überlegungen, in: *Angewandte Sozialforschung*, Bd. 25 (2007/2008), S. 25–35.
88. Eine eindrückliche Darstellung des Armutsdiskurses der Weltbank gibt W. Schicho: Power and Poverty, in: *Stichproben. Wiener Zeitschrift für kritische Afrikastudien*, Bd. 7 (2007), H. 13, S. 7–29.
89. Cl. Honegger & B. Heintz: *Listen der Ohnmacht. Zur Sozialgeschichte weiblicher Widerstandsformen*, Frankfurt/M. 1981.

werke eingeführt. Die Macht einer Institution zeigt sich auch gerade darin, dichte Regelwerke zu entwerfen, die Menschen dazu zwingt, sich selbst als epistemische Objekte wahrzunehmen, d.h. sich die vom institutionellen Blick verfolgte Wahrnehmung als Selbstwahrnehmung zu eigen zu machen. Es verwundert nicht, dass die Erfahrung von armutsbetroffenen Menschen mit Institutionen vielfach negativ ist.[90] Diese Erfahrungen ergeben sich aus der Erfahrung der Einschränkung des Planungs-, Entscheidungs- und Handlungsspielraums und durch die Formen der Interaktion zwischen Repräsentanten der Institution und den von Arbeitslosigkeit betroffenen Menschen.

Dass wir es hier mit Musterbeispielen asymmetrischer Kommunikation zu tun haben, wird schwerlich zu bestreiten sein – auf der einen Seite ein institutionell handelnder Bürokrat, der in der Regel über »job security« verfügt, auf der anderen Seite ein Mensch in einer Situation der Abhängigkeit. Menschen, die von Arbeitslosigkeit betroffen sind, sind in besonderer Weise gegenüber Dynamiken der strukturellen Demütigung verwundbar. Sie müssen ihre Existenz als Arbeitslosenunterstützungsbezieherinnen und -bezieher rechtfertigen und stehen unter dem ständigen Druck der Beweislast; sie werden zu epistemischen Objekten transformiert und als »Fälle« wahrgenommen, die in erster Linie über ihre Arbeitslosigkeit Identität gewinnen; sie sind zu paradoxalen Lebensstrukturen gezwungen – müssen auf der einen Seite Widerstandsfähigkeit (Resilienz) zeigen und entwickeln und auf der anderen Seite einen Leidensdruck zulassen, um »gute Klientinnen und Klienten« im Kontext der Arbeitsmarktverwaltung zu sein. Sie müssen damit rechnen, dass aufgrund der Bürokratisierung ihre besondere Situation nur bedingt in ihrer Besonderheit wahrgenommen werden kann. Gerade die Erfahrung von Autonomieverlust und die Zuschreibung von »Abhängigkeit« prägen den Diskurs und sind Eintrittsstellen für Demütigung.[91]

---

90. Vgl. die Interviews in C. Sedmak et al.: *Seitenblicke, Untertöne. Gespräche mit Straßenzeitungsverkäufer/inne/n*, Münster 2006; W. Scherer: *Wie Sozialämter Hilfsbedürftige abschrecken*, Frankfurt/M. 1987; siehe auch J.D. Berrick: *Faces. Portraits of Women and Children on Welfare*, New York 1995. Nicht übersehen werden dürfen in diesem Zusammenhang die Studien von Christoph Maeder und Eva Nadai; vgl. Chr. Maeder & E. Nadai: *Organisierte Armut. Sozialhilfe aus wissenssoziologischer Sicht*, Konstanz 2004; dies.: Zwischen Armutsverwaltung und Sozialarbeit. Formen der Organisation von Sozialhilfe in der Schweiz, in: *Schweizerische Zeitschrift für Soziologie*, Bd. 30 (2004), H. 1, S. 59–76; E. Nadai: Disempowerment? From Regulating the Poor to Activating Welfare, in: C. Sedmak & Th. Böhler (Hg.): *Perspectives in Poverty Alleviation*, Münster 2007, S. 237–249.
91. Vgl. N. Fraser & L. Gordon: ›Dependency‹ Demystified. Inscriptions of Power in a Keyword of the Welfare State, in: *Social Politics*, Bd. 1 (1994), S. 4–31. Durch den Wohlfahrtsstaat wird ein

Arbeitslosigkeit hat grundsätzlich insofern mit Erniedrigung zu tun, als sie den Betroffenen in vielen Fällen dazu zwingt, sich in erster Linie als ein von Arbeitslosigkeit betroffener Mensch zu sehen (und erst in zweiter Linie als Mensch).[92] Diese Dynamik der Entmenschlichung kann freilich auch am Arbeitsplatz geschehen: Die Erpressbarkeit von Menschen am Arbeitsmarkt, die sie zwingt, »Erwerbsarbeit um jeden Preis«[93] anzunehmen, erzeugt Formen menschenunwürdiger Arbeit, eine Gefahr, der die Arbeit an Standards von »decent work« entgegenzuwirken sucht.[94] Der ILO-Begriff der menschenwürdigen Arbeit bemüht sich um Rahmenbedingungen, die strukturelle Erniedrigung am Arbeitsplatz zu verhindern suchen. Es geht um die Erwartungen, die Menschen an die Erwerbsarbeit herantragen; es geht um die Freiheit, produktive und angemessen vergütete Arbeit zu wählen und um die Freiheit, Anliegen einzubringen, in relevanten Entscheidungen im Rahmen eines sozialen Dialogs mitzubestimmen, sowie um die Freiheit, sich zu organisieren; es geht um Sicherheit am Arbeitsplatz, um sozialen Schutz von Arbeitnehmer/inne/n und deren Familien und um Chancengleichheit und Gleichbehandlung; es geht um die Aussicht auf persönliche Entwicklung und soziale Integration.

Diese Strukturen von »decent work« kann man sich auch mit einem Gegenbegriff, den Nuno dos Santos entwickelt hat, verdeutlichen, den Begriff des »predatory work«.[95] Dos Santos bestimmt »räuberische« oder vielleicht auch »raubtierhafte«

Diskurs der Reglementierung und Regulierung aufrecht erhalten, der von Kolonialzeiten her vertraut ist; vgl. M. Abramovitz: *Regulating the Lives of Women: Social Welfare Policy from Colonial Times to the Present*, Boston 1997.

92. Martha Nussbaum hat als eine der großen Aufgaben einer Bildungseinrichtung die Vermittlung der Fähigkeit festgeschrieben, sich selbst und andere Menschen in erster Linie als Menschen anzusehen, die Gemeinsames teilen, und erst in zweiter Linie über die Differenzen zu bestimmen; vgl. M. Nussbaum: *Cultivating Humanity*, Boston/MA 2003. Erst auf diese Weise kann der gemeinsame Boden, der eine Menschheitsfamilie zusammenleben lässt, gesichert werden. Für die Herausforderung der Arbeitslosigkeit könnte dies bedeuten, dass soziale Ausgrenzung über Bildung überwunden werden kann, dass ein entscheidendes Bildungsideal aber gerade durch die Conditio der strukturell erniedrigenden Arbeitslosigkeit dieses Ideal nicht einlösen lässt, weil der in seiner Arbeitslosigkeit verwaltete Mensch zu einem epistemischen Objekt transformiert wird.

93. M. Kronauer: *Exklusion. Gefährdung des Sozialen im hoch entwickelten Kapitalismus*, Frankfurt/M. 2002, S. 232.

94. »Decent work« nach den Standards der International Labour Organization ist durch soziale Sicherheit, durch garantierte Rechte und durch sozialen Dialog charakterisiert; vgl. D. Ghai (Hg.): *Decent Work. Objectives and Strategies*, Genf 2006.

95. N. R. dos Santos: Work. Contents and Context, in: O. Neumaier et al. (Hg.): *Perspectives on Work*, Münster 2008, S. 73–80, hier: S. 77.

Arbeit als solche, die keine Lebensqualität ermöglicht, die es dem Menschen nicht möglich macht, seine sozialen Verantwortungen wahrzunehmen, und die keinen Raum für persönliche Entwicklung lässt. Man könnte als viertes Moment zur Charakterisierung von raubtierhafter Arbeit, die an der Substanz des Menschen zehrt und ihn dazu zwingt, sich »für die Arbeit und von der Arbeit« zu regenerieren, das gänzliche Fehlen von Glücksmomenten während der Arbeit nennen. Arbeit wird raubtierhaft, wenn das, was Menschen subjektiv als glückhaft und glücksbringend erfahren, ausschließlich außerhalb des Arbeitsplatzes liegt. Fehlende Rahmenbedingungen für menschenwürdige Arbeit bzw. das Vorliegen von Bedingungen für raubtierhafte Arbeit führen zur Selbstentfremdung am Arbeitsplatz, zur Aushöhlung der sozialen Basis für Selbstachtung und damit zu struktureller Erniedrigung. Wenn Erwerbsarbeit keinen rechtlich geschützten Raum für Selbstentfaltung und Selbsterneuerung lässt und den Lebensraum nimmt, soziale Verantwortung wahrzunehmen und Lebensqualität aufzubauen, dann zwingt der Arbeitsplatz zur Selbstwahrnehmung als reines Mittel zum Zweck und entzieht damit der Selbstachtung das soziale Fundament.

Die Unterwanderung von Standards menschenwürdiger Arbeit geschieht vielfach durch subtilen Druck, der es mehr und mehr Menschen aufgrund psychischer Probleme unmöglich macht, ein Arbeitsverhältnis aufrechtzuerhalten. Viele Menschen bringen die Widerstandskraft nicht auf, um sich gegen Tendenzen zum Abbau von »decency« zu stemmen. Das ist eine Frage der identitätsstiftenden Ressourcen, von denen wir leben. Der französische Psychologe Alain Ehrenberg hat in diesem Zusammenhang trefflich vom erschöpften Selbst gesprochen.[96] Auch dieser Diskurs kann mit der Rede von »Identitätskosten« verschränkt werden. Wir haben keine Ressourcen mehr, um den Alltag zu bewältigen, zumal sich die Strukturen des Halt gebenden Alltäglichen mehr und mehr auflösen. Wir können uns die identitätserhaltenden und identitätsstiftenden Ressourcen nicht mehr leisten, die wir brauchen, um im öffentlichen Raum bestehen zu können. Zudem gibt der öffentliche Raum keine Orientierung mehr, die soziale Gestaltung des politischen Raums lässt aus. Dadurch machen sich Formen und Ausdrucksweisen von Lebensunfähigkeit und Lebensangst breit, wie sie in Depressionen und *burn out* sowie in Suchtverhalten manifest werden können.

Der Druck, sich an Neues anzupassen, mit Veränderungen umzugehen, einem Etwas nachzulaufen, das in der Zukunft liegt, wird begrifflich von Richard Sennett

---

96. A. Ehrenberg: *Das erschöpfte Selbst. Depression und Gesellschaft in der Gegenwart*, Hamburg 2004.

durch den »flexiblen Menschen«[97] oder »das Gespenst der Nutzlosigkeit«[98] ausgedrückt. Dieser Druck wird in kondensierter Form in der Arbeitswelt weitergegeben. Marie-France Hirigoyen hat in ihrer Studie *Malaise dans le travail. Harcèlement moral* seelische Gewalt am Arbeitsplatz untersucht[99] – Gewalt, die vor allem darin besteht, dass Menschen sich nicht im Arbeitsalltag einrichten können. Die Frage nach »anständiger Arbeit« stellt sich also sowohl im Rahmen des Arbeitsmarktes als auch außerhalb.

Menschenwürdige Arbeitslosigkeit

Die Überlegungen der ILO zum Begriff der menschenwürdigen Arbeit können unschwer auf das Verständnis von Arbeitslosigkeit übertragen werden. Wenn wir uns *ex negativo* dem Begriff der menschenwürdigen Arbeitslosigkeit annähern, so kann man sich überlegen, raubtierhafte Arbeitslosigkeit als eine Conditio zu bestimmen, die die Identitätsressourcen des Menschen aufzehrt. Dies ist dann der Fall, wenn paradoxale Strukturen dauerhaft bzw. über einen längeren Zeitraum hinweg Teil der Lebenslage sind. Identität kann sich aus zementierter Widersprüchlichkeit nicht bilden und nähren. Identitätsressourcen trocknen aus, wenn Menschen keinen Raum für Selbsterneuerung und Selbstentfaltung haben. Das ist insbesondere dann der Fall, wenn das Leben sich als Existenzkampf darstellt, der die rechtlich geschützten Räume minimiert und einer Kolonialisierung persönlicher Lebenswelten durch strukturelle Gegebenheiten beschleunigt. Das Leben wird dann nicht als »Bauplatz« gesehen, an dem Stück für Stück ein Gebäude entsteht, sondern als nomadenhafte, ungeschützte Existenz, bei der das temporär aufgeschlagene Zelt verteidigt werden muss. Menschenwürdige Arbeitslosigkeit ist demgegenüber eine Lebenslage, in der die Frage »Welche Erwartungen habe ich als Arbeitslosigkeitsnehmer/in?« gestellt werden kann. Der Begriff der Arbeitslosigkeitsnehmerin soll deutlich machen, dass es – im Sinne einer diabolischen Lexikographie – durchaus möglich ist, die Sache so zu sehen: Aufgrund ihrer Langmut und Gutmütigkeit, wohl auch aufgrund ihrer Ohnmacht sind Menschen bereit, »kooperative Arbeitslose« zu sein. In Zeiten des Terrorismus, der deutlich gemacht hat, dass einige wenige Einzelpersonen – man denke an die *snipers* von Washington – die Möglichkeit haben, den Makrokontext in Angst und Schrecken zu versetzen, kann

---

97. R. Sennett: *Der flexible Mensch*, Berlin 2000.
98. R. Sennett: *Die Kultur des neuen Kapitalismus*, Berlin 2007, S. 69 ff. Gemeint ist die Angst vor der Nutzlosigkeit, mit der gezielt operiert wird.
99. M.-F. Hirigoyen: *Malaise dans le travail. Harcèlement moral*, Paris 2001.

man es nicht mehr als selbstverständlich ansehen, dass Menschen sich bereit erklären, die Spielregeln der Arbeitslosigkeit zu akzeptieren. Arbeitslosigkeitsnehmer/innen erfahren ihre Lebenslage als menschenwürdig, wenn sie Erwartungen in Bezug auf ihre Lebenslage formulieren können; wenn sie die Freiheit haben, produktive und angemessen vergütete Arbeit zu wählen, wenn die Suche nach Orientierung in der Arbeitswelt in einem sozialen Dialog erfolgt, wenn auch die Lebenslage der Arbeitslosigkeit von Sicherheit, sozialem Schutz und Chancengleichheit charakterisiert ist. Menschenwürdige Arbeitslosigkeit liegt dann vor, wenn Menschen in dieser Lebenslage Aussicht auf persönliche Entwicklung haben[100], wenn sie ihren sozialen Verantwortungen nachkommen können, Lebensqualität erarbeiten und auch in der Lebenslage der Arbeitslosigkeit Glücksmomente finden. Dies würde uns, wenn man die Überlegungen zusammenfasst, fünf Bedingungen für menschenwürdige Arbeitslosigkeit geben: (i) Eine *Freiheitsbedingung*, die darin besteht, über einen Spielraum zu verfügen, der Wahlmöglichkeiten belässt; (ii) eine *Dialogbedingung*, die die Suche nach einem Arbeitsplatz als Gespräch auffasst; (iii) eine *Sicherheitsbedingung*, die sozialen Schutz für Betroffene und deren Angehörige garantiert; (iv) eine *Lebensqualitätsbedingung*, die Arbeitslosigkeitsnehmer/innen auch in dieser Lebenslage soziale Verantwortung wahrnehmen und Glücksmomente empfinden lässt; (v) eine *Wachstumsbedingung*, die es Arbeitslosigkeitsnehmerinnen und -nehmern ermöglicht, auch in dieser Lebenslage in das persönliche Wachstum investieren und an sich arbeiten zu können.

Diese Bedingungen sind je für sich gesehen notwendig. Sie laufen auf Rahmenbedingungen hinaus, die gegeben sein müssen, um menschenwürdige Arbeitslosigkeit zu ermöglichen.

Diese Conditio von »decent unemployment« kann man auch von den im vorigen Abschnitt genannten drei Bedingungen für Arbeitslosigkeit angehen: Menschenwürdige Arbeitslosigkeit liegt dann vor, wenn die drei Kernbedingungen von Arbeitslosigkeit gewürdigt, berücksichtigt und sorgsam genährt werden. Die Wiederholung sei gestattet: Es handelt sich bei diesen drei Kernbedingungen um die *Arbeitsplatzbedingung*, die Bedingung der *Arbeitsfähigkeit* und die Bedingung der Suche nach einem Arbeitsplatz (die *Desideratsbedingung*). Menschenwürdige Arbeitslosigkeit mit Blick auf die erste Arbeitsplatzbedingung bedeutet, dass ein Mensch, der ohne Arbeitsplatz ist, nicht gleichzeitig ein Mensch ohne Arbeit ist. Das kann durchaus eine Frage der verfügbaren Anreize und der Ausstattung der motivationalen Struktur sein. Zu-

---

100. Zum Beispiel durch ein »sabbatical« für Arbeitslose; vgl. A. Richter: *Aussteigen auf Zeit*, Köln 1999, S. 66 ff.

dem dürfen Würde und soziale Identität eines Menschen nicht davon abhängen, ob ein Mensch einen Arbeitsplatz hat. Die soziale Welt kann demnach nicht so strukturiert sein, dass Arbeitsplatzlosigkeit stigmatisiert und durch den Verlust eines Arbeitsplatzes der Zugang zu öffentlichen, sozialen Räumen eingeschränkt wird. Initiativen, wie sie etwa ein »Kulturpass« darstellt, der freien Zutritt zu kulturellen Angeboten ermöglicht, sind Bemühungen, die Menschenwürdigkeit der Arbeitsplatzbedingung zu ermöglichen. »Decency« in Bezug auf die Bedingung der Arbeitsfähigkeit impliziert die Anerkennung, Erhaltung und Förderung der menschlichen Arbeitsfähigkeit. Dies wiederum geschieht dann nicht, wenn Kompetenzen durch die Unmöglichkeit der Ausübung verloren gehen, wenn kein Raum für spezifische Weiterbildung, die die Besonderheiten der Lebenssituation und die Interessen und Anlagen der betroffenen Person berücksichtigt, geboten wird oder wenn kein Raum geboten wird, um eigene Fähigkeiten zu erkennen. Menschenwürdige Arbeitslosigkeit lässt Fähigkeiten nicht verkümmern; dies kann etwa im Rahmen von Modellfirmen geschehen, was wiederum auf das Kursangebot der Einrichtungen des Arbeitsmarktservice Auswirkungen haben wird. Die Arbeitsplatzstrebebedingung schließlich tangiert insofern menschenwürdige Arbeitslosigkeit, als sie mit einer Ethik des Strebens und einer Ethik des Wünschens zu tun hat. Frithjof Bergmann spricht im Zusammenhang mit seinen Überlegungen zur neuen Arbeit von der »Armut des Begehrens« und der Unfähigkeit, Wünsche zu formulieren.[101] Dieser Diskurs über das Begehren, die Legitimation von Wünschen und deren Artikulierung, die Frage nach der Ausformung von Wünschen zweiter Ordnung, sind mit dem Diskurs über Arbeitslosigkeit zu verkoppeln. Herauszufinden, worin eigene Stärken liegen, bestehende (vermeintliche) Schwächen in Stärken zu verwandeln, die Fähigkeit zu haben, Ziele zu formulieren – all dies zeigt eine menschenwürdige Form der Arbeitslosigkeit auf. Hier muss also ein Freiraum garantiert werden, über die Struktur eigenen Sehnens nachzudenken.[102]

Kurz: Menschenwürdige Arbeitslosigkeit liegt dann vor, wenn wir es mit Rahmenbedingungen zu tun haben, die die genannten fünf Bedingungen für menschenwürdige Arbeitslosigkeit erfüllen und gleichzeitig in einer menschlichen Weise mit den drei Kernbedingungen für Arbeitslosigkeit umgehen. Es geht um die Erwartungen, die Menschen an die Erwerbsarbeit herantragen; es geht um die Freiheit, produktive und angemessen vergütete Arbeit zu wählen, und um die Freiheit, Anliegen

---

101. Vgl. F. Bergmann: *Neue Arbeit, neue Kultur*, Freiburg/Br. 2004; F. Bergmann & St. Friedmann: *Neue Arbeit kompakt*, Freiburg/Br. 2007.
102. Günter Ogger hat einige berufliche Neuschöpfungen dargestellt; vgl. G. Ogger: *Die Abgestellten. Ein Nachruf auf den festen Arbeitsplatz*, München 2007, Kap. 8.

einzubringen, in relevanten Entscheidungen im Rahmen eines sozialen Dialogs mitzubestimmen, sowie um die Freiheit, sich zu organisieren; es geht um Sicherheit am Arbeitsplatz, um sozialen Schutz von Arbeitnehmer/inne/n und deren Familien und um Chancengleichheit und Gleichbehandlung; es geht um die Aussicht auf persönliche Entwicklung und soziale Integration.

Der neuralgische Punkt der menschenwürdigen Arbeitslosigkeit ist der Respekt vor der Selbstachtung des Menschen. Diesen Respekt kann man mit dem Begriff der Menschenwürde gleichsetzen. Sie wird dort systematisch verletzt, wo die Identitätsressourcen von Menschen aufgezehrt werden und ein Mensch in eine paradoxale Situation gebracht wird, aus der er keine Identität schöpfen kann.

Das Verhältnis von »decency« und Arbeitslosigkeit kann mit den Kategorien von »Scham«, »Beschämung«, »Identitätskosten« und »Respekt« genauer vermessen werden. Sehen wir uns das an einer Illustration an: Der südafrikanische Literaturnobelpreisträger J.M. Coetzee beschreibt in seinem autobiographischen Text *Der Junge* die Entwicklung seines Vaters, nachdem dessen Anwaltskanzlei verloren ging. »Der Vater schaut sich nach Arbeit um. Jeden Morgen pünktlich um sieben macht er sich in die Stadt auf. Doch ein oder zwei Stunden später – das ist sein Geheimnis –, wenn alle anderen aus dem Haus sind, kommt er zurück. Er zieht wieder den Schlafanzug an und geht mit dem Kreuzworträtsel der Cape Times, einer Taschenflasche Brandy und einem Krug Wasser ins Bett. Um zwei nachmittags, ehe die anderen zurückkommen, zieht er sich an und geht in seinen Klub.«[103] Der Sohn entdeckt das Geheimnis des Vaters, als er eines Tages krankheitshalber der Schule fernbleibt. Der Vater sperrt sich nicht nur im Haus ein und verfällt dem Alkohol, er versteckt auch die Rechnungen, die mit der Post zugestellt werden – und die Situation eskaliert, die Familie verliert nahezu alles. Der Sohn verliert jegliche Achtung vor dem Vater: »Die ganze Zeit kocht er vor Zorn. Dieser Mann, so nennt er den Vater, wenn er mit der Mutter spricht, zu voll von Haß, um ihn beim Namen zu nennen; warum müssen wir etwas mit diesem Mann zu tun haben? Warum läßt du diesen Mann nicht einfach ins Gefängnis gehen?«[104] Der Sohn hofft darauf, dass sein Vater, der sich kaum mehr zu Aktivitäten aufrafft, Selbstmord begehen würde, aber »er hat nicht den Mut, Schlaftabletten zu nehmen, wie er auch nicht den Mut hat, sich nach Arbeit umzusehen«; der Sohn wünscht sich, »nicht hier zu sein und Augenzeuge der Schande zu werden.«[105]

Sehen wir uns drei Bausteine der geschilderten Situation an:

---

103. J.M. Coetzee: *Der Junge. Eine afrikanische Kindheit*, Frankfurt/M. ⁵2003, S. 186f.
104. J.M. Coetzee: *Der Junge* (wie Anm. 103), 188.
105. Ebenda, S. 192.

(i) Es ist die Rede von einem Geheimnis, das der Vater sowohl gegenüber der Außenwelt als auch gegenüber der eigenen Familie aufrecht zu halten sucht. Dieses Geheimnis erzwingt eine klare Unterscheidung zwischen »öffentlich« und »privat«, wobei der Aspekt des Öffentlichen und Offiziellen auch in den Intimbereich der Familie hineingetragen wird, sodass im Kontext der Familie Illusionen erzeugt und stabilisiert werden sollen; die Existenz des Vaters verliert an Integrität und wird doppelbödig und in sich widersprüchlich. Integrität ist die Qualität eines Lebens, das den Bedingungen von Kongruenz (zwischen Innen und Außen) und moralischer Anstrengung genügt. Kongruenz zwischen Innen und Außen ist wiederum eine Mindestanforderung an Authentizität. Die Umstände scheinen den Vater zu zwingen, seine Integrität preiszugeben und seine Glaubwürdigkeit zu riskieren. Dadurch ist nicht nur das Ansehen des Vaters *ad extra* (gegenüber der Außenwelt der Familie) gefährdet, sondern auch die Stabilität der Familie *ad intra*, weil der Vater die Gesetzmäßigkeiten des öffentlichen Raumes, in dem deutlich zwischen »offiziell« und »inoffiziell« unterschieden wird, in den intimen Raum der Familie hineinträgt – und sich im Wohnraum der Kernfamilie einen Rückzugsbereich schafft, der vor den Blicken der Familienmitglieder geschützt ist. Damit wird die Handlungssprache des Systems in den Kontext der Lebenswelt der Familie hineingetragen. Niklas Luhmann hat bekanntlich die Würde des Menschen systemtheoretisch mit der Ermöglichung eines solchen privaten Rückzugsraums, der sich der öffentlichen Beobachtung und Kontrolle und damit der Kolonialisierung durch das System entzieht, zusammengebracht.[106] Der Vater verteidigt seine Würde durch die Schaffung eines solchen Rückzugsraumes.

(ii) Der Vater entzieht sich dem Widerstand des Realen und baut an einer möglichen Welt, der er den Anschein der Faktizität verleiht. Dieser Mechanismus drückt seine Unfähigkeit aus, Ressourcen zu mobilisieren, die eine Auseinandersetzung mit der sozialen Welt möglich machen. Dadurch werden sowohl der Handlungsspielraum eingeschränkt als auch das Urteilsvermögen getrübt. Das wiederum reduziert die Planbarkeit und lässt die Chancen auf Veränderung sinken. Diese Dynamik wird paradoxerweise dadurch verstärkt, dass der Vater sich nicht vollends zurückzieht, sondern den Schein sozialer Integration wahrt und regelmäßig seinen Club aufsucht.

(iii) Der Sohn beschreibt seine Wahrnehmung mit Begriffen von »Identitätsabschreibungen« – er verweigert dem Vater die Zugehörigkeit zur Familie, kann Achtung und Respekt nicht mehr mobilisieren, weil die Grundlage für die Zuerkennung von respektgebietender Identität genommen ist – und damit die *raison d'être* – und rekurriert auf die Kategorie der Schande. Die Schilderung macht deutlich, dass die

---

106. Vgl. N. Luhmann: *Grundrechte als Institution*, Berlin ⁴1999.

Arbeitslosigkeit des Vaters als Identitätsverlust erfahren wird, die neue Identitätszuschreibungen notwendig macht, weil bestehende Zuerkennungen abgeschrieben werden müssen und die Zugehörigkeiten zu sozialen Netzwerken neu auszuhandeln sind.

Die gewählte Sprache zur Beschreibung der Konsequenzen von Arbeitslosigkeit ist die Sprache menschlicher Identität, die die tiefsten Schichten personaler Existenz tangiert. Das Beispiel Coetzees deutet die Identitätskosten von Arbeitslosigkeit an. Es soll auch nicht unerwähnt bleiben, dass Coetzees Verständnis von »Schande« (»disgrace«) im gleichnamigen Roman in den Zusammenhang mit sexuellen Verbrechen gestellt wird, was auch darauf hinweist, wie tief diese Kategorie geht. Coetzee schildert, wie im Falle von Arbeitslosigkeit Strukturalität und Intimität ineinander greifen. Dieses Aufeinanderprallen von Öffentlichkeit, System und sozialer Welt auf der einen Seite und Privatheit, Lebenswelt und Intimität auf der anderen Seite erzeugt Scham und als Conditio der Scham: Schande. Scham kann definiert werden als »die Empfindung verletzter Selbstachtung [...]. Wessen wir uns schämen, das bestimmt ja unseren Lebensplan, daher richtet sich unser Schamgefühl nach unserem Anspruchsniveau, danach, was wir erreichen und mit wem wir in Verbindung treten möchten.«[107] Selbstachtung wird durch den Bezug zu Gütern aufgebaut, die in einem selbst liegen und die andere als wertvoll anerkennen. Zu solchen Gütern gehören das Dasein und das Besondere und Unverwechselbare des eigenen Menschseins, die Selbstannahme und das Vorziehen des eigenen Seins gegenüber dem Nichtsein. Scham tangiert Identitätsressourcen, also jene Quellen, die uns zur Verfügung stehen, um Identität aufzubauen, stabilisieren und verteidigen zu können. Scham deutet auf eine Widersprüchlichkeit der verfügbaren Identitätsquellen hin.

Die Wahrnehmung einer provisorischen und selbstwidersprüchlichen Existenz drückt sich in Scham aus. Scham ist eine Reaktion auf anfallende Identitätskosten. Der Diskurs über Arbeitslosigkeit und der Diskurs über verschämte Armut und beschämte Bürger/innen sind miteinander verschränkt. Auch dies lässt Arbeitslosigkeit als Sozialpathologie erkennen. Scham ist eine Emotion, die (i) mit der Einsicht in eigene Endlichkeit und Unvollkommenheit zusammenhängt und (ii) einen Widerspruch zwischen Sein und Sollen offenbart. Arbeitslosigkeit zeigt Grenzen des eigenen Gestaltungsspielraums auf und verweist – gerade aufgrund des wohlfahrtsstaatlich ausgeübten Drucks, Menschen aus der Conditio der Arbeitslosigkeit herauszuzwingen – auf Konturen eines strukturell erzeugten Widerspruchs, zwischen besonderer Situation des einzelnen Menschen und expliziten sozialen Erwartungen, »produktives« Mitglied

---

107. J. Rawls: *Eine Theorie der Gerechtigkeit*, Frankfurt/M. 1975, S. 482 bzw. 484.

der Gesellschaft zu sein. Die Emotion der Scham zeigt an, dass soziale Erwartungen nicht erfüllt worden sind. Der öffentliche Diskurs über »Sozialschmarotzer« verstärkt die Dynamik der Beschämung systematisch. Scham identifiziert also Konfliktpunkte zwischen dem faktischen individuellen Verhalten und den internalisierten Sollensbestimmungen. Der Diskurs über Arbeitslosigkeit, dem sich kein Bürger und keine Bürgerin entziehen kann, schafft eine Außenperspektive auf eine vorliegende individuelle Situation, die damit stets von einer Meta- oder Fremdsicht aus beurteilt wird.

Der Begriff der Scham impliziert, dass sich eine Person zu sich selbst ins Verhältnis setzen kann. Diese Fähigkeit erscheint in der Bedingung der Arbeitslosigkeit zur erzwungenen Identitätsarbeit, da bisherige Selbstwahrnehmung und soziale Erwartungen auseinanderklaffen; diese Fähigkeit wird zudem durch die im Diskurs institutionalisierte Außenperspektive, die Erwartungen des Sozialsystems an individuelle Lebenswelten heranträgt, geradezu aufgedrängt. Die Kategorie der Scham ist auf das Moment des fremden Blicks angewiesen. »Ich schäme mich über mich vor Anderen«, hatte Sartre formuliert[108] und Scham als Einsicht in eigene Knechtschaft rekonstruiert. Scham wird genährt von Beobachtung und Bloßstellung, von urteilender Außenperspektive auf eine Situation, die nicht als Binnenlebenswelt wahrgenommen werden kann, sondern dem kontrollierenden Zugriff von außen unterliegt.[109]

Scham zeigt auf, dass die Identitätsstruktur eines Menschen innerlich desorganisiert ist und dass ein eindeutiges und öffentlich stabil tragbares Selbstkonzept verloren gegangen ist. Scham zeigt auf, dass ein Mensch aus dem Horizont der selbstverständlich und mit Mühelosigkeit eingelösten Erwartungen herausragt, gewissermaßen eine dem Zentrum entfremdete Position erlangt hat. Dies wurde vorher mit dem Hinweis auf die Heuristik der Exilserfahrung zum Verständnis von Arbeitslosigkeit verdeutlicht, kann aber auch mit einem klassischen Topos der Anthropologie illustriert werden: Helmut Plessner hatte bekanntlich den Menschen durch »exzentrische Positionalität« charakterisiert, durch ein Herausragen aus der Welt der Festlegung,

---

108. J.P. Sarte: *Das Sein und das Nichts*, Reinbek 1993, S. 490; zur Analyse des »Blicks« vgl. ebd. S. 457 ff.

109. Der Zusammenhang zwischen fremdem Blick und Scham hat Leon Wurmser prägnant ausgedrückt: »Alle Augen scheinen auf den Beschämten zu starren und ihn wie mit Messerstichen zu durchbohren«; L. Wurmser: *Maske der Scham. Die Psychoanalyse von Schamaffekten und Schamkonflikten*, Berlin 1990, S. 78). Vgl. auch G. Seidler: *Der Blick des Anderen. Eine Analyse der Scham*, Stuttgart 1985; Rudolf Bernet hat das Schamgefühl ebenfalls als ein durch den Blick des Anderen vermitteltes leibliches Selbstgefühl charakterisiert, das gerade auch aufgrund seiner leiblichen Verfasstheit auf Grenzen hinweist; vgl. R. Bernet: Das Schamgefühl als Grenzgefühl. In: R. Kühn et al. (Hg.): *Scham – ein menschliches Gefühl*, Opladen 1997.

durch den Zwang, »über sich« hinaus wachsen zu müssen.[110] Diese exzentrische Positionalität wird vor allem in Situationen des Scheiterns, des Widerstands deutlich, in Situationen also, in denen Irritation über die eigene Existenz auftritt.

Eben dies charakterisiert die Conditio der Arbeitslosigkeit – eine Irritation von Identitätsressourcen, ein Herausragen aus der Landschaft der sozialen Berechenbarkeit und Selbstverständlichkeit, eine Durchbrechung des Handlungsflusses, wie er von »Strukturen des Selbstverständlichen« angeleitet wird. Kurz, die Conditio der Arbeitslosigkeit zwingt dem betroffenen Menschen das Eingeständnis einer exzentrischen Positionalität auf, die ihn aus der sozialen Welt mit ihrer institutionell verwalteten Mitte herausragen lässt. Und eben dies ist Eintrittsstelle für Scham. Hier wird eine Selbstentfremdung deutlich, wie sie in der Situation der Arbeitslosigkeit unabwendbar ist, tritt doch das eigene individuelle Dasein der Fremdzuschreibung eines zu administrierenden »Falls von Arbeitslosigkeit« gegenüber. Nicht von ungefähr hat sich die Metapher des »Auges des Gesetzes« etabliert, um darauf hinzuweisen, dass ein Koordinations- und Administrationsapparat von außen an den Menschen herantritt und damit Möglichkeiten zur Selbstentfremdung öffnet.[111] Die Identitätskosten der Arbeitslosigkeit sind also zumindest in zweifacher Hinsicht anzusetzen – als Kosten des Verlusts von identitätsstiftenden Ressourcen und als Kosten, die aus der Verwaltung der Identität der von Arbeitslosigkeit betroffenen Menschen erwachsen.

Identität wiederum kann als Wissen vom eigenen Lebensplatz, der wahrgenommen und anerkannt wird, verstanden werden. Arbeitslosigkeit tangiert die Verortung des Menschen im sozialen Raum und die Selbstverortung des Menschen im Kosmos. Arbeitslosigkeit zwingt zur Neuaushandlung der Identitätsressourcen und des damit verbundenen Lebensplatzes. Der Lebensplatz ist der Ort, an dem Identität gefunden und gesichert werden kann. Diese Sicherung der eigenen Identität verlangt einen »Selbstraum«, einen Raum, in dem eigenes Handeln geplant und eigenes Leben aufgrund von Beratungen und Entscheidungen gestaltet (Spielraum) und in dem eigenes Leben und Handeln geschützt werden sowie das Handeln über Planungssicherheit verfügt (Schutzraum). Identitätskosten fallen an, wenn Spielraum und Schutzraum bedroht werden. Ein Mensch, der von Arbeitsplatzverlust betroffen ist, erfährt reduzierten Spielraum und eine Aushöhlung des Schutzraums, was zu einer Maximierung von Risiken führt.[112]

---

110. H. Plessner: *Die Stufen des Organischen und der Mensch*, Berlin 1975, S. 289 ff.
111. M. Stolleis: *Das Auge des Gesetzes*, München 2004.
112. Dabei ist die Arbeitswelt als solche mehr und mehr von Eintrittsstellen für lebensplangefährdende Risiken bestimmt; vgl. J. Allen & N. Henry: Ulrich Beck's Risk Society at Work. Labour and

Menschen, die einen Spielraum haben, können Verwundbarkeiten abbauen. Sie haben Wahlmöglichkeiten. Wahlmöglichkeiten gelten als der Ausdruck von Konsumsouveränität. Die Konsumentin hat den Spielraum, zwischen verschiedenen Gütern wählen zu können, auch zwischen verschiedenen Arbeitplätzen, die als Güter angeboten werden. Diese Souveränität verschiebt sich bei Arbeitsplatzverlust in vielen Fällen. Gleichzeitig wird das soziale Ansehen reduziert und der Mechanismus der Ehrzuschreibung, der vor Verwundungen schützt, neu kalibriert. Auch das reduziert Wahlmöglichkeiten und Handlungsoptionen und bringt Erwartungen des »würdigen Arbeitslosen« mit sich. Arbeitslosigkeit wandelt Lebenssicherheit in Lebensrisiko um und lässt auf individueller Ebene Ulrich Becks Überlegungen zu einer Risikogesellschaft greifbar werden. Arbeitslosigkeit baut den Schutzraum ab, denn ein Verlust an sozialer Ehre trägt dazu bei, dass mehr Angriffsflächen geschaffen werden.[113]

Arbeitsplatzverlust ist Verlust an Planungsfähigkeit und Planungssicherheit, weil Spielraum und Schutzraum eingeschränkt werden. Laut Rawls ist auch das eine Eintrittsstelle für Scham: »Man könnte also sagen, angesichts seines Lebensplanes schäme man sich im allgemeinen solcher Persönlichkeitsmängel oder Handlungsfehler, die auf den Verlust oder das Fehlen der guten Eigenschaften hinweisen, die zur Verwirklichung der für uns wichtigeren menschlichen Beziehungen von Bedeutung wären«.[114] Ein Lebensplan erweist sich nicht mehr als durchsetzbar; wenn es sich um einen den Standards der sozialen Erwartungen entsprechenden Lebensplan handelt, wird die eigene Existenz als Selbstwiderspruch wahrgenommen. Und diese Beschämung wird durch die sozialen Einrichtungen, die an die Standardisierung der Lebenspläne erinnern müssen, klar verstärkt. Dadurch entstehen Identitätskosten, die auf Dauer nicht haltbar sind und zu Strategien des Eskapismus oder der Frustration einladen. Die Frage bleibt: Kann man sich diese Kosten vernünftigerweise leisten wollen?

Die Kosten sind nur auf den ersten Blick mit den Kosten eines Umzugs zu vergleichen, bei denen auch das Wort »dreimal umgezogen ist einmal abgebrannt« gilt. Menschen, die einen neuen Lebensplan erstellen und an einem neuen Lebensplatz bauen bzw. auch den bestehenden Lebensplatz aufgeben müssen, müssen massive

---

Employment in the Contract Service Industries, in: *Transactions of the Institute of British Geographers*, N.S. Bd. 22 (1997), H. 2, S. 180–196; siehe auch C. Ekinsmyth: Professional Workers in a Risk Society, in: *Transactions of the Institute of British Geographers*, N.S. Bd. 24 (1999), H. 3, S. 353–366, und S. Reimer: Working in a Risk Society, in: *Transactions of the Institute of British Geographers*, N.S. Bd. 23 (1998), H. 1, S. 116–127.

113. Vgl. L. Vogt: *Zur Logik der Ehre*, Frankfurt/M. 1997.
114. J. Rawls: *Eine Theorie der Gerechtigkeit* (wie Anm. 107), S. 484.

Kosten tragen, die mehr auf das soziale denn auf das politische Umfeld abgewälzt werden. Ein Lebensplatz wird, wie wir gesehen haben, durch Bindungen aufgebaut, durch Zugehörigkeiten. Die Passagen aus Coetzees Text zeigen eine Dynamik sozialer Ausgrenzung, die zum Verlust von Ehre und Ansehen führt. Durch den Verlust der Anwaltskanzlei wird der Vater aus sozialen Netzwerken ausgestoßen. Der Verlust eines Arbeitsplatzes geht mit dem Verlust von »Zugehörigkeiten« einher. Die Kategorie der »Zugehörigkeit« macht auf die Bedeutung der Mitgliedschaft in sozialen Kontexten aufmerksam. Durch die Verteilung des Guts der Mitgliedschaft[115] werden Grenzen gezogen, Grenzen zwischen Innen und Außen, zwischen »Etablierten und Außenseitern«.[116] Insider, Menschen, die dazu gehören, haben Zugang zu Ehre und Ansehen, zu Schutz und Bestätigung, zu Information und Identität. Dieses Bündel an Zugehörigkeiten fällt durch die Exklusion aus identitätsstiftenden Gruppen weg. Wichtige Identitätsressourcen stehen nicht mehr zur Verfügung. Ein Mensch, der von Arbeitslosigkeit betroffen ist, wird eines Bündels von Zugehörigkeiten beraubt – und damit der Integration in einen sozialen Kontext, wobei durch diese Inklusion Identitätsstiftung möglich wird.

Die Zugehörigkeit zu einem sozialen Kontext ist auch eine Frage einer gemeinsamen Sprache – Wittgenstein hat an einer Stelle von der Notwendigkeit gesprochen, nicht nur in den Definitionen, sondern auch in den Überzeugungen übereinzustimmen.[117] Zugehörigkeit entscheidet sich über den gemeinsamen Boden und die Zuerkennung des Zugangs zu gemeinsamem Boden. Dieser gemeinsame Boden ist auch ein geteilter Boden, in dem Sinne, dass wir es hier nicht nur mit einem Boden zu tun haben, den alle akzeptieren und auf dessen Grundlage alle akzeptiert werden, sondern auch mit einem Boden, der Teilen und Koordinieren, Aushandeln von Raum und Spielraum möglich macht. Zugehörigkeit ermöglicht Identität durch Inklusion. Es ist aus einer umgekehrten Sicht plausibel, den Begriff der sozialen Ausgrenzung mit dem Begriff der Identität zu verbinden und zu folgender Arbeitsdefinition zu gelangen: *Soziale Ausgrenzung ist ein Mangel an Entscheidungsfreiheiten, jene Fähigkeiten auszubilden und Gelegenheiten zu nützen, die erforderlich sind, um Identität im öffentlichen Raum kultivieren und erhalten zu können.*

---

115. Das Gut der Mitgliedschaft als höchstes Gut, das eine Gemeinschaft, die ihrerseits auf Grenzen und Mechanismen der Exklusion angewiesen ist, skizziert Michael Walzer in seiner Gerechtigkeitstheorie; vgl. M. Walzer: *Sphären der Gerechtigkeit*, Frankfurt/M. 1998.
116. Vgl. die Entfaltung dieser Distinktion in N. Elias & J. L. Scotson: *Etablierte und Außenseiter*, Frankfurt/M. 1990.
117. L. Wittgenstein: *Philosophische Untersuchungen*, Oxford 1967, S. 242.

Diese Charakterisierung deutet – in gewisser Weise an die Überlegungen zum »Lebensplatz« anschließend – an, dass die Identität eines Menschen mit Bindungen zusammenhängt, die im öffentlichen (sozialen) Raum Grundlage für Anerkennung sind – Bindung an eine Religion, Bindung an eine Familie, Bindung an einen Beruf, Bindung an einen Club, Bindung an eine Partei. Solche Bindungen konstituieren die Identität eines Menschen, der seine Position in Bezug auf eine Kosmologie ausgehandelt hat. Ein Arbeitsplatz stellt in der Regel ein Bündel an Bindungen bereit und damit ein Bündel von Identitätsressourcen. Zugehörigkeit hat eine kognitive, eine affektive, eine expressive und eine pragmatische Dimension. Die Zugehörigkeit zu einer identitätsstiftenden Gemeinschaft oder einem identitätsstiftenden Zusammenhang impliziert Überzeugungen in Bezug auf diese Gemeinschaft oder diesen Kontext und in Bezug auf sich selbst; sie impliziert Gefühlslagen und einen Sinn für Wertschätzung; sie schließt Ausdrucksformen ein, in denen diese Zugehörigkeit – etwa durch Rituale oder Symbole – explizit gemacht wird, und sie schlägt sich in Handlungsweisen und in der Bereitstellung eines Raumes nieder, in dem Handlungen selbstverständlich gesetzt werden können. Diese Strukturen des Selbstverständlichen ermöglichen »Heimat« als jenen Ort, an dem vieles vertraut ist und man nicht um Anerkennung ringen muss; als jenen Ort, an dem Wachstum und ein »Bleiben« möglich sind.[118]

Es soll dabei freilich nicht unterschlagen werden, dass es auch »Inklusion wider Willen« gibt und dass Zugehörigkeit als einengend und zwanghaft empfunden werden kann. Darin mögen auch Chancen des Zustands der Arbeitslosigkeit liegen, gerade wenn ein Arbeitsplatz als identitätszehrend erlebt wurde. Im Allgemeinen ist jedoch der Verlust eines Arbeitsplatzes mit Identitätskosten verbunden. Ein Mensch, der seinen Arbeitsplatz verliert, wird um »Strukturen des Gewöhnlichen« gebracht, büßt Identitätsressourcen ein und verliert Heimat. Arbeitslosigkeit führt in eine als provisorisch und verwundbar erfahrene Lebenssituation. Sozialphilosophisch kann es dann sinnvoll sein, sich der Erfahrung von Arbeitslosigkeit mit der Heuristik der Exilserfahrung anzunähern.[119] Hier zeigen sich allerdings auch Ansätze für einen

---

118. L. Fox: The Meaning of Home, in: *Journal of Law and Society*, Bd. 29 (2002), H. 4, S. 580–610.
119. Die Einsichten, dass Exilserfahrungen mit dem Aushandeln von Identität zu tun haben und nur dann überwunden werden können, wenn der Zustand nicht exklusiv als provisorisch angesehen wird (dies kommt deutlich in der biblischen Exilsliteratur, vor allem Jer 29, zum Ausdruck), können auch für die Erfahrung von menschenwürdiger Arbeitslosigkeit bzw. die menschenwürdige Erfahrung von Arbeitslosigkeit umgesetzt werden; Arbeitslosigkeit ist auch als Zustand zu sehen, der Wachstum ermöglicht; zur Exilsforschung, die diesbezüglich Anregungen geben kann, vgl. P. Rose: Tempest-Tost. Exile, Ethnicity, and the Politics of Rescue, in: *Sociological Forum*, Bd. 8 (1993), H. 1, S. 5–24; W. Woodhull: Exile, in: *Yale French Studies*, Bd. 82 (1993), H. 1, S. 7–24.

menschenwürdigen Umgang mit Arbeitslosigkeit, verfügen wir doch über Einsichten darin, was es heißt, Bedingungen eines Exils menschenwürdig zu gestalten.

Eine Zusammenfassung des dritten Abschnitts: Nach Skizzierung des Begriffs der Erniedrigung wurden Eintrittsstellen für strukturelle Erniedrigung über die Begriffe der paradoxalen Lebensstrukturen und der Identitätsressourcen genannt – solche Eintrittsstellen bestehen für Arbeitsplätze wie die Lebenslage der Arbeitslosigkeit. Der Begriff des »decent work« bemüht sich, Rahmenbedingungen zu schaffen, die strukturelle Erniedrigung nicht zulassen. Diese Überlegungen kann man auch für den Begriff der »menschenwürdigen Arbeitslosigkeit« fruchtbar machen, was fünf Bedingungen für »decent unemployment« formulieren lässt: eine Freiheitsbedingung, eine Dialogbedingung, eine Sicherheitsbedingung, eine Lebensqualitätsbedingung, eine Wachstumsbedingung. Wenn diese Bedingungen nicht erfüllt sind, haben wir es mit menschenunwürdiger Arbeitslosigkeit zu tun, die sich in hohen Identitätskosten zeigt, wobei der Diskurs über Identitätskosten mit dem Diskurs über Scham und Beschämung verbunden werden muss und auch mit dem Diskurs über Exilserfahrungen verbunden werden kann. Die Frage bleibt: Können wir diese Identitätskosten vernünftigerweise wollen? Und es scheint doch einiges Gewicht für eine Antwort gesammelt worden zu sein, die die Waagschale des Urteils auf der Seite des »Nein« hinunterdrückt.

4. Schlussbemerkungen: Epistemische Resilienz und Bewältigungsstrategien

Epistemische Resilienz ist die Fähigkeit, an einem Erkenntnisziel auch unter widrigen Umständen festzuhalten. Welches Erkenntnisziel soll ein Nachdenken über die Arbeitslosigkeit haben? Ein Ziel, zu dem diese Überlegungen beitragen wollten, ist die Sicherung von und Sensibilisierung für menschenwürdige Arbeitslosigkeit. Das ist ein praktisches Ziel, wie es »engagiertem Erkenntnisstreben« entsprechen könnte. Ein Ziel engagierten Erkenntnisstrebens könnte gerade darin bestehen, Alternativen zum Status Quo zu entwickeln. Dieses Ziel ist mit dem Ziel eines theoretischen Diskurses (wichtigster Kandidat: Wahrheit) komplementär zu sehen. Epistemische Resilienz ist geboten, wenn die epistemische Arbeit (als Arbeit an Weltorientierung gesehen[120]) eingeschränkt wird – vor allem durch die Hinweise darauf, dass es keine

---

Kann man die Diskurse über Arbeitslosigkeit und kulturelle Assimilation als Überlebensstrategie im Exil (vgl. Z. Bauman: Assimilation into Exile. The Jew as Polish Writer, in: *Poetics Today*, Bd. 17 [1996], H. 4, S. 569–697) zusammenbringen?

120. Vgl. C. Sedmak: *Erkennen und Verstehen*, Innsbruck 2003, Kap. 1.

Alternativen zu der Weise, wie die Dinge sich verhalten, gebe. Resilienz als Wiederaufbaufähigkeit und Widerstandsfähigkeit ist dort angesagt, wo Widrigkeiten den Raum zur Lebensgestaltung bedrohen oder diesen Raum teilweise zerstört haben. Epistemische Resilienz ist dort geboten, wo keine Auswege mehr gesehen werden und sich ein lösbares Problem in einen festen Parameter, der eine Situation mitdefiniert, verwandelt. Wenn Arbeitslosigkeit und das etablierte System der Arbeitslosigkeitsverwaltung als kulturelle Notwendigkeit oder unabänderliche Implikation des Wirtschaftsgeschehens dargestellt werden, so ist epistemische Resilienz geboten[121], also jene Widerstandskraft, die überall dort notwendig wird, wo epistemische Gerechtigkeit auf dem Spiel steht.[122] Für die Frage nach dem Umgang mit Arbeitslosigkeit sind bestimmte Formen von Resilienz geboten:

Arbeitslosigkeit baut eine eigene Sphäre auf, in der eigene Gesetze gelten. Diese kann man sich am besten im Kontrastdiskurs zur Rede von »Arbeit« klar machen. Arbeit kann sechsdimensional beschrieben werden, über das Verhältnis zum Produkt, über das Verhältnis zu Kolleginnen und Kollegen, über das Verhältnis zu Arbeitgeber und Institution, über das Verhältnis zu sozialen, kulturellen und politischen Rahmenbedingungen, über das Verhältnis zu Familie und informellem sozialem Netz sowie über das Selbstverhältnis, das Verhältnis zu sich selbst. Entsprechend kann Arbeitslosigkeit analysiert werden über das Verhältnis zur Situation, über das Verhältnis zu den Mitbetroffenen, über das Verhältnis zu den arbeitslosigkeitsverwaltenden Institutionen, über das Verhältnis zum größeren Kontext, über informelle Beziehungen und die eigene Identität. All diese Parameter verschieben sich unter der Conditio der Arbeitslosigkeit. Das Verhältnis zum »Produkt« der Arbeitslosigkeit ist unklar; geht es um »Employability«? Das Verhältnis zu *peers* ist diffus, weil Menschen, die von Arbeitsplatzverlust betroffen sind, nicht strukturiert organisiert sind. Das Verhältnis zu den Institutionen und den Rahmenbedingungen verschiebt sich, wie oben gezeigt wurde. Das Verhältnis zum sozialen Umfeld und auch das Selbstverhältnis wird verändert, was Identitätskosten entstehen lässt. Menschenwürdige Arbeitslosigkeit kann auch an diesen Parametern ansetzen – wie kann eine Zeit von Arbeitslosig-

---

121. Deswegen ist es besonders wichtig, auf verschiedene Szenarien zu verweisen, die beim Nachdenken über die Entwicklung der Arbeitswelt entfaltet werden können, wie dies etwa Ulrich Beck (*Schöne neue Arbeitswelt*, Frankfurt/M. 2007, S. 66–101) tut: Wissensgesellschaft, Kapitalismus ohne Arbeit; Globalisierungsrisiken und globale Apartheid; nachhaltiges Arbeiten; Selbst-Unternehmer und Individualisierung der Arbeit; Gesellschaft der pluralen Tätigkeiten und Freizeitgesellschaft.

122. Zum Begriff der epistemischen Gerechtigkeit vgl. C. Sedmak, Strukturen epistemischer Gerechtigkeit, in: *Salzburger Philosophisches Jahrbuch*, Bd. 46/47 (2001/02), S. 139–152.

keit als erfüllte und in diesem Sinne produktive Zeit gestaltet werden? Wie kann sicher gestellt werden, dass Arbeitslosigkeit nicht in ein soziales Getto führt bzw. in eine »peer-freie Zone«? Wie können Menschen, die von Arbeitslosigkeit betroffen sind, im politischen Raum vertreten sein (Anwaltschaften?)? Wie können Familien in ihrem Zusammenhalt gestärkt werden, wenn mit der Erfahrung von Arbeitsplatzverlust umgegangen werden muss?[123] Wie kann schließlich die eigene Identität gestärkt werden? Dies sind Fragen, die in den Kern der Resilienzfragen führen.

Epistemische Resilienz kann ihrerseits gestärkt werden durch die Kultivierung der Vorstellungskraft, durch die Festigkeit des Erkenntnisziels, durch die Einrichtung eines Gesprächs über die Veränderung, durch eine dichte Beschreibung der Missstände, die motivationale Grundlagen dafür schaffen, dass es so nicht weitergehen könne. All diese Instrumente stehen der Reflexion, die auf einen entsprechenden Freiraum und eine entsprechende Diskurskultur zurückgreifen kann, zur Verfügung. Dieser Diskurs muss erstens festhalten, dass Arbeitslosigkeit nicht eine natürliche Conditio ist, sondern eine geschaffene und verwaltete Bedingung, die nur über einen Begriff zweiter Ordnung beschrieben werden kann. Zweitens muss dieser Diskurs einmahnen, dass es Eintrittsstellen für Alternativen zum Status Quo gibt. In diesem Sinne muss der Diskurs über Arbeitslosigkeit immer wieder durchbrochen und aus einer disruptiven Kraft heraus erneuert werden. Epistemische Resilienz kann gestärkt und hergestellt werden durch Durchbrechungen. Der Diskurs über Arbeitslosigkeit hat disruptive Effekte – lässt uns doch die Begegnung mit Armut zurückschrecken und erschaudern. Mohamad Yunus beschreibt den disruptiven Effekt des Diskurses über Armut: »Von Kindheit an sind wir daran gewöhnt, in unserer Umgebung Arme zu sehen, und wir haben uns nie gefragt, weshalb sie arm sind.«[124] Ähnlich abstumpfend kann die Auseinandersetzung mit Arbeitslosigkeit sein. Man kann sich daran gewöhnen, dass es Menschen gibt, die von Arbeitslosigkeit betroffen sind. Diese Gewöhnung kann zu ei-

---

123. Das ist eine Frage der Familienresilienz; vgl. J.M. Patterson: Integrating Family Resilience and Family Stress Theory, in: *Journal of Marriage and the Family*, Bd. 64 (2002), H. 2, S. 349–360; F. Walsh: A Family Resilience Framework, in: *Family Relations*, Bd. 51 (2002), H. 2, S. 130–137. Es sind vor allem die folgenden Faktoren, die Familienresilienz, also die Fähigkeit einer Familie, auch unter widrigen Umständen wie etwa Arbeitsplatzverlust gedeihen zu können, stärken: Bindung an Familie, Selbstdisziplin und ein Sinn für Identität und Ziele; Flexibilität und Aktivität; Klarheit und Kommunikation – sagen, wo Not ist; Aufbau von Beziehungen zu professioneller Hilfe – und schließlich materielle Faktoren (rechtliche und materielle Rahmenbedingungen), Wohnraum. Dieses Spektrum an Faktoren lässt durchaus Bereiche identifizieren, in denen zugunsten menschenwürdiger Arbeitslosigkeit gefeilt werden kann.
124. M. Yunus: *Für eine Welt ohne Armut*, Bergisch-Gladbach 2006, S. 23.

ner gewissen Selbstgefälligkeit führen, wie sie das Sprichwort »Jeder ist seines Glückes Schmied« ausdrücken kann. Epistemische Resilienz wird sich also darin äußern, den Diskurs über Arbeitslosigkeit auf Überraschungen und Durchbrechungen hin offen zu halten. Der Diskurs wird gerade auf jene Faktoren achten, die die Widerstandskraft gegen demütigende Arbeitslosigkeit verstärken. Auf diese Weise kann zur Sicherung menschenwürdiger Arbeitslosigkeit beigetragen werden. Vor dem Hintergrund der Resilienzforschung scheinen es vor allem drei Aspekte zu sein, die als Eintrittsstellen für die Sicherung menschenwürdiger Arbeitslosigkeit in Frage kommen – (i) innere, individuelle Faktoren; (ii) soziale und kulturelle Faktoren; (iii) äußere, strukturelle Parameter. Sehen wir uns diese drei Faktoren, die zur Ermöglichung menschenwürdiger Arbeitslosigkeit beitragen können, in aller Kürze an:

(i) Innere Faktoren stärken nicht nur epistemische Resilienz, sondern auch die Widerstandskraft gegen die Widrigkeit von Arbeitsplatzlosigkeit überhaupt. Epistemische Resilienz ist Widerstand gegen frustrierende Einstellungen, Widerstand gegen Einschränkungen der Vorstellungskraft, Widerstand gegen Alternativenlosigkeit. Resilienz wird gerade auch durch innere Faktoren gestärkt, durch einen Sinn für Kontrolle und Selbstkontrolle, durch einen Richtungssinn und einen Sinn für verfolgenswerte Ziele. Innere Faktoren haben mit dem Management eigener Einstellungen zu tun.[125] Hier kann Bildung – ja auch: Philosophie! – helfen, wie etwa Jean Luis Cianni gezeigt hat[126]: Cianni war bei einer Fluglinie als PR-Verantwortlicher angestellt, in ein Leben der gehobenen Mittelklasse integriert, verlor dann seinen Arbeitsplatz und begann nach einer Phase der Euphorie (»es wird sich schnell etwas finden«) und der depressiven Kraftlosigkeit Philosophen zu lesen und philosophisch zu schreiben. Cianni berichtet, wie sehr ihm die Lektüre philosophischer Werke, die den Blick auf das Leben als Ganzes richten ließen, bei der Bewältigung seiner Lebenssituation helfen konnten; »Bewältigung« heißt in diesem Zusammenhang eine dreifache Aneignung von Fähigkeiten: erstens die Aneignung der Fähigkeit, eine Situation einordnen und in einen größeren Zusammenhang einbetten zu können, also der Umgang mit einer Verstehensfähigkeit; zweitens die Aneignung der Fähigkeit, in der belastenden Situation Kraft zu sammeln und Kraft zu gewinnen durch die Aneignung und Pflege von im bisherigen Leben nicht geübten »skills«; drittens die Fähigkeit, durch die geleistete epistemische Arbeit Ansatzpunkte für einen ergonomischen Neuanfang zu gewinnen – also die Frage nach der Definition und Umsetzung einer Neuorientierung zu stellen. Hier zeigt sich die Individualisierung von Bewältigungs-

---

125. Vgl. Dalai Lama & H. Cutler: *The Art of Happiness at Work*, New York 2003.
126. J. L. Cianni: *Denkpause. Wie mich Seneca aus der Krise holte*, Berlin 2008.

strategien.[127] Diese Bewältigungsstrategien können entweder problemorientiert oder prozessorientiert ablaufen, stärker auf eine Lösung eines definierten Problems oder auf eine emotionale Befindlichkeit abzielen. Entscheidend für die Bewältigung ist das Austarieren von persönlich beeinflussbaren und über den Horizont des einzelnen Menschen hinausgehenden Faktoren: »Coping with job loss is defined as a person's constantly changing cognitive and behavioural efforts to manage specific internal or external demands that are associated with unemployment and are appraised as exceeding the individual's resources«[128]. Diese Entwicklung von Bewältigungsstrategien setzt die entsprechende Einsicht in die vorliegende Situation voraus, den Willen und die Kraft, auf ein Ziel hinzugehen. Dies sind ersichtlicherweise innere Faktoren (auch wenn es für deren Verwirklichung materieller Ressourcen bedarf). Menschenwürdige Arbeitslosigkeit ermöglicht die Stärkung und Kultivierung, Mobilisierung und den Aufbau innerer Resilienzfaktoren. Dies hat mit Bildung in einem ganzheitlichen Sinn zu tun, mit Bildung des Herzens und des Verstandes, um es poetisch auszudrücken. Bildung kann man als »Fähigkeitsfähigkeit« verstehen, als die Fähigkeit also, sich Fähigkeiten anzueignen, erworbene Fähigkeiten einzuordnen und eigene Fähigkeiten in Beziehung zueinander und zur vorliegenden Situation setzen zu können. Eine Fähigkeit ist ein Potenzial, das das Potenzial zur Veränderung von etwas anderem in sich trägt. Sie ist also eine transformative Kraft – und deswegen grundlegend für Fragen der Lebens(raum)gestaltung. Es braucht nicht eigens erwähnt zu werden, dass sich die Einsicht in die Bedeutung innerer Faktoren, was mit Persönlichkeitsentwicklung und innerem Wachstum zu tun hat, auch in den Ausbildungs- und Fortbildungsmaßnahmen niederschlagen sollten.

(ii) Soziale Faktoren zur Garantie menschenwürdiger Arbeitslosigkeit sind informelle Netzwerke, auf die Menschen, die um ihren Arbeitsplatz gekommen sind, zurückgreifen können. Vor diesem Hintergrund ist auch das Modell eines »mentoring« verständlich zu machen: Ein junger arbeitsloser Mensch wird auf der Suche nach

---

127. Tatsächlich reagieren Menschen gemäß ihren persönlichen Ressourcen auf Arbeitsplatzlosigkeit; vgl. C. Leana & D. Feldman: Individual Responses to Job Loss. Perceptions, Reactions, and Coping Behavior, in: *Journal of Management*, Bd. 14 (1988), S. 375–389. Das wiederum deutet darauf hin, dass Persönlichkeitsbildung und inneres Wachstum lebenskompetenzstiftende Faktoren sind, die nicht nur in Zeiten der Arbeitslosigkeit, sondern in allen Lebensphasen grundlegend sind. Dieses Paradox, dass gerade in äußerlich prekären Zeiten innerer Reichtum kultiviert werden muss, wurde weiter oben mit dem Begriff der »Arbeitslosigkeitsfähigkeit« zu verdeutlichen versucht.

128. A. Knicki et al.: A Panel Study of Coping with Involuntary Job Loss, in: *The Academy of Management Journal*, Bd. 43 (2000), H. 1, S. 90–100, hier: S. 91.

einem Arbeitsplatz von einem Mentorenteam begleitet, das verschiedene Kompetenzen abdeckt und vor allem auch Zugänge zu verschiedenen »Sphären« schaffen kann (etwa zu Wirtschaft, Recht, Politik, Technik, Bildung, Nonprofitbereich). Gerade der Rückhalt von Netzwerken kann Arbeitslosigkeitsfähigkeit stärken[129]; sie kann sich damit gegen Probleme der psychischen Gesundheit, gegen finanziellen Druck und gegen soziale Isolierung – typische Kosten von Arbeitsplatzverlust – zur Wehr setzen.[130] Resilienz wird durch soziale Kompetenzen und soziale Interessen gestärkt. Hier haben wir es mit sozialen Aspekten zu tun, mit der Fähigkeit, das Interesse an anderen Menschen wach zu halten, sich für anderes als das eigene Wohlergehen oder auch die eigene Not zu interessieren. Ein Netzwerk von Freunden kann auch die mit Arbeitsplatzlosigkeit verbundenen Eintrittsstellen von Demütigung verkleinern und abfangen. Diese informellen Netzwerke können über den Kreis von Freunden, die »man eben kennt«, hinausgehen. Ähnlich wie die Zivilgesellschaft als »vierte Säule« neben Staat, Familie und Markt gerade auch in schwierigen Situationen abfedernde Wirkung haben kann[131], kann ein soziales Netzwerk, wie es in dem seinerzeitigen Raiffeisengedanken zugrunde lag und in der heutigen Mikrokreditbewegung aufgenommen wird, menschenwürdige Arbeitslosigkeit begünstigen und Quelle für individuelle Resilienz in schwierigen Zeiten sein. In diesem Zusammenhang kann man auch Überlegungen zur nichtmonetären Existenzsicherung anstellen, wie sie etwa ein Generationenvertrag enthalten kann. Dass Netzwerke aufgebaut und gepflegt werden wollen, deutet darauf hin, dass menschenwürdige Arbeitslosigkeit und der Aufbau einer menschenfreundlichen Gesellschaft, in der Räume für Kooperation geschaffen werden, zusammengehören. Es scheint sich denn auch wieder (angedeutet durch das Stichwort »Arbeitslosigkeitsfähigkeit«) zu bestätigen, dass jene Fertigkeiten und Fähigkeiten, die Resilienz in schwierigen Zeiten ermöglichen, gerade in Zeiten mit Selbstraum eingeübt werden müssen.

(iii) Schließlich sind politisch-strukturelle Faktoren zu nennen. Der 11. September 2001 hat gezeigt, wie knapp und teuer das Gut der öffentlichen Sicherheit gemacht werden kann, wie stark die Kräfte der Angst sind, die durch solche Extremtaten frei-

---

129. Vgl. U. Wilkens: »Go-betweens«. The Intermediate Areas of Rewarding Employment, in: O. Neumaier et al. (Hg.): *Perspectives on Work* (wie Anm. 95), S. 179–188.
130. Vgl. V. Hamilton et al.: Unemployment, Distress and Coping, in: *Journal of Personality and Social Psychology*, Bd. 65 (1993), S. 234–247; A. Brief et al.: Inferring the Meaning of Work from the Effects of Unemployment, in: *Journal of Applied Social Psychology*, Bd. 25 (1995), S. 693–711; C. Wanberg et al.: Individuals without Jobs: in: *Journal of Applied Psychology*, Bd. 81 (1996), S. 76–87;
131. Vgl. C. H. Persell et al.: Civil Society, Economic Distress, and Social Tolerance, in: *Sociological Forum*, Bd. 16 (2001), H. 2, S. 203–230.

gesetzt werden, und wie viele finanzielle Mittel mobilisiert werden können. Dieser Aspekt des öffentlichen Gutes der sozialen und öffentlichen Sicherheit wurde bereits im Zusammenhang mit den Kosten von Arbeitslosigkeit angedeutet. Es ist eine politische Frage, wie viel die öffentliche Hand bereit ist, für den sozialen Frieden, für das Wohlergehen und das Blühen der Bürgerinnen und Bürger auszugeben. Hier kann man »post 9/11 arguments« für ein Grundeinkommen finden.

Eine politische Frage ist es aber auch, wie auf der Meso- und Mikroebene der Institutionen mit Menschen, die von Arbeitslosigkeit betroffen sind, umgegangen wird. Eintrittsstellen für Demütigung im Zustand der Arbeitslosigkeit haben gerade auch mit Institutionen und Ämtern zu tun. Strukturelle Faktoren betreffen gerade die Behandlung von Menschen auf Ämtern im Rahmen der verwalteten Arbeitsplatzlosigkeit. Zur Wahrung der »decency« von Arbeitslosigkeit sind auch bestimmte Erwartungen an die wohlfahrtsstaatlichen Strukturen zu formulieren – und etwa auch an diejenigen, die in der Bürokratie zur Arbeitslosigkeitsverwaltung tätig sind, zu richten. Menschen, die im Arbeitsmarktservice tätig sind, haben besondere Aufgaben. Sie dienen gewissermaßen als »gate keepers«, die die Schwelle zwischen Arbeitslosigkeitssphäre und Arbeitsmarkt überwachen. Hier ist zu überlegen, welche Anforderungen an Mitarbeiterinnen und Mitarbeiter in diesen Stellen gestellt werden müssen.[132] Ähnlich wie bei Menschen im Lehrberuf und bei Menschen mit Verantwortung im Bereich Coaching, Mentoring und anderen Formen der Weggenossenschaft sind jene Fähigkeiten und Einstellungen zu erwarten und zu kultivieren, die »generatives Begleiten« möglich machen: Generatives Begleiten ist eine Form des Begleitens, die am Wohl und Blühen des Anderen orientiert ist.[133]

Hier scheint es sinnvoll zu sein, ein Prinzip von »*reflexiver Subsidiarität*« einzuführen. Reflexive Subsidiarität besagt, dass man nicht aus dem Verantwortungsbereich eines anderen Menschen nehmen sollte, was man selbst erledigen könnte; dass man einem anderen allerdings nicht etwas zumuten sollte, was man nicht selbst bereit und fähig wäre, in einer vergleichbaren Situation zu übernehmen. Dieses Prinzip ist offensichtlich eine Hybride aus Goldener Regel und Subsidiaritätsprinzip. Es ist mit Blick auf die erwähnte Arbeitslosigkeitsfähigkeit von entscheidender Bedeutung. Es

---

132. Vgl. E.-M. v. Harrach, Th. Loer & O. Schmidtke: *Verwaltung des Sozialen. Formen der subjektiven Bewältigung eines Strukturkonflikts*, Konstanz 2000, v. a. S. 49 ff. (Anforderungen an die Mitarbeiterinnen und Mitarbeiter in sozialen Ämtern), S. 79 ff. (das grundlegende Handlungsproblem des Personals).

133. Zum Begriff der Generativität vgl. C. Sedmak: *Die politische Kraft der Liebe*, Innsbruck 2007, Kap. 2.

kann nicht sein, dass ein persönlich unreifer und mit einer sehr reduzierten Menge an »skills« ausgestatteter Bürokrat einem Arbeitsplatzsuchenden Lasten aufbürdet, die er selbst nicht stemmen könnte. Es kann nicht sein, dass ein durch parteipolitisches Kalkül – und nicht aufgrund von Fähigkeiten – in sein Amt geratener Politiker in der Arbeitspolitik Pakete schnürt, die er selbst nicht öffnen könnte. Daraus ergibt sich offensichtlich die Notwendigkeit eines regelmäßigen Monitoring, das mit »experiential learning« und Selbstevaluationen zu verbinden ist. Was bedeutet es für einen Arbeitspolitiker, mit dem Geldbetrag auszukommen, den er bereit ist, von Arbeitslosigkeit betroffenen Menschen zuzugestehen? Was bedeutet es für einen arbeitsmarktverwaltenden Beamten, sich innerhalb von drei Monaten einen Job suchen zu müssen? Solche Fragen sind durchaus ernst zu nehmen, ist es doch schwer verständlich zu machen, dass Menschen ohne Resilienzfähigkeiten anderen eben diese andemonstrieren wollen.

In diesem Zusammenhang ist auch die Frage zu stellen, welche Art von Arbeit politisch gefördert werden sollte. Eine Idee, über die man nachdenken könnte, ist etwa die Schaffung eines »slow work«-Konzepts, das ähnlich dem »fair trade«-Etikett einen höheren Preis über die Vermittlung eines ethischen Mehrwerts vermittelt. Wenn in einem Betrieb Platz für Menschen ist, denen der Druck des explodierenden Arbeitsmarktes nicht zugemutet werden kann, wenn in einem Betrieb besonderer Wert gelegt wird auf Pausen und Freiräume, auf Gesundheit und Sorgfalt, auf Einzelarbeit und Liebe zu Details, auf Vertrauensarbeit und die Schaffung von Arbeitskontexten, die druckentlastet sind – dann kann in diesem Betrieb von »slow work« gesprochen werden, das mit menschenfreundlichen Arbeitsbedingungen auf Seite der Arbeitnehmenden und mit Raum für die Berücksichtigung individueller Wünsche auf Seiten der Kund/inn/en zu tun hat. Hier kommen durchaus politische Fragen der Förderungspolitik ins Spiel, die über jene Modelle, die sich mit der Integration von Menschen mit Behinderungen beschäftigen, hinausgehen; insofern hat dieser Begriff eine politische Bedeutung. Ähnlich könnte man sich überlegen, inwieweit Arbeiten, die zur Nachhaltigkeit beitragen, gefördert werden mögen, inwieweit also Instrumente der Ordnungspolitik für ethische Gewichtungen eingesetzt werden können. Schließlich: Wie kann man menschenwürdige Arbeitslosigkeit verlangen, wenn die Standards von *decency* in der Arbeitswelt nicht eingehalten werden?

Schlusssatz

Der Ausschluss von Menschen aus dem Arbeitsplatzkontext gegen ihren Willen führt zu struktureller Erniedrigung, die in einer bestimmten Größenordnung mit erheblichen Identitätskosten verbunden ist. Diese Kosten ziehen Folgekosten nach sich, die einen Druck auf jene Erkenntnisarbeit ausüben, die an Alternativen zum Status Quo arbeitet. Sowohl innere als auch soziale und strukturelle Faktoren können geändert und verstärkt werden, um »menschenwürdige Arbeitsplatzlosigkeit« zu ermöglichen.

MIX
Papier aus verantwortungsvollen Quellen
Paper from responsible sources
FSC® C105338

If you have any concerns about our products,
you can contact us on
ProductSafety@springernature.com

In case Publisher is established outside the EU,
the EU authorized representative is:
**Springer Nature Customer Service Center GmbH
Europaplatz 3, 69115 Heidelberg, Germany**

Printed by Libri Plureos GmbH
in Hamburg, Germany